두 도시 이야기 2

런던 느리게 걷기

두 도시 이야기 2
런던 느리게 걷기

초판 1쇄 발행 2011년 2월 18일
초판 3쇄 인쇄 2013년 3월 25일

지은이_ 최병서
펴낸이_ 안병훈
디자인_ 디자인캠프

펴낸곳_ 도서출판 기파랑
등록_ 2004. 12. 27 | 제 300-2004-204호
서울시 종로구 동숭동 1-49 동숭빌딩 301호
편집 02) 763-8996 | 영업마케팅 02) 3288-0077 | 팩스 02) 763-8936
이메일 info@guiparang.com
홈페이지 www.guiparang.com

ⓒ ByongSuh, Choe

ISBN_ 978-89-6523-985-7

값 14,000원

두 도시 이야기 2

런던 느리게 걷기

최병서 지음

기파랑 에크리 Ecrit

• 프롤로그

1	런던과 파리, 두 도시의 기질과 색조의 차이	12
	프롬나드 01 런던 택시와 버스	20
2	남성성이 지배하는 도시 - 런던	22
	프롬나드 02 남자들의 거리 리든홀 마켓	29
3	애프터눈 티와 차茶 문화	32
	프롬나드 03 런던의 폴과 파리의 라두레	40
4	디킨스 하우스, 버지니아 울프 바, 그리고 간디 메모리얼	43
	프롬나드 04 찰스 디킨스 커피하우스	51
5	다빈치 코드 따라잡기 I	53
	프롬나드 05 영화 속 방돔 광장과 리츠 호텔	62
6	다빈치 코드 따라잡기 II	64
	프롬나드 06 템플 처치의 일요일 콰이어 예배	73
7	자본주의의 심장, 런던에서 자본주의를 해부하다	75
	프롬나드 07 클러켄웰의 칼 마르크스 기념 도서관	85
8	테이트 모던의 3분 44초 - 예술은 아름다운 것인가?	88
	프롬나드 08 런던 속의 쁘띠 파리	94

9	런던의 프리메이슨 대회당에서 발견한 사실들	97
	프롬나드 09 햄스테드의 지그문트 프로이트 부녀 기념관	108
10	자연채광이 아름다운 위그모어 홀에서 듣는 커피 콘서트	111
	프롬나드 10 헨델 하우스와 메시아 초연 공연장	119
11	가장 영국적인 축제 I - 프롬스 마지막 밤	124
	프롬나드 11 케임브리지에서 킹스 콰이어 감상하기	133
12	가장 영국적인 축제 II - 윔블던 대회	136
	프롬나드 12 알록달록한 광장 닐스 야드	142
13	걸인과 노동 그리고 가난의 미학	145
	프롬나드 13 세인트 마틴 인 더 필즈에서의 공짜 점심 음악회 즐기기	158
14	오스카 와일드의 흔적을 따라서	160
	프롬나드 14 국립 초상화 미술관에서 케인스 부부 초상을 찾아보기	170
15	처칠과 시가, 그리고 유머가 중요한 네 가지 이유	173
	프롬나드 15 영국 정치사의 기린아, 윌리엄 피트의 집	182
16	블룸스베리에는 블룸스데이가 없다	185
	프롬나드 16 버나드 쇼 기념관의 명패와 그의 보헤미안 아나키스트 어머니	194

17 "이상한 한 쌍" - 제임스 조이스와 올리버 고가티	198
프롬나드 17 런던의 기괴한 집 세버스 하우스	206
18 런던에서 안 들르면 후회할 트루바더 커피하우스	208
프롬나드 18 런던에서 가장 유서 깊은 식당 '룰스'	214
19 애거서 크리스티의 집 찾아가기	217
프롬나드 19 런던을 사랑한 미국작가 에즈라 파운드와 헨리 제임스의 집	226
20 베이커 스트릿 221번지	229
프롬나드 20 챠링 크로스의 서점가에서 가장 큰 서점 포일스	239
21 DNA로 만나는 영국문화 - 로잘린드 플랭클린	242
프롬나드 21 DNA 퍼즐의 산실, 이글스 펍	251
22 셰익스피어 글로브에서 본 공연	254
프롬나드 22 런던의 비틀즈 흔적, 애비 로드 스튜디오	261
23 브리티시 라이브러리와 에두아르도 파올로찌	265
프롬나드 23 화이트스톤에서 책읽기	272

| 24 | 케임브리지 느리게 걷기 | 274 |
| | **프롬나드 24** 캐임브리지에서 꼭 들러봐야 할 작은 두 식당 | 288 |

● 에필로그

프롤로그
파리와 런던의 재발견!

　여행을 떠난다는 것은 흔히들 자기 자신으로부터의 해방이라고 말한다. 자신의 처지와 주변과의 관계로부터 자유로워지는 행위로써 여행을 택한다. 어쩌면 자신을 비우기 위해서 떠나는 행위인지도 모른다. 그러나 결국은 여행을 끝내고 돌아오는 길에서 우리는 놓아두고 떠났던 자신을 다시 발견하고 자신의 모습을 다시 찾는 경험을 종종 한다. 자신을 비우기 위해서 떠난 여행에서 오히려 자신을 다시 발견하고 되담아 오는 여정이 되는 것이다. 약간은 개똥철학 같지만 그동안의 여행에서 공통적으로 느껴지는 감상이기도 하다.

　일찍이 조선말에 구미사절단의 일원으로 서유럽을 다녀온 유길준 선생은 《서유견문》을 썼듯이, 나는 이 책을 통하여 파리와 런던, 두 도시에 관해서 또 다른 의미의 《신 서유견문》을 써보려고 한다.

　유길준 선생이 서구를 유람하면서 관찰한 서양의 풍물을 기록하였듯이 나 역시 이 두 도시를 주마간산 격으로 둘러보고 쓴다. 두 도시를 여러 차례 방문하기는 하였으나 오래 살아본 적은 없어서 이들 도시에 관해 쓰는 점이

다소 마음에 걸리기는 하지만 서울의 풍물도 서울에 오래 살았던 사람보다 잠시 방문한 이방인들의 눈에 그 특징이 더 잘 보일 수도 있다는 사실이 한편으로는 위안이 된다.

파리와 런던은 각각 개성이 뚜렷한 도시들이며 여러 가지 면에서 비교되는 도시이기도 하다. 유길준 선생은 《서유견문》에서 런던에 관하여 다음과 같이 쓰고 있는데, 대도시로서의 복잡함과 도시화에 따른 빈부의 격차를 날카롭게 묘사하고 있다.

> 수레와 말 그리고 사람의 왕래가 밤낮으로 그치지 않고 계속되고 있기 때문에 혹 기차의 철로는 지붕 위에 철교를 가설하고 깔아놓은 것도 있으며, 혹 땅 속에 굴을 파고 부설해 놓은 것도 있어서, 공중과 지하를 달리는 차바퀴 소리와, 큰길 위를 달리는 말굽 소리, 수레소리 등 각종 소음이 합쳐서 런던 시내에는 언제나 우레 소리가 울리고 있는 듯하다……. 시내에는 빈민이 적지 않아서 거리에 누더기를 걸친 자가 흔히 모습을 나타내어 호사를 다한 부자들과 뒤섞여 있다……. 그러므로 사람들이 말하기를 "세계에서 부유하기가 런던 같은 곳이 없고, 가난하기가 또한 런던 같은 곳이 없다."고들 한다.

유길준 선생은 파리에 관해서는 "런던처럼 웅장하거나 뉴욕처럼 부유한 도시도 파리에 비하면 사흘거리쯤 뒤떨어진다"라며 찬탄하면서도 한편으로는 지극히 유교적인 관점에서 그 방탕함을 질타하는 견해를 피력했다. 특히 라틴 지역의 환락가에 대해서는 다음과 같이 서술하고 있다.

> 크고 작은 학교는 서쪽 파리에 많이 있으므로 대단히 좋은 지역이라고 할 만하다. 그러나 술집과 찻집이 즐비하므로 학생들이 아침저녁으로 한가하기만 하면 떼를 지어 거리를 방황하다가 술집으로 향하여 일시적인 쾌락을 사는 자도 있고, 뚜쟁이 집을 찾아가서 순간적인 쾌락을 구하는 자도 있다. 이 언저리는 파리 가운데서도 좁고 비탈진 거리인데 한두 동리에 걸쳐 온통 음란한 소굴을 이루어 오후가 되기만 하면 짙은 화장과 요란한 옷으로 꾸며 입은 불량소녀들이 거리를 방황하며, 방탕한 사람이나 난봉꾼을 꾀어 은밀한 그들의 영업장소로 데려가는 것을 오랜 버릇으로 여기며 화대 뜯는 것을 능사로 여긴다. 유럽주 가운데서도 프랑스의 음란한 풍조가 가장 성하다는 것으로 알려져 있으므로 식자들이 부끄러워하고 있다.

그 당시는 지금보다도 라틴 지구나 물랑루즈가 있는 몽마르트르 지역에 매춘이 훨씬 더 성업을 이루고 있었으므로 유길준의 관찰은 객관적이고 정확하다고 할 수 있으나, 담긴 정서는 다분히 유교적인 관점에서 벗어나고 있지 못하다. 반면 유길준보다 수십 년 뒤에 파리에 체류했던 어니스트 헤밍웨이는 만년에 쓴 파리생활에 대한 회고록, 《파리는 축제 중》에서 이렇게 쓰고 있다.

> 젊었을 때 파리에서 살아본 행운이 있다면, 평생 어디를 가든지 파리는 항상 당신과 함께 머무를 것입니다. 파리는 생동감이 넘치는 향연의 장

이기 때문입니다.If you are lucky enough to have lived in Paris as a young man, then wherever you go for the rest of your life, it stays with you, for Paris is a moveable feast

나는 헤밍웨이의 관점에 일단 동의하면서 느린 걸음으로 두 도시의 뒷골목을 천천히 돌아다녔다. 그러고 나서 이 견문록을 쓰게 된 것이다. 이 '두 도시 이야기'가 독자들에게 두 도시를 가보았든 안 가보았든 파리와 런던을 이해하는 데 조금이라도 도움이 되었으면 좋겠다. 그리고 이 책을 읽는 독자가 두 도시를 가게 된다면 에펠탑 주변에서 관광객 뒤만 쫓아 다니지 않고 파리지앵의 실제 삶을 엿보는 여행, 그리고 런던에서는 흔히 보는 뻔한 뮤지컬만 보지 않고 프롬스 콘서트나 윔블던대회 같은 영국의 문화체험을 누려보는 여행을 해보기를 바라며, 이 책이 그런 점에서 독자들에게 유익하다면 필자로서는 큰 기쁨이 될 것이다.

끝으로 나의 원고를 흔쾌히 받아주시고 출간 해주신 기파랑의 안병훈 사장님과 잘 다듬어지지 않은 내용을 꼼꼼히 보아주신 반민규 편집팀장에게 심심한 사의를 표한다.

이 책을 쓰면서 불쑥불쑥 떠나는 나의 여정을 언제나 이해해준 나의 아내와 늘 아빠를 응원해준 딸 소영에게 고마운 마음 전한다. 그리고 해외에 나갈 때마다 잊지 않고 여비를 챙겨주신 어머니께도 감사드린다. 또한 나의 유럽 여행에 자주 동행해준 당시 초등학생이었던 아들 홍석은 항상 즐겁고 든든한 동반자였음을 고백하고 싶다.

1 | 런던과 파리, 두 도시의 기질과 색조의 차이

파리와 런던의 색조를 보면 뚜렷하게 대비가 된다. 런던의 컬러는 우선 원색적이라고 할 수 있다. 그래서인지 주변의 색조와 조화를 이루기 어렵다. 반면 파리의 색조는 부드러운 파스텔톤이면서 환경에 따라 느낌이 새롭다. 즉 순간순간 변하는 빛에 따라 색조 또한 다채롭게 변화한다. 우울한 색조를 띠다가도 밝은 햇살에서는 부드럽고 온화한 자태를 보이기도 한다. 마치 파리는 표정이 다양한 배우 같다. 그러나 런던에서는 파리에서처럼 다양한 변화를 찾기가 힘들다. 항상 같은 표정을 짓는 배우 같다. 런던은 날씨가 달라져도 음울한 색조가 좀처럼 변하지 않는다.

런던에서 쓰이는 유채색은 거의 고정적이다. 빨강, 파랑, 그리고 하양과 검정이다. 다시 생각해보면, 그것들은 영국의 국기 즉, 유니온잭의 색깔이다. 런던에서는 이들 색깔로만 채색을 하는 것이 불문율인 것 같다. 지하철 표시, 안내판, 택시 등이 푸른색 아니면 검정색이고 거기에 빨강색이 더해진다. 그래서 어찌 보면 색깔의 배합이 좀 유치한 느낌을 주기도 한다.

그리고 보면 프랑스 국기의 색깔도 빨강 파랑 하양이다. (검정색만 없을 뿐이다.) 그런데 프랑스를 둘러보면 국기에 나타난 원색은 거의 찾아볼 수가 없다. 사람들 자체가 원색을 싫어하는 게 아닌가 하는 생각도 든다. 왜냐하면 사람들이 입고 다니는 옷 색깔을 보면 원색은 거의 없고 대부분 은은한 색조이기 때문이다. 왜 원색을 잘 안 쓰는 것일까? 이에 대한 답은 프랑스 사람들에게 물어보아도 속 시원한 답을 듣기는 어려울 것이다.

90년대 토니 블레어의 노동당이 집권하면서 영국의 이미지를 젊고 참신한 이미지로 부각시킬 표어를 내걸었다. 그것은 "Cool Britannia"였다. (이 슬로건은 영국에서 국가보다 더 즐겨 불리는 "Rule Britannia"와 운韻 또한 맞아 떨어진다.) 그런데 최근 데이비드 캐머런의 보수당이 들어서면서 영국은 '전통과 역사'의 나라라고 강조하면서 이 슬로건을 'Old Britannia'로 바꾼다고 선언했다. 예전 영화롭던 시절로 돌아가자는 뜻이리라. 과연 영국의 진정한 이미지를 보여주는 표어는 무엇일까?

프랑스에서는 이러한 국가적 슬로건이 없다. 대신 프랑스인은 이미지를 중요시한다. 다시 말해서 런던 사람에 비해 파리 사람은 구체적인 것보다는 그 이미지에 훨씬 관심을 갖는 것 같다. 그리고 그 이미지는 다분히 심리적인 측면을 가진다.

예를 들면, 화장실의 디자인을 보자. 영국의 화장실 변기는 주로 기능적인 면을 중요시해서 만들어졌다. 그러나 프랑스의 화장실 변기는 기능성보다는 이미지, 즉 화장실을 이용하는 사람의 심리에 초점을 더 맞춘 것 같다. 변기 자체는 일반적으로 더 작은 듯한데 이용자의 심리적 이미지를 활용하여 오히려 실용성을 높이고 있다. 가령, 《파리 편》에서도 언급했지만, 소변기 가운데에 조그만 벌레의 모양을 그려 넣음으로써 사람들은 무의식적으로 그 벌레에 집중하게 되고 결과적으로 더 청결하게 이용하게 되는 것이다.

런던의 젊은이들 — 바이킹의 후예?

런던의 젊은이들은 파리의 젊은이들과는 확연히 다른 것 같다. 가만히 관찰해보면 가장 큰 특징은 런더너는 쇠붙이를 좋아하는 것 같다. 파리에서는

얼굴에 피어싱을 하거나 몸에 문신을 하고 다니는 젊은이가 드물다. 그런데 런던에서는 귀에는 물론이고 콧잔등에, 턱에, 또 입술에 그리고 눈썹에도 날카로운 금속으로 피어싱을 한 젊은이를 흔히 볼 수 있다. 그런데 젊은이만 그런 것이 아니고 간혹 나이가 지긋한 분도 이런 치장에 별로 거부감이 없는 것 같다. 도대체 입술과 혓바닥에 쇠고리를 주렁주렁 달고 어떻게 밥을 먹으며 또 키스는 어떻게 할까? 왜 이런 가학적인 취향을 즐기는 것일까 하는 궁금증이 꼬리를 물고 일어난다.

아마도 이들은 예전 쇠붙이 무기를 많이 썼던 바이킹족의 후예들이 많아서 그렇지 않을까 하는 점이 내가 내린 일차적인 해답이다. 이들은 나무로 된 목기를 많이 쓰기보다는 역사적으로나 전통적으로 철기를 많이 사용했으므로 쇠붙이에 익숙한 것이 아닐까? 우리 같은 농경 문화권에서는 철기보다는 나무로 된 기구를 사용하는 것이 더 익숙하지 않은가 말이다. 그런 점에서 프랑스가 전통적으로 농업국가였다는 사실은 파리가 런던에 비해 피어싱 문화가 덜 발달한 이유를 설명해 줄 수 있지 않을까?

프랑스 젊은이들에게 영국은 기회의 땅?

프랑스 젊은이들, 특히 청년 백수들이 본국에서 일자리를 구하지 못해 영국으로 몰리고 있다고 BBC 방송이 보도한 적이 있다. 매년 영국으로 터전을 옮기는 프랑스인은 15,000명에 이른다고 한다. 문제의 핵심은 청년들을 위한 새 일자리를 창출해내지 못하고 있는 프랑스의 경직된 노동시장에 있다. 최근 프랑스 정부가 일자리 창출을 위한 새로운 고용법을 시행하려다가 오히려 학생들의 호된 반대에 부딪혀 무산되기도 했다. 한번 취직하면 퇴사하거나 해고되는 경우가 거의 없어 노동시장에 신규 진입하는 젊은이들은 단기계약직을 구할 수밖에 없는 게 현실이다. 특히 유색인종의 실업률은 프랑스 백인계보다 2~3배 이상 높아서 심각한 사회문제가 되고 있다.

▲ 런던 카페의 유치한 색의 조화
▼ 변화한 사우스 몰튼 거리 풍경

또한 프랑스 정부의 시스템이 기업 친화적이지 못하다는 점도 지적한다. 런던에서는 무엇을 하든지 그 가능성이 열려있는데 반해서 프랑스에서는 기업 활동을 하는데 행정부 관료주의의 심각한 벽에 부딪혀 애로를 겪어야 한다는 것이다. 프랑스 젊은이들이 영국에 끌리는 이유는 '기회'를 얻을 것 같은 열린 가능성 때문이다. 즉, 파리에 비해 런던에서는 과거에 무엇을 했느냐가 아니라 무엇을 할 수 있느냐가 중요하며, 직장 바꾸기가 훨씬 쉽고 노동시장 또한 훨씬 유연하다는 것이다.

프랑스에서의 '더 좋은 음식, 더 긴 점심시간, 더 관대한 사회보장'을 뒤로 하고 영국으로 떠나는 이유는 간단하다. '일자리를 찾아서' 가는 것이다.

조지 오웰의 눈으로 본
파리와 런던 사람들의 기질적 차이

사회주의자인 오웰이 관찰한 런더너와 파리지앵의 기질적 특성은 음미해 볼 만하다. 1920년대 두 도시의 생활상을 엿볼 수도 있다. 그의 관찰을 인용해 보자.

> 서민들의 식생활을 비교해보면, 영국에서는 넉넉한 홍차와 빵 두 쪽을 먹지만, 프랑스에서는 와인 반 잔과 빵 한 쪽으로 해결한다. 런던 사람은 옷을 더 잘 입고 얼굴도 더 잘 생기고 더 온화하고 더 비슷비슷해서, 프랑스인들의 그 지독한 개성과 악의가 없다. 프랑스 사람들보다 술 취한 사람은 더 적고 불결함도 덜하고 말다툼도 덜하나 빈둥거림은 더 많다. 사람들 모두가 길모퉁이에 옹기종기 서 있고 약간 영양부족이지만, 런던 사람들은 두 시간마다 먹는 홍차와 빵 두 쪽에 의지하여 버티고 있다. 파리가 선술집과 노동착취 공장의 땅이듯이 여기는 찻주전자와 직업소개소의 땅이다.

또한 공중의식과 에티켓에 관해서도 두 도시의 차이가 현격하다.

런던에서 가장 나쁜 점 중의 하나는 앉는 것조차 돈이 든다는 사실이다. 파리에서는 돈이 없고 공원 벤치도 안 보이면 길바닥에 앉으면 된다. 런던에서는 길바닥에 앉으면 어떻게 되는가…… 아마 감옥에 갈 것이다.

욕설에 대해서도 마찬가지다.

런던에서는 남성이 대개 여성 앞에서는 욕을 하지 않는다. 파리에서는 사정이 아주 다르다. 파리의 남성 노동자는 여성 앞에서 비속어를 자제할 수는 있겠지만 거침없이 욕을 해대며, 이에 못지않게 여성도 내키는 대로 욕을 한다. 이런 점에서는 런던 사람이 더 정중하거나 더 결벽하다.

영국의 여성 과학자 로잘린드 프랭클린은 (21장 참조) 파리에서 욕설을 하며 싸운 경험을 속시원하게 털어놓고 있다. 런던에서는 결코 할 수 없는 경험이었다고. 파리와 런던의 차이를 그녀의 목소리를 통해서 들어 보자. 우선 프랑스 사람은 영국 사람과는 달리 분노하기 쉬운 감정적 성향을 지녔다는 것이다.

저는 제가 화났을 때 프랑스어를 제일 잘한다는 소리를 여러 번 들었어요……. 저는 멀쩡한 얼굴을 하고 영어로는 그렇게 못 싸우겠더라고요. 여기서 말싸움은 아무도 심각하게 생각하지 않는 게임 같은 거예요. 상대가 못된 호텔 직원이거나 신발가게 주인이라면 말싸움은 매우 만족스러운 시간 보내기가 될 수도 있답니다.

1947년 당시 크리스티앙 디오르가 선보인 'New Look'이 전 세계에 파급되었다. 파산한 런던 거리, 그리고 그 거리를 채운 제복을 입은 남성적인 여성들과는 너무나 대조적으로 여성성이 한층 강조된 '새로운 패션'이 파리를 점령하고 있었다. 프랭클린이 본 파리는 런던과 너무나 대조적이었을 것이다. 접힌 우산, 남성클럽, 남성양복점이 눈에 띄는 런던은 확실히 남자의 도시였다. 그런 면에서 런던은 '가부장제의 화신'이었다. 반면 파리는 자신감이 넘치며 독립적인 여성들이 저마다의 아름다움과 재능을 꽃피우는 도시였다.

리버풀 역 근처에서 재발견한 런던의 색조

런던 동쪽의 큰 환승역인 리버풀 역 앞에는 거대한 조각물이 하나 있다. 이 작품은 대략 두께 10cm, 폭 3m, 높이 25m 가량 되는 거대한 쇠 조각 5개로 구성된 철조물이다. 이 거대한 철조각품이 바바라 샌들러Babara Sandler의 〈Vortex〉인데, 영국 현대미술의 진수를 단박에 느낄 수 있다. 그런데 이 작품 뒤편에는 벽돌로 된 아파트가 배경을 이루고 있는데 그 색조가 매우 이질적인 분위기를 만들고 있다. 파리에서는 건축물이나 조각상이 주변 아파트와 부조화를 이루는 경우를 좀처럼 볼 수 없는데 말이다.

아파트를 좀 더 가까이 가서 보려고 경사진 언덕길을 따라 올라가 보았다. 그런데 아파트의 외벽은 연한 담갈색 톤의 벽돌인 반면 창틀은 짙은 파랑색으로 칠해져 있는 것이 아닌가!

대조적인 채색이 부조화를 여실히 보여주고 있다. 파리의 창틀이라면 아마도 건

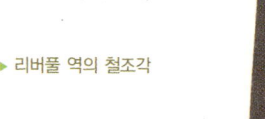

▶ 리버풀 역의 철조각

물 색조와 비슷하거나 자연스럽게 어울리는 파스텔 톤의 색깔을 칠했을 것이다. 그런데 여기 런던에서는 대비되는 채색으로 눈에 띄는 밸런스를 취한 것도 아니고, 전혀 어울리지 않는 원색을 마구(?) 칠함으로써 오히려 기묘한 대조를 보여주고 있다. 이것이 영국적 색채의 특징인 듯하다.

그런데 불현듯 영국이 왜 현대미술을 이끌어가고 있나 하는 의문에 대한 해답을 어렴풋이 알 것 같았다. 이렇게 조금은 엉뚱하고 대담한 색의 대비가 오히려 창조적인 시도를 가능하게 하는 것은 아닐까. 그러한 파격적 독창성이 최근 영국이 세계 현대미술의 조류를 이끌어가는 힘의 바탕이 아닐까 하는 생각이 든다. 필자의 짧은 소견으로는 프랑스 화단에서는 이러한 파격을 좀처럼 용납하지 못하는 듯하다. 파리가 예술의 도시임에는 분명하지만 획기적이고 독특한 개성이 넘치는 파격적 시도는 파리의 화단에서는 이루어지고 있지는 않은 것 같다. 파리에서는 데미안 허스트^{Demian Hurst} 같은 작가나 길거리미술의 개척자인 뱅크시^{Banksy} 같은 그래피티 아티스트는 앞으로도 나오지 않을 것 같은 예감은 나만의 기우일까?

프롬나드 *01*

런던 택시와 버스

　파리의 거리를 다닐 때는 버스나 택시의 외관이나 통행방향이 서울의 모습과 별반 다르지 않다. 그러나 런던의 경우는 다르다. 런던의 택시는 관광 명물이다. 모양도 여전히 옛 모습 그대로를 간직하고 있어서 지금의 패션 감각으로 본다면 투박하기 짝이 없고 우스꽝스럽기조차 하다. 그런데 최근 택시의 모습에서 변화의 조짐이 나타나고 있다. 전체적으로는 전통적인 모양을 유지하고 있으나 전보다 그리 투박하지 않고 차체도 작아졌다. 색깔은 아직도 검은색이 대부분이지만, 이따금 엽기적으로(?) 빨간색이나 회색의 택시를 발견하는 놀라움을 겪기도 한다.

　버스는 여전히 빨간색 2층 버스로 관광객들의 사랑을 받고 있다. 그런데 이 버스에도 상당한 변화가 생겼다. 예전처럼 뒷문으로도 탈 수 있고 차장車掌이 뒷문을 지키고 있는 그런 버스는 더 이상 볼 수 없게 되었다. 애석하게도……. 이제는 뒷문도 없고 그래서 차장도 필요 없으며 오직 앞으로만 타는 버스가 주종을 이룬다. 그런 버스는 이제 추억의 영화에서만 볼 수 있게 되었다. (키이라 나이틀리가 주연을 맡은 〈어톤먼트Atonement〉는 예전 이층 버스에 대한 아련한 향수를 불러일으킨다.) 다만 버스가 여전히 2층이라는 사실에 위안을 삼아야 할 것 같다.

　영국이나 영연방국가들 혹은 일본을 여행해본 사람들은 흔히들 경험하는 일이지만 거리를 횡단할 때 헷갈린다. 아시다시피 이들 나라에서는 차들이 왼쪽 통행을 하기 때문이다. 운전대도 우리나라와 달리

▲ 신형 2층 버스

오른쪽에 있지 않은가. 따라서 우리는 길을 건널 때 무심코 왼편을 보고 건너다가 오른편에서 오는 차의 경적 소리에 놀라게 된다. 런던처럼 복잡하고 길이 바둑판처럼 되어있지 않은 도심에서는 차도를 건널 때 특히 이 점을 조심해야 한다.

우디 알렌이 런던을 무대로 자신이 직접 출연하여 만든 영화 〈스쿠프Scoop〉를 보면 마지막에 우디 알렌이 여주인공 스칼렛 요한슨을 구하려고 급히 차를 몰다 차선을 착각하여 우측 레인으로 가다가 참변을 당하는 결말로 끝난다.

런던은 관광객이 많은 도시니만큼 이런 황당한 사고를 피하기 위해 서라도 건널목에는 반드시 바닥에 이렇게 쓰여 있다. "LOOK RIGHT" 오른편을 잘 보고 건너라는 주의 표시다.

2 | 남성성이 지배하는 도시 – 런던

파리가 여성의 도시라면, 런던은 남성의 도시다. 런던에 처음 도착한 사람은 누구나 단박에 런던 시내 첫인상이 우중충하기 짝이 없고 낭만적인 분위기와는 거리가 멀다고 느낄 것이다.

런던이 왜 남성의 도시인가를 한눈에 보려면 메이페어Mayfair 지역으로 가보면 된다. 특히 피카딜리 거리를 따라 서쪽으로 가다가 세인트 제임스 스트릿에서 왼쪽으로 들어가서 거닐다 보면 이 지역의 특징이 대번에 눈에 들어온다. 약간 과장하자면 거리를 걷는 보행자의 10명 중 8명은 정장 입은 남자들이고 차도 절반은 검은색 택시들이다. 거리의 상점도 역사와 전통을 자랑하는 남성용품 가게들이 즐비하다. 남성 정장의 대명사인 세빌Seville 거리도 여기서 멀지 않다. (나는 어렸을 적에 '세빌'의 한국식 발음인 '세비로'라는 말이 신사복을 의미하는 줄 알았다.)

300년이나 된 시가 가게가 있는가 하면 중절모나 스틱을 파는 가게, 오래된 펍과 주류판매점, 와인가게 등이 즐비하다. 특히 오래된 와인가게가 좁은 골목—보통 Pass라고 부르는 두 사람도 동시에 지나갈 수 없을 정도의 골목—안에 있는데, 그런 골목 안에 작은 꽃밭으로 장식된 스퀘어를 발견

▲ 오랜 역사를 간직한 시가 숍
▼ 남성 전용 모자가게

할 때는 숨겨진 보물을 찾은 기분이 들기도 한다. 세인트 제임스 뒷골목에서 발견한 핀치Pinchey라는 스퀘어가 그런 경우였다. 여기에는 아주 멋진 해시계가 놓여있어서 눈여겨볼 만한 곳이다.

세인트 제임스 스트릿에서 폴몰Pall Mall 거리를 만나서 왼쪽으로 오다 보면 꽤 넓은 세인트 제임스 스퀘어St. James Square를 만나게 된다. 그 근처에는 나폴레옹 3세가 1848년—아마도 프랑스 2월 혁명 당시에 잠시 왔었던 듯—에 잠시 체류했던 저택이 있으며 벽에 붙은 푸른 명패가 그러한 역사적 사실을 증명해주고 있었다. 또한 이 스퀘어 한쪽 편에 런던 국립도서관보다는 훨씬 조용한 런던 라이브러리가 있다. 이 근처를 한참 걷다 보니 주변에 여자들이 별로 눈에 띄지 않는 것이 오히려 당연한 것처럼 느껴지기도 한다.

남성의 상징물

런던을 걷다보면 사자나 독수리의 형상을 보여주는 동상이나 간판을 많이 볼 수 있다. 이 동물들은 남성성을 강조하는 것으로 프리메이슨의 상징물로도 사용되었다. 트라팔가 광장에도 사자상이 있지 않은가? 영국의 많은 술집에서도 이러한 상징물을 흔히 보게 되는데 케임브리지의 이글스 펍Eagle's Pub이나 또 소호에 있는 백사자 테번White Lion Tavern 등도 그러한 예다.

또 한 가지 영국의 전통적 술집들, 펍이나 테번은 하나같이 외장이 시꺼먼 색으로 칠해져 있다. 그 이유가 무엇일까? 그 안을 들어가 보아도 컴컴하고 우중충하기 짝이 없다. 왜 런던의 술집은 보통 손님이 들어가기조차 꺼려지는 시꺼먼 색으로 외관을 칠해 놓은 것일까? 상식적으로 볼 때도 행인의 호기심을 자극하도록 화려하게 색칠을 하든가 독특하게 장식을 하는 편이 더 손님을 유혹할 수 있지 않은가 말이다. 오히려 손님의 발길을 꺼리게 만드는 장식을 한 이유는 무엇인가? 더욱이 여성들이라면 들어가고픈 생각이 전혀 들지 않을 정도니 돈을 벌기 싫다는 것인지…… 아니면 단골 손님만, 특히 남성들만 들어오라는 뜻인가?

그러나 한편 런던에 있는 다른 나라 식당이나 바 등은 역시 화사한 색으로 손님을 유혹하며 테이블도 밖에 내놓은 곳이 꽤 있다. 가령 이태리나 프랑스 식당은 영국 펍과 비교할 때 그 분위기가 그렇게 대조적일 수 없다. 펍이나 테번의 주인들은 손님을 끄는 일에는 전혀 관심을 기울이는 것 같지 않았다.

또 다른 남성성―길거리 신문과 공짜 신문 보기

런던을 걷다보면 다른 어떤 도시보다 신문의 종류가 엄청나게 많다는 점을 깨닫게 된다. 어떻게 그렇게 많은 신문이 쏟아져 나오는 것일까? 그 중에서는 무료로 나누어주는 신문도 꽤 많다. 그러니 웬만한 사람들은 굳이 신문을 사서 볼 필요도 없을 정도다. 그러나 신문 대부분이 소위 황색저널리즘에 속하는 것이어서 대부분 시답잖은 내용으로 가득 차 있다. 하여튼 길거리나 전철, 카페에서 신문을 보는 이들은 대부분 남성이다. 또한 길거리 가판대에서는 복권이나 담배를 파는데, 이런 것을 사는 사람들은 대개 남성이 아닌가. 그런 점에서 신문 가판대란 남성적 문화 현상이라고 볼 수 있다.

그나마 식자층이 읽어볼 만한 신문이래야 〈The Times〉와 〈Guardian〉 등 몇 종류 안 되는데, 필자는 그래도 명색이 식자층에 속하지 않는가 말이다. 그러면 〈더 타임스〉 정도는 읽어줘야 하는데, 신문값이 그리 만만치 않다. 그래서 런던에서도 뉴욕 유학시절에 늘 하던 방식으로 신문을 보곤 했다. 스타벅스에 가서 공짜 신문을 구하는 것이다. 뉴욕의 스타벅스 안에서 〈뉴욕타임스〉를 살 수 있는 것처럼 런던의 스타벅스 안에서도 〈더 타임스〉를 살 수 있다. 런던 스타벅스에서는 런던에서 발행되는 수많은 신문 중에서 〈뉴욕타임스〉의 형님뻘(?)되는 〈The Times〉만을 비치해놓고 있다. 스타벅스에 오는 고객들은 적어도 이 정도의 신문을 읽는 층이라는 점을 과시

라도 하는 것일까?

 하여튼 나는 정오가 지날 무렵 스타벅스에 가서 커피를 주문하고 휴지통을 슬쩍 훑어본다. 그러면 거의 틀림없이 다른 사람이 출근시간에 읽고 버린 신문이 들어 있다. 바로 옆에 비치되어 있는 새 〈뉴욕타임스〉를 집으면 1불 50전을 내야 되지만 휴지통에서 중고 신문을 집으면 공짜인 것이다. 중고라고 해봤자 약간의 손때와 구김이 있을 뿐 뉴스의 내용은 똑같으니 절약이 미덕 아닌가 말이다. 런던에서도 공짜 신문 읽기를 계속 시도했는데 뉴욕만큼 100% 성공적이지는 않았다. 증명하기는 어렵지만, 런더너가 뉴요커보다 더 짠돌이이어서 그런가?

 뉴욕의 스타벅스 같은 곳에서는 노트북을 쓰는 사람을 흔히 볼 수 있다. 그런데 런던이나 파리의 카페에서는 그런 장면을 보기 어렵다. 아마도 뉴욕에 비해 인터넷 보급률이 낮기 때문일 것이다. 그런데 최근 런던 거리에도 스타벅스가 많이 생겨났다. 그래서인지 런던의 스타벅스에 들어가면 상당수의 사람들이 혼자 노트북을 펼치고 글을 쓰거나 인터넷 서핑을 하는 광경을 보게 된다. 앵글로색슨계 사람이 우리나라 사람이나 라틴계 사람보다 혼자 있는 것을 더 즐기는 부류인 듯싶다. 아직도 파리의 카페에서는 책 읽는 사람은 꽤 있어도 여전히 노트북을 이용하는 사람들은 별로 없다. 이런 점이 파리와 런던의 커피숍 분위기를 사뭇 다르게 만든다.

 그런데 런더너와 파리지앵의 공통점이 한 가지 있다면 지하철이나 카페 안에서 휴대폰 울리는 소리를 거의 듣지 못한다는 사실이다. 전철 안에서 통화를 하는 사람이 자주 눈에 띄는 것도 아니다. 카페에서 휴대폰 통화를 하기는 하지만 여전히 전화벨 소리는 들리지 않는다. 모두들 진동 모드로 해놓은 것일까? 그런데 같은 서구문화권이라도 뉴욕에서는 커피숍이나 전철 안에서 휴대폰 벨소리를 심심치 않게 듣게 된다. 유럽과 아메리카 문화의 차이인가?

▲ 남성들의 거리
▼ 템즈 강변의 카페 거리

레스터 스퀘어의 두 남자 : 셰익스피어와 채플린

런던 거리는 대부분 우중충하지만 그래도 가장 활기 있는 구역을 들라면 가장 먼저 레스터 스퀘어를 꼽는데 이의가 없을 것이다. 이 지역에는 뉴욕 타임스퀘어처럼 뮤지컬 티켓을 파는 곳들이 무척 많다. 물론 여기서 웨스트 엔드가 가깝고 하니까 당연한 일이겠지만.

이 스퀘어 주변에는 정말 각종 식당과 바 그리고 젊은이들이 많이 찾는 가게들이 즐비하다. 그리고 광장 가운데에는 셰익스피어의 대리석상이 서 있다. 그 석상에는 이렇게 적혀 있다.

There is no darkness but ignorance.

(무지가 없는 곳에는 어둠도 없다. 무지가 어둠을 낳는다. 그렇다면 마음의 어둠을 깰 때 비로소 세상은 빛으로 가득 찬다. 뭐 이런 뜻인가……. 각자 생각해 보아야 할 의미심장한 말이다.) 그런데 더 눈길을 끄는 것은 가운데 있는 셰익스피어 상이 아니라 그 주변에 동그마니 서있는 찰리 채플린 동상이다. 1미터 남짓 되는 아담한 동상이다. 거기에는 그를 이렇게 소개하고 있다. "The comic genius who gave pleasure to so many." 얼마나 명쾌하고 그를 정확하게 소개하고 있는가! 나는 셰익스피어 상에 쓰여 있는 조금은 구름 잡는 개똥(?)철학적인 문장보다 이 표현이 훨씬 더 마음에 와 닿았다.

아무튼 런던에는 채플린과 셜록 홈즈같은 남자들이 있어서 내게는 좋은 곳이다.

◀ 레스터 스퀘어의 찰리 채플린 동상

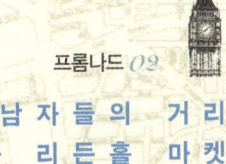

프롬나드 *02*

남 자 들 의 거 리
ㅡ 리 든 홀 마 켓

　런던의 금융중심지 뱅크 스트릿에서 멀지 않은 곳에는 묘한 시장이 있다. 그곳은 리든홀 마켓 Leadenhall Market 인데, 튜브역 모뉴먼트 Monument 역에서 가깝다. 이곳에 있는 모뉴먼트 탑은 1666년 3일간 13,000여 가옥을 태웠던 런던 대화재 때의 희생자를 추모하기 위해서 세워진 것이다. 리든홀 마켓은 예전엔 활기찬 시장이었는지는 몰라도 지금은 이름만 시장일 뿐 전통적인 의미의 시장의 역할은 사라졌다. 시장 안으로 들어가면 예전에 서울 종로에 있었던 신신아케이드처럼 천장이 닫혀 있다. 양쪽으로는 어둑어둑한 조명 아래 술집들이 쭉 늘어서 있다.

　이곳의 진풍경을 보려면 퇴근시간 무렵에 가야 한다. 그래야 주변의 직장, 특히 금융기관에서 쏟아져 나온 많은 직장인들이 퇴근 후 펍에 들러 술 한 잔 하면서 담소를 나누는 광경을 목격할 수 있다. 그것이 뭐 그리 대단한 일일까 라고 생각할 수도 있겠지만 실제로 와보면 왁자지껄한 분위기에 기대 이상으로 놀라게 된다.

　우선 한 가지는 런던의 다른 술집 앞에서도 볼 수 있는 풍경이지만 대부분 서서들 마신다는 점이다. 그러다 보니 맥주를 마시는 사람들이 양편으로 빽빽이 늘어서서는 마켓의 한 블록을 점령한 꼴이 된다. 또 다른 놀라운 점은 그들 모두가 남자들뿐이라는 것이다. 게다가 런던 금융의 중심부 근처어서 그런지 하나같이 검정계열의 정장을 잘 차려 입고 있다. 여자는 눈을 씻고 봐도 보이지 않는다. 그러니 저녁 6~7시쯤 이 마켓의 풍경은 정말 독특한 장관이 아닐 수 없다. 유니폼을 입듯 싱글 슈트를 입은 남자들이 맥주잔을 하나씩 들고 왁자지껄 떠드는 모습은 그 자체가 큰 볼거리다.

아래 사진에서 독자들은 여자를 한번 찾아보시길…….

이 사진을 찬찬히 보면 '런던이 왜 남성적인가'에 의문을 가졌던 사람들은 그 의문이 즉시 풀릴 것이다. 이곳에 와보면 과연 런던은 남성

의 도시라는 점을 피부로 실감하게 된다. 남장을 한 여자라면 모를까, 도대체 여자라고는 보이지 않으니 말이다.

이 시장에서 가장 사람이 많은 곳은 단연 1780년에 문을 연 램 태번 Lamb Tavern이다. 옥호에는 양의 문양이 그려져 있다. 그리고 좀 안쪽에 북적이는 술집으로는 뉴문 New Moon이 있다. 이 집에서 나는 여자를 처음 보았고, 비로소 여자도 이곳에 들어올 수 있다는 사실을 깨달았다.

여기서 주로 남자들이 마시는 술은 에일 Ale과 스타우트 Stout 맥주 그리고 셰리 Draught Sherry 등을 마신다. 서서 동료와 얘기하며 한 잔 술로 하루의 피로를 풀고, 파리의 카페나 우리나라 술집 기준으로 볼 때는 비교적 이른 시간에 이들은 집으로 걸음을 재촉한다.

◀ 램 테번

3 | 애프터눈 티와 차茶 문화

영국하면 우선 빼놓을 수 없는 것이 바로 티차일 것이다. 영국 사람들은 커피보다는 티를 주로 마시며 특히 오후에 마시는 애프터눈티Afternoon Tea 혹은 하이티High Tea는 다른 어느 곳에서도 찾아보기 어려운 독특한 영국적 문화의 소산이다. (애프터눈티는 3~4시경 가벼운 스낵과 함께 나오는 반면에 하이티는 좀 더 늦은 5시경에 샌드위치와 같이 거의 식사에 준하는 다과가 곁들여지는 것이 특징이나, 요즘은 양자의 구별이 모호하다.) 전통 하이티는 그냥 단순히 티만 마시는 것이 아니라 하나의 세트 메뉴로 구성된다. 그래서 좋은 식당이나 티 전문점에서 마시는 오후의 하이티는 값이 웬만한 저녁식사 값보다도 더 나간다. (보통 10파운드가 넘는다.—2만 원 정도)

애프터눈 티타임은 상류층 부인들이 모여 담소를 나누며 오후의 시장기를 달래는 데에서 비롯되었다. 1800년대 중반 영국 상류층은 보통 점심은 간단히 먹고 저녁 8시 이후의 만찬을 즐겼는데 그 중간에 간식의 역할을 한 셈이다. 특히 베드포드Bedford 가문의 공작부인이었던 안나 마리아Anna Maria가 빈속을 채우기 위해서 차와 함께 타르트나 스콘scones을 먹은 것이 점차 퍼지게 되어서 영국 상류사회의 사교문화로 자리 잡게 되었다고 한다.

영국에서 하이티의 메뉴는 대체로 다음과 같다. 우리에게는 생소한 오이 샌드위치나 혹은 핫 크럼펫crumpets, 그리고 잼을 바른 스콘, 머핀이나 토우스트 케익 그리고 나서 전통차가 나온다. 애프터눈 티세트를 3층으로 된 트레이에 가져오는데 맨 아래에는 스콘, 2층에는 샌드위치, 3층에는 버터와 잼을 올려놓는다.

영국의 다도 茶道

그러면 영국에서 차를 마시는 전통적 방식을 알아보자. 우선 잘 끓인 신선한 물, 그리고 데워진 티 팟pot이 있어야 한다. 그리고 나서 찻잎을 5분 정도 우려낸다. 중요한 점은 티를 먼저 따르고 나서 밀크를 붓는 것이 아니라 '먼저' 밀크를 컵에다 붓고 나서 여과기strainer를 통해서 티를 붓는 것이다. 그리고 이렇게 두 번을 우려내서 마신다.

우리나라에서는 차를 마실 때 떫은맛을 없애기 위해서 레몬을 많이 넣는데 반해서 이곳 영국 사람들은 우유를 넣은 소위 밀크티를 많이 마신다. 티의 깊은 맛과 향을 즐기는 이 차문화야말로 영국을 대표하는 고유한 전통이라고 할 수 있다.

영국 티의 대표적인 것 중의 하나가 얼그레이Earl Grey일 것이다. 이것은 브라마 차이나 티Bramah China Tea라고 하는데 이 차를 처음 개발한 사람은 런던의 조셉 뱅크스Sir Joseph Banks 경이었다. 1800년경에 그가 중국차에다 이태리에서 나는 향초인 베르가모Bergamot를 첨가해서 마신 것이 그 효시가 되었다. 그 후 이렇게 만든 차를 즐겨 마셨던, 당시 인기 있던 정치가 얼 그레이의 이름을 따서 붙였다.

전통있는 티가게 - 펏트남 앤 메이슨

런던에서 유명한 티 가게를 가보려고 한다면 어디 보다도 먼저 '펏트남 앤 메이슨Putnam&Mason'에 가봐야 한다. 티 매장만도 엄청나게 크며 각종 티가 없는 것이 없다. 특히 이곳은 영국 왕실에 티를 납품하는 것으로도 유명

● 런던 중심가의 티가게

하다. 또 이 안에는 티를 마실 수 있는 공간도 있는데 특히 하이티는 값이 꽤 비쌀 뿐더러 웬만해서는 자리도 잡을 수 없을 만큼 사람들이 많은데 주로 상류층의 나이 지긋한—왠지 애거서 크리스티의 추리소설에 나오는 주인공 미스 마플Marple 같은 인상을 주는 듯한 부인네들이 많다. 이런 애프터눈 티파티는 간간이 영국 영화에도 등장하는데, 애거서 크리스티의 소설 《버트람 호텔에서At Bertram's Hotel》를 원작으로 만든 영화에서도 볼 수 있다.

영국인은 진정 차를 좋아하는 족속인 것 같다. 빅토리아 여왕이 즉위식을 마치고 처음으로 한 말이 "차 한 잔과 타임즈 지를 가져오라"는 것이었다니 말이다. 또한 차를 즐기는 데에는 귀천이 없어서 영국에서는 가정부도 티타임이 되면 하던 일을 멈추고 차를 마시며 휴식을 취한다고 하니……. 미국 태생의 영국 작가 헨리 제임스Henry James는 인생에 있어서 오후 티타임 의식보다 더 유쾌한 시간은 없다고 했다. 노벨 문학상을 수상한 극작가 헤롤드 핀터Herold Pinter는 〈티타임의 정사The Lover〉라는 흥미 만점의 드라마를 쓰기도 했다. 물론 오후 티타임에 일어난 사건이 중심축이다.

영국인들의 일상생활을 티문화로 들여다보자. 영국 사람들은 하루 보통 7, 8차례 티를 마신다. 아침에 일어나서 얼리 모닝티를 시작으로 해서 오전 11시쯤 브레이크 때 토스트 한 조각과 티를, 그리고 점심 먹고 나서는 후식과 티를……. 오후 3~4시경 애프터눈 티를 여유 있게 마시고, 아니면 이른 저녁 5시경에는 스콘 케이크 등과 함께 하이티를 마시고 저녁식사 후에는 당연히 티 한잔. 그러고 나서 잠자리에 들기 전에 따뜻한 티 한잔을 마시고 취침하게 된다. 그러니 하루 종일 차를 마시는 셈이다.

런던의 차 박물관—브라마 뮤지엄

런던에서 차만 전문적으로 파는 집이 남쪽에 하나 있다. 템즈강 남쪽 사우스워크Southwark 가에 있다. 여기에는 차 박물관Bramah's Tea Museum도 있어서 차의 역사와 종류를 한눈에 볼 수 있다. 차를 마시는 것은 물론이고…….

차 값도 그리 비싼 편은 아니다.

원래 이 박물관은 템즈강 타워 브리지 남쪽에서 가까운 곳에 있었다. 그런데 찾아가 보니 다른 곳으로 옮겨졌고 그곳에는 현대적으로 지은 디자인 뮤지엄이 들어서 있었다. 옮긴 장소는 상당히 멀리 떨어진 곳으로 템즈 강변의 퀸스 워크Queens Walk를 따라 가다가 런던 브리지를 지나서 밑으로 사우스워크 스트릿을 따라 한참 가야 했다. 차 박물관은 그 길가에 차와 찻잔 및 소품들을 파는 차가게 안에 있었다.

이곳에서는 다양한 차를 시음해 볼 수 있으며 갖가지 차와 관련된 소품을 살 수 있다. 또한 여러 가지 예쁜 디자인의 찻잔도 눈길을 끈다. 안쪽으로는 따로 입장료를 내고 볼 수 있는 박물관이 있어서 차와 차 도구의 변천사를 한눈에 볼 수 있다.

펍 문 화

티문화와 함께 영국적인 것을 대표하는 것이 바로 펍Pub문화일 것이다. 티문화가 어느 정도 귀족적인 취향이라면 펍문화는 지극히 서민적이라고 할 수 있다. Public House가 그냥 Pub으로 불리기 시작한 기원은 별로 알려진 게 없지만, 영국인에게 무인도에 혼자 버려졌을 때 무엇이 제일 그리울 것 같냐고 물어 보면 단연 펍이라고 대답할 정도로 영국인의 생활에 있어 뺄 수 없는 가장 기본적인 구성 요소가 바로 펍이다.

펍은 대개 우리나라의 맥주 홀 정도와 비슷하지만, 실제로 맥주만 마시는 곳이라기엔 너무 많은 역할을 한다. 이들은 대개 안주도 없이 그냥 들고 서서 얘기하거나, 앉아서 떠들거나, 주변 사람과 무언가를 공유하는 다양한 삶의 문화를 향유할 수 있는 곳이다.

시내 펍에서는 대개 퇴근 후 삼삼오오 모여 직장 상사의 뒷담화를 하며 스트레스를 풀기도 하고 프리미어리그 시즌에는 축구에 관한 얘기로 시간

▲ 역사와 전통을 자랑하는 터트넘 앤 메이슨
▼ 브라마 티 뮤지엄 내부

을 보낸다. 조금만 늦어도 중심가의 펍에는 자리가 없기 일쑤이므로 대개 그냥 서서 마시는 것이 오히려 일반적이다. 중요한 축구경기가 있는 날은 TV중계를 보며 왁자지껄한 가운데 때론 흥분이 지나쳐 거의 난장판이 된다. 영국인들이 얼마나 시끄러운 족속이라는 것을 깨닫게 되는 순간이다. 맥주와 축구……. 펍문화 역시 지극히 남성적이다.

영국의 맥주는 대개 진하고 호프 향이 강한 편이다. 영국의 맥주 맛에 길들여진 사람이 한국에 돌아와서 맥주를 마시면 영 싱겁다는 느낌을 받게 된다. 그만큼 영국맥주는 진하고 맛이 좋다. 펍에서는 대략 4~6종의 맥주 꼭지가 있는데 보통 기네스, 포스터, 1664, 하이네켄 등이 일반적이다.

펍은 보통 밤 11시면 닫는다. 더 오래 술을 마시려면 바 같은 곳으로 장소를 옮겨야만 한다. 한편 파리에도 영국식 펍이 있는데 다른 카페들과 비슷하게 새벽 2시까지 문을 연다.

영국의 식사문화

프랑스에 비해 영국은 자국을 대표할 만한 음식이 없는 것이 사실이다. 영국의 음식문화는 빈약하기 짝이 없다. 고작 우리가 알고 있는 것이라고는 피쉬앤칩스 Fish&Chips 정도일 뿐이다. 그것도 신문지에 싼 것으로 종이에는 잔뜩 기름이 묻어 볼품없는—과거에는 노동자들이 주로 먹던—음식이다.

일반적인 영국 아침식사를 살펴보면, 거의 탄 것 같은 쏘시지, 덜 익은 베이컨, 계란 프라이, 구운 토마토, 주홍빛의 구운 콩, 그리고 몇 조각의 토스트로 이루어져 있다. (그런데 재미있는 것은 어느 호텔이나 B&B이건 간에 토스트의 모양은 모두 반으로 자른 삼각형의 모양으로 작은 철제 스탠드에 끼워져 나온다.) 특히 콩팥처럼 생긴 콩은 인스턴트 통조림에서 나온 것으로 파리에서 맛보는 신선하고 풍성한 야채샐러드와는 천양지차가 난다.

우리에게는 잘 알려져 있지는 않지만 사실 영국인들이 가장 즐기는 음식은 자켓 포테이토 Jacket potato를 꼽을 수 있다. 이것은 오븐에 구운 커다란 감자 위에 버터, 치즈, 베이컨 등을 올려 먹는다. 또 다른 영국식 감자 요리로는 절반쯤 삶은 감자를 오븐 속에 넣어 요리한 로스트roast 포테이토, 그리고 완전히 삶아서 버터와 같이 뭉갠 매쉬드mashed 포테이토를 들 수 있다.

그나마 영국인이 자랑할 수 있는 식단은 디저트류다. 주로 달디 단 케이크나 시럽을 듬뿍 친 아이스크림을 즐긴다. 영국 식단의 가장 큰 약점은 신선한 야채의 부족이다. 야채 조리방법은 품종, 모양, 색깔, 크기 등에 상관없이 무조건 물에 넣고 데치면 그것으로 끝이다.

그러니 영국인이 프랑스인보다 살이 찔 수밖에 없다. 영국인은 점차 미국인의 모습을 닮아가고 있다. 즉, 비만형의 인구가 급증하고 있는 것이다. 통계적으로 보면 국민의 20% 정도가 비만 기준치를 넘어서고 있는 실정이다. 어느 통계에 의하면 프랑스인은 하루에 과일과 채소를 일곱 번 정도 먹지만, 영국인은 두 번 정도밖에 먹지 않는다고 하니 말이다.

반면 파리지앵은 오후에 카페에서 즐기는 빵을 '쁘띠 뻬쉐 미뇽petit peche mignon, 작고 깜찍한 죄악'이라고 부른다. 다분히 풍자적인 농담이다. 오직 프랑스인만이 죄악에 '깜찍한 혹은 작은'이라는 형용사를 붙일 수 있다. 프랑스 여자가 살이 찌지 않는 진짜 이유는 '유전' 때문이 아니라 '문화' 때문이라고 볼 수 있지 않을까?

프롬나드 03

런던의 〈폴〉과 파리의 〈라두레〉

　런던의 중심가 코벤트가든에서 멀지 않은 베드포드Bedford 가에는 PAUL이라는 유명한 카페 겸 케이크 집이 있다. 특히 펍이나 테번과는 달리 여자들이 가기 좋은 공간이다. 정통 프랑스식 빵을 파는 블랑제리Boulangerie다. 이곳은 파리의 라두레La Duree를 연상시킨다. 라두레와 마찬가지로 입구에 많은 여성들이 줄을 서 있다. 라두레에서는 인기 있는 마카롱이 여기서는 잘 팔리는 것 같지 않다. 안쪽으로 케이크와 티를 마실 수 있는 공간이 있는데 젊은 여자들로 항상 만원을 이룬다.

　이렇게 비싸고 우아한―골드 미스가 좋아할 만한―가게에 가기가 좀 부담이 되는 젊은이들은 역시 시내 여기저기에 산재해 있는 스타벅스나 코스타에 주로 간다. 하지만 분위기 좋고 느긋하게 즐길 만한 곳은 드물다. 대개의 패스트푸드점처럼 산만하고 시끄럽다. 게다가 2007년부터 런던의 커피숍에는 흡연공간마저 사라졌다.

　내가 런던에 있을 때 즐겨 간 곳은 거의 한달 남짓 돌아다닌 끝에 찾아낸 곳으로 레스터 스퀘어와 코벤트 가든 중간쯤에 위치한 카페 네로Caffe Nero다. 이곳에서 바로 건너편을 보면 여자들로 문전성시를 이루고 있는 카페 '폴'이 보인다. 그러나 네로가 커피나 티를 값싸게 마시며 죽치기 좋은 장소다. 분위기도 좋고 널찍한 창유리가 운치도 있다. 좌석과 창틀 사이에 넓은 원형의 공간이 있고 창문 폭이 넓어서 시원하고 쾌적한 느낌을 준다. 또 당시에는 담배도 마음대로 피울 수 있어서

▲ 런던녀에게 인기 있는 카페 폴
▼ 파리의 유명한 마카롱 가게 라두레

제격이었다.

또 창밖 건너편 멀리 젊은 직장인들에게 인기가 있는 바 'All Bar One'에서 넥타이 부대가 왁자지껄하며 에일을 마시는 모습도 볼 수 있다. 런던에서는 드물게 물도 공짜로 마실 수 있고, 음악은 라틴 재즈부터 다이애나 크롤 Diana Krall 까지 다양하게 흘러나온다.

4 | 디킨스 하우스, 버지니아 울프 바, 그리고 간디 메모리얼

이 제목의 세 단어에서 런던의 어느 한 지역을 떠올렸다면 런던의 지리나 역사에 어느 정도 익숙한 사람일 것이다. 이 세 단어가 공통으로 가리키는 지역은 바로 런던 중심의 대영박물관^{British Museum} 북쪽에 있는 블룸스베리 지역의 러셀 스퀘어^{Russell Square}다.

런던 지도를 잘 들여다보면 대영박물관이 오히려 피카딜리 서커스나 트라팔가 광장보다도 중심부에 위치하고 있다는 사실을 알게 된다. 그도 그럴 것이 대영박물관은 런던의 중심부를 동서로 관통하고 있는 옥스퍼드 스트리트의 중간쯤에서 바로 북쪽에 자리 잡고 있다. 따라서 이곳을 지하철 튜브^{tube}를 이용해서 가려면, 옥스퍼드 가의 중심 역에 해당하는 토트넘 코트^{Tottenham Court} 역—이 역에서는 파울로찌의 모자이크 디자인을 꼭 눈여겨 봐야한다—에서 내려야 하는데 그래도 한 10분은 걸어야 한다. 아니면 대영박물관 북쪽에서 내려올 수도 있는데 이때는 러셀스퀘어 역에서 내려야 한다. 여기서 걷는 거리는 토트넘 역에서 내리는 경우와 비슷하다. 다만 옥스퍼드 스트릿이 중심가이므로 대개 많은 관광객들은 이 길을 따라 오게 되며 또 그래야 박물관 정문으로 들어갈 수 있다.

그러나 반대로 러셀 스퀘어 역 쪽에서 오면 한산한 길로 걸어오게 되는데, 작은 공원인 러셀 스퀘어를 만나게 된다. 이곳을 가로질러 오면 대영박물관의 후문에 다다르게 되는 것이다. 따라서 조용한 산책을 원하는 사람들은 이 길을 택하는 편이 좋다.

대영박물관과 테니슨의 〈두 목소리〉

2004년 런던을 방문했을 때 대영박물관에 들렀는데 그때 사소하지만, 흥미로운 사실을 하나 발견했다. 들어가는 입구의 대리석 바닥에 새겨져 있는 글귀를 발견한 것이다.

A still small voice spake unto me / Thou art so full of misery
들릴 듯 말 듯한 속삭임이 내 귓가를 맴돈다 / 너의 예술은 연민에 쌓여 있다

무슨 시구절임에 틀림없어 보였는데 나의 짧은 지식으로는 그것이 어디에서 인용된 문장인지는 알 길이 없었다. 당시에는 여유가 없어서 궁금증만 안고 돌아왔는데 계속 궁금증이 가시지 않았다. 그래서 나는 대영박물관에 이메일을 보냈다. 어느 시에서 인용된 것이지를 묻는……. 그러자 곧 답이 왔다. 그것은 영국의 계관시인桂冠詩人인 알프레드 테니슨Alfred Tennyson의 시였다!

그는 일찍이 케임브리지의 트리니티 칼리지에서 수학했으며, 1829년에 시 〈팀북투Timbuctoo〉로 총장상 메달을 받았을 정도로 문재文才에 뛰어났는데, 그 후에 워즈워스의 후임으로 계관시인이 되었다. 뮤지엄 입구 바닥에 새겨진 바로 그 글귀는 1834년에 나온 그의 시 〈두 목소리The Two voices〉에 나오는 시구절이라는 것이다. 이 시는 죽음과 불멸에 관한 철학적인 사색에서 나온 작품으로서 삶에 대한 깊은 성찰을 담고 있다.

그런데 어쩐 일인지 그 다음 해에 런던에 체류하면서 다시 가보니 바닥의 그 글귀가 없어져 버렸다.

문학 작품 속의 러셀스퀘어

대영박물관의 북쪽 러셀 스퀘어 주변은 조용하고 블룸스베리^{Bloomsbury} 대학촌과 인접하고 있어서 지적인 분위기가 느껴지는 동네다. 러셀 스퀘어와 아주 흡사한 분위기를 미국에서 찾는다면 바로 필라델피아의 중심에 위치한 리튼하우스 스퀘어$^{Rittenhouse\ Square}$를 들 수 있겠다. 크기도 비슷하고 인접한 지역의 모습도 같은 분위기를 풍긴다. 리튼하우스 스퀘어는 필라델피아의 중심거리 마켓 스트릿 남쪽의 로커스트^{Locust} 스트릿과 17가 교차 지역쯤에 위치하고 있는데, 동쪽 코너에는 명문 커티스^{Curtis} 음악학교가 있으며 주변을 고풍어린 아파트들이 둘러싸고 있어서 그 분위기가 바로 러셀 스퀘어 지역과 아주 흡사하다.

러셀 스퀘어는 문학 작품에도 가끔씩 등장하는 지역인데, 코난 도일$^{Arthur\ Conan\ Doyle}$의 작품에서 가장 유명한 《셜록 홈스의 모험》에 실린 단편 〈춤추는 사람들$^{Dancing\ Men}$〉에서도 찾을 수 있다. 이 작품에서 춤추는 사람들의 동작에는 은밀한 메시지가 담겨져 있는데, 홈스가 멋지게 이 암호를 해독해낸다. 어린 시절 내게 대단한 호기심을 유발시켰던 작품으로 두 남녀 주인공은 러셀 스퀘어에 있는 하숙집에서 처음 만나 사랑을 싹 틔우고 결혼까지 이르게 된다.

대영박물관도 코난 도일의 또 다른 명작인 〈푸른 보석$^{Blue\ Carbuncle}$〉에 등장한다. 작품에서 대영박물관의 서기낮은 직급의 학예관로 일하고 있는 주인공은 블루 카벙클을 삼킨 거위를 사게 된다. 코난 도일은, 당시 박물관의 학예관은 크리스마스에 장만할 거위를 사기 위해서 돈을 저축해 두어야 할 정도로 봉급이 넉넉하지 않았다고 쓰고 있다. 당시에 조금 부유한 계층에서는 가스등을 이용했지만 가난한 이 학예관의 집에는 가스등이 없음을 홈스는 명석한 추리로 밝히고 있다. 닥터 왓슨^{Watson}은 사건이 해결된 다음, 그에게 혹시 집에 기스가 들어오느냐고 물어본다. 그의 대답은 물론 아직 촛불을 쓰고 있다는 것이었다.

(또 한 가지……. 영화 〈가스등Gaslight〉 역시 당시 상류층에서는 가스등을 쓰고 있다는 것이 공포 스릴러 영화의 소재가 된 작품이다. 냉혹한 남편인 사를 부아이에 Charles Boyer가 가스등을 교묘하게 조작해서 아내인 잉그리드 버그만을 정신병자로 몰아가는 내용이 아니던가!)

블룸스베리 지역은 또한 버지니아 울프의 《델라웨어 부인》에서도 언급되고 있다. 블룸스베리 하숙집의 창문은 투신자살하기에 적절한 곳으로 묘사되고 있다. 그녀는 이 지역에서 결성된 문인과 예술가들의 모임인 블룸스베리 클럽의 멤버였다. (이 클럽의 예외적인 인물은 경제학자인 존 메이나드 케인즈였다!)

버지니아 울프 바

브리티시 뮤지엄의 북동쪽에 자리 잡고 있는 공원인 러셀 스퀘어의 한쪽 코너에는 아주 고색창연한 검붉은 벽돌과 로코코적인 기둥 장식을 보여주는 10층 남짓 되는 건물이 있는데 이곳이 러셀 스퀘어 호텔이다.

이곳 1층에는 소위 버지니아 울프 바Virginia Woolf's Bar로 알려진 벤자민스 바Benjamin's Bar가 있다. 버지니아 울프는 이곳 바에 들려서 러셀 스퀘어 공원의 풍경을 바라보면서 글을 썼다고 한다. 젊은 나이에 요절한 우리나라의 전혜린도 독일 유학 시절 뮌헨 대학 근처의 하숙집 옥탑방에서 밖을 내다보면 멀리 영국 공원의 정원이 눈에 들어온다고 썼는데, 그녀가 영국공원을 바라볼 때의 느낌이 어쩌면 버지니아 울프가 러셀 스퀘어의 나무들을 볼 때의 느낌과 비슷하지나 않았을까 상상해 본다. 하필이면 두 여류작가 모두 젊은 나이에 스스로 목숨을 끊었으니 어느 정도 공통점이 있는 것 같다. 비가 오거나 눈이 내리는 날, 러셀 스퀘어의 운치는 바라보는 이만이 느낄 수 있는 무언가가 있다.

그런데 아쉽게도 이제는 버지니아 울프 바가 존재하지 않는다. 그 대신 호텔 안 오른편에 있는 라운지가 바의 역할을 하고 있으나 낭만적인 운치가 전혀 느껴지지 않는다. '버지니아 울프 바'라고 불리던 벤자민스 바가 있던 왼편의 넓은 공간은 더 이상 바가 아니며 그저 의자와 테이블이 썰렁하게 몇 개 놓여있는 휑한 공간으로 남아있을 뿐이다. 그래도 빈 의자에 잠시 앉아서 러셀 스퀘어를 창밖으로 바라다보았다. 창밖의 풍경만큼은 예나 지금이나 마찬가지인 듯하다.

실내를 둘러보니 멋진 그림이 하나 눈에 들어온다. 그 그림은 바네사 벨 Vanessa Bell 이라는 여류화가가 그린 누드화였다. 지금은 이 바가 황량한 공간이 되어 버렸지만 예전이라면 버지니아 울프 바와 상당히 잘 어울렸을 법한 그런 그림이었다.

그런데 그녀의 글을 읽는 데에는 상당한 인내심이 필요하는 것 같다. DNA 구조를 밝히는 데 결정적인 공헌을 했던 로잘린드 프랭클린 Rosalind Franklin 은 버지니아 울프의 《등대로 To the Lighthouse》를 끝까지 읽지 못했다고 한다. 과학도인 그녀는 자기만족에 빠진 글을 읽는 데 인내심의 한계를 느꼈다. 그녀는 "울프의 글은 긴 글의 끝에 도달해야만 시작 부분의 의미를 알게 돼요. 이렇게 써야하는 정당한 이유가 없어요"라고 말했다.

찰스 디킨스 기념관

런던과 파리에서 가장 대중적으로도 인기가 있는 작가를 꼽으라면 아마도 런던에서는 찰스 디킨스를 주저 없이 꼽을 것이다. 그렇다면 파리에서는 이에 필적할 만한 인물로 빅토르 위고를 꼽아야 되지 않을까 생각된다. 두 사람의 공통점이라면 아마도 인간 내면세계의 극단인 선과 악이 어떻게 대비되고 표출되는가를 가장 극명한 필치로 보여준 작가들이 아닌가 생각되기 때문이다.

디킨스 기념관 Dickens' Museum 은 블룸스베리 지역에서 약간 북쪽 편에 있다. 언더그라운드 러셀 스퀘어 역에서 내리면 한 5분 골목길을 따라 가다 보면 디킨스 기념관 팻말이 있는 한 건물을 만나게 된다. 공짜를 기대했지

만 입장료를 내야 했다. 2층으로 올라가는 계단 옆 벽면에 황금색의 〈금박공金箔工의 팔 Goldbeater's Arm〉이 걸려 있는 것이 이채롭다. 이것의 원래 실물은 소호에 있는 마넷 Manette 스트릿 2번지 건물의 벽면에 있다.

이 금박공의 팔은 디킨스의 소설 《두 도시 이야기 A Tale of Two Cities》에 나오는 소재이기도 하다. 마넷 거리의 이름은 디킨스의 이 소설에 나오는 닥터 마넷의 이름을 따온 것이고, 그가 살았던 소호의 집에는 그것을 기리는 황금 거인의 팔의 조각상을 붙여놓은 것이다. 이 책의 6장에는 이런 구절이 있다.

"…… 황금의 팔을 가진 이상한 거인 …… 그 황금 거인에게서 쾅 소리가 들렸다."(……. mysterious giant who had a golden arm ……. a thump was heard from the golden giant.)

간디 메모리얼 —
지금도 타고 있는 작은 촛불

인도의 성인 간디의 흔적을 런던에서 찾기는 어렵다. 영국 제국주의에 대항해서 비폭력 무저항주의로 영국의 권위와 무력에 대항했던—영국에서 볼 때는 식민지 저항운동의 중심인물인—그가 당연히 기피인물이었을 것이다. (마찬가지로 우리나라 독립운동의 주인공인 김구 선생이나 안중근 의사의 기념물을 도쿄에서 찾을 수 있을 것인가.)

그런데 런던에서는 간디의 기념물 Gandhi Memorial을 찾을 수 있다. 우리는 런던 지성의 고장이라고 할 수 있는 블룸스베리 지역에서 그것을 발견하는 기쁨을 누릴 수 있다. 그곳은 바로 토비스톡 스퀘어가든 Tovistock Square Garden이다. 이 넓지 않은 정방향의 정원은 블룸스베리 지역에서 약간의 서북쪽에 위치한 아주 조용한 지역에 있다. 아마도 행정구역상으로는 캠든 타운

▲ 버지니아 울프 바의 창가
▼ 디킨스 기념관

▲ 간디 메모리얼의 촛불

Camden Town에 속하는 모양이다. 왜냐하면 1996년 간디 탄신 125주년이 되는 해에 그를 기리는 기념상을 인도정부의 후원과 캠든 타운 시장에 의해서 이 토비스톡 스퀘어 가든의 한가운데에 건립한 것이다. (영국 정부나 런던시에서 적극적인 지원이 없었다는 점이 아이러니하다기보다는 영국적인 시각에서는 어쩌면 당연하기도 할 것이다. 안중근 의사의 동상을 일본에 세운다면 일본 정부가 지원할 것인가. 답은 자명하다.)

그런데 간디 기념비가 이곳에 세워졌다는 사실은 어찌 보면 또 다른 이유로 당연한 결과다. 왜냐하면 원래 이 공원은 전통적으로 "평화와 비폭력"을 상징하는 스퀘어이기 때문이다. 가만히 이 공원을 다녀 보면 한쪽 편 큰 나무에 푯말이 있는데 그것을 보면 히로시마 원폭의 피해를 상기하고자 1967년에 심은 나무다. 또한 북쪽 가장자리에는 '살인에 대한 저항권'Right to refuse to kill을 위해서 운동한 사람들을 기리는 커다란 자연상태의 비석도 발견할 수 있다. (수년 전에 타계한 영국의 마에스트로 지휘자인 존 바비롤리John Babirolli 경이 심은 나무도 있다.)

이처럼 이 공원에는 폭력에 대한 저항을 상징하는 기념물들이 곳곳에 숨어 있다. 간디의 기념비는 바로 그 중심에 서 있다. 그 앞에는 그를 추모하는 작은 촛불들이 항상 타오르고 있다.

▲ 토비스톡 스퀘어가든의 비폭력 기념 비석

프롬나드 *04*

찰 스 디 킨 스
커 피 하 우 스

코벤트가든에서 멀지 않은 웰링턴^{Wellington} 스트릿을 가다보면 찰스 디킨스 커피하우스^{Charles Dickens Coffeehouse}라는 약간은 촌스러운 간판이 보인다. 이 길 건너편에는 〈라이언 킹〉을 장기 공연하고 있는 라이시엄^{Lyceum} 극장이 보인다. 디킨스는 1859년부터 1870년까지 이 커피하우스 2층을 거주 겸 사무실로 쓰면서 《All the Year Round》라는 잡지를 발행하기도 했다.

코벤트가든 역에서 가까운 베드포드^{Bedford} 가에서도 쉽게 찾아갈 수 있다. 이 길에서 왼편으로 메이든 레인^{Maiden Lane}으로 돌아 들어가 이 거리를 따라 계속 가면 타비스톡^{Tavistock} 거리를 만나게 되는데 이 길을 끝까지 가면 오른편에 레스토랑 파파게노^{Papageno}—여기에는 모차르트의 '마술피리'에 나오는 파파게노의 조각상이 장식되어 있다—가 나오는데 그 집 건너편이 바로 찰스 디킨스 커피하우스다.

디킨스는 아마도 여기서 일하면서 이 집에서 커피를 즐겨 마셨던 것 같다. 또한 메이든 레인을 걷다 보면 오래된 식당이나 펍들이 꽤 있는데, 라 토스카^{La Tosca}라는 이태리 식당이 나오고, 그 옆에는 오래된 포터 하우스^{Porter House}라는 펍이 있다. 그 집 2층에는 영국의 특유한 풍경화를 개척한 터너^{Joseph William Turner}가 태어난 집이기도 하다. (영국의 젊은 화가에게 수여하는 최고의 미술상인 터너 상^{Turner Prize}은 바로 그의 이름을 기념하는 것이다.)

그리고 베드포드 가를 따라 가다 보면 챤도스 플레이스^{Chandos Place}

51

▲ 디킨스 커피하우스

를 만나게 되는데 이 코너는 항상 사람들로 붐비는 곳으로, 나 역시 오후에 때때로 들렀던 커피 체인점 카페 네로가 있다. 이곳은 넓은 유리창으로 밖을 내다볼 수 있는 곳이다. 창가에 앉아서 책이나 신문을 보거나 창밖 구경하기에 딱 좋은 커피집이다. 이 카페 바로 맞은편 찬도스 플레이스 모퉁이 벽돌색 큰 건물의 2층에는 파란 명패가 붙어 있는데 그것은 찰스 디킨스가 어린 시절에 여기서 일했다는 사실을 알리는 팻말이다. 지금은 그 1층에 TGIF 레스토랑이 자리 잡고 있는데 디킨스는 여기서 1824년경부터 1년 동안 사환 일을 했던 것 같다. 그는 어린 시절 낯선 런던 한복판에서 고된 일을 했을 것이다. 그러한 경험이 《올리버 트위스트》에 생생하게 나타난 것은 아닐까? 그 푸른 명패에는 이렇게 적혀 있다.

As a Boy Charles Dickens worked here. 어린 시절 찰스 디킨스가 여기서 일했다

5 | 다빈치 코드 따라잡기 I

댄 브라운Dan Brown의 베스트셀러 소설인 《다빈치 코드The Da Vinci Code》는 미국 하버드 대학의 기호학자인 로버트 랭던 교수가 한 세미나에 참석하기 위해서 파리에 오자마자 살인사건에 휘말리게 되면서 겪는 흥미진진한 사건을 추적하는 과정을 그린 작품이다. 최초의 살인사건은 루브르 박물관에서 일어난다. 랭던 교수는 여기에 남겨진 암호를 풀기 위해서 한밤중에 불려나간다. 루브르 미술관 입구에 세워진 유리로 된 피라미드는 밤에 더욱 빛난다. 이 피라미드는 소설 마지막에야 드러나게 되는 복선으로 남겨진다.

유 리 피 라 미 드 와 랭 던 의 현 문 우 답 賢問愚答

루브르 박물관의 입구에 새로운 조형물—그것도 유리로 된 피라미드가 들어서자마자—단박에 루브르 박물관 자체만큼이나 유명해졌다. 이 유리 피라미드를 만든 20세기 불세출의 건축가는 중국계 미국인인 이안 페이Ian M. Pei였다. 그는 미국의 심장부 워싱턴에 있는 '내셔널 갤러리'를 비롯해서 곳곳에 상징적인 건축물을 만들어서 독보적인 명성을 얻고 있다. 그러나 루브르 앞의 유리 피라미드는 건축 당시부터 각계의 논란과 비난을 불러일으켰다. 특히 프랑스 전통에 충실한 보수주의자들의 공격이 심했다. 반면 진

53

보주의자들은 과거 르네상스 양식의 건축물과 묘한 대조를 이루는 현대적 감각의 피라미드라고 두 건축물의 조화를 오히려 옹호했다.

댄 브라운은 이러한 논쟁에 휩싸인 유리 피라미드의 존재이유에 대해 묘한 해답을 내놓는다. 랭던을 태우고 가던 프랑스 비밀경찰요원이 랭던에게 묻는다.

"저 피라미드가 마음에 드십니까?"

댄 브라운은 이 같은 질문이 프랑스 사람이 좋아하는 질문이며 대단히 함축적이라는 것이다. 그리고 질문을 받은 사람은 대답하기 곤란한 딜레마에 빠지게 된다고 말한다. 왜냐하면 피라미드가 마음에 든다고 하면 안목 없는 미국인이 되어버리고, 마음에 안 든다고 하면 프랑스인에게 모욕이 되어버린다는 것이다. 어떻게 이 질문을 피해나갈 수 있단 말인가? 이 딜레마적인 질문에 대한 댄 브라운의 해답은 무엇이었을까? 독자들도 각자 한 번쯤 생각해 보기 바란다. 댄 브라운은 좀 엉뚱한 데에서 그 질문의 핵심을 피해나가는 실마리를 찾았다.

랭던은 대답했다. "미테랑은 대담한 남자였죠"라고. 그의 대답은 동문서답 같으면서도 질문자의 의도를 꿰뚫어보는 메타포를 품고 있다. (영화에서는 이런 은유적인 대답 대신에 랭던 역을 맡은 탐 행크스가 "대단하다 magnificent"라고 간단히 지나쳐버리기는 하지만……)

여기에는 약간의 역사적 지식이 필요하다. 지금 파리의 현대적인 모습은 프랑수아 미테랑의 비전에 힘입은 바 크다. 그는 북서쪽에는 라데팡스를 건설하고 남동쪽에는 국립도서관 그리고 바스티유 오페라 극장을 새로 지었다. 유리 피라미드 역시 미테랑의 발주에 의한 것이었는데, 그는 오벨리스크와 같은 이집트 미술과 문화에 애착이 강했으며 파라오 콤플렉스에 빠져 있었다고 한다. 랭던은 이러한 사실에 근거해서 엉뚱한 은유로 답을 한 것이다.

루브르에서 느끼는 과거와 현재

우리가 루브르 같은 박물관에 가서 가장 먼저 보는 것은 어마어마한 규모의 궁전 같은 외관, 그리고 그 안에 가득 차 있는 예술품들이다. 그러나 따지고 보면 거의 모든 것들이 피지배계급의 피땀과 눈물이 어린 노동의 결정체가 아닌가? 크게 보면 피라미드나 로마의 경기장, 중국의 만리장성 어느 하나 강제노역에 의해서 만들어지지 않은 것이 없다.

즉 과거에 인민은 지배층의 정복욕과 호화로운 사치에 부응하기 위해서 엄청난 강제노역에 시달려야 했다. 고대의 노예, 중세의 농노, 그리고 근대의 노동자 등 권력에서 소외된 피지배계급은 지배계급을 위해서 생산을 담당해야만 했다. 식량을 생산하고, 건축과 토목에 동원되고, 전쟁 때는 군역, 그리고 국가와 지방 호족을 위한 공물과 세금 부담 등으로 착취와 중노동에 시달리기 일쑤였다.

그런데 오늘날 아이러니컬하게도, 그 착취당한 계층의 후예인 대중이 조상들이 피땀 흘린 노역의 결과로 만들어진 엄청난 유물을 구경하기 위해서 많은 시간과 돈을 쓰고 있다는 사실이다. 어떻게 생각하면 역설적으로 과거 피지배층의 비참한 노동은 지배계층을 위해서 한 것이 아니라 바로 그들의 후손인 현대의 평범한 시민들을 위해서 한 것이 아니었나 하는 생각조차 들게 된다. 과거 이름 모를 백성들이 만든 성곽과 궁전과 화려한 유물들은 왕과 귀족을 위해서가 아니라 자신들의 후손을 위해서―먼 훗날 그들에게 보여주기 위해서―힘들게 한 일이라고……

다빈치 코드에서 옥의 티 찾기

이 책을 나는 세 번 읽었다. 두 번은 번역판으로 한 번은 영어판으로. 그런데 두 번째 읽다가 3장 첫 대목을 읽으면서 고개를 갸웃하게 되었다. 그것은 리츠 호텔에서 루브르로 가는 길에 관한 묘사 때문이다.

3장의 처음은 이렇게 시작된다.

시트로앵 ZX의 열린 창문으로 상쾌한 4월의 공기가 느껴졌다. 오페라 하우스의 남쪽을 지나 방돔 광장을 가로질러 갔다.

여기서 무엇이 이상해서 고개를 갸웃하게 되는가? 그것은 주인공 랭던이 머물고 있던 호텔의 위치 때문이었다. 이 장면은 비밀경찰요원이 호텔로 찾아와서 그를 데려가는 상황인데, 이후의 내용을 보면 그가 머문 호텔에 대해서 다음과 같이 언급하고 있다.

…… 인터폴 수사관들은 누가 어디에서 자는지 정확하게 짚어낼 수 있었다. 리츠 호텔에 묵고 있는 랭던을 찾아내는 데는 아마 5초밖에 걸리지 않았을 것이다.

즉, 그는 리츠 호텔에 투숙했던 것이다. 이 호텔은 종교기호학 교수 로버트 랭던이 한밤중에 전화를 받고 사건 속으로 빠져드는 출발점이다.

그가 리츠 호텔에 묵었다면 차의 진행방향이 전혀 엉뚱한 반대 방향이다. 왜냐하면 리츠 호텔은 파리에서 최특급 호텔로 남쪽에서 볼 때 방돔 광장 왼편에 위치하고 있기 때문이다. 따라서 랭던을 데리고 나온 차가 루브르로 가기 위해서는 오페라 하우스 남쪽을 지나 방돔 광장을 가로질러 갈 수가 없는 것이다. (일부러 반대방향으로 우회하기 전에는)

즉, 이 대목은 랭던이 차를 타고 말할 수 있는 광경이 아니다. 오히려 랭던을 데리러 오던 경찰차가 지나온 길이라고 해야 맞다. 그때는 아직 랭던이 차에 타기 전이다. 따라서 이 묘사 부분은 '방돔 광장을 가로질러 나와서 오페라 하우스를 북쪽으로 등지고 센 강 쪽으로 향해 달렸다' 라거나 아니면 '방돔 광장을 빠져나와 오른편으로 튈르리 정원을 끼고 리볼리 가를 질주했다' 뭐 이런 식으로 묘사되어야 했다.

▲ 다빈치코드 마지막 장면의 두 유리 피라미드
▼ 방돔 광장의 리츠 호텔

그리고 소설 속에서 루브르 박물관의 실제 모습과 다른 부분을 찾아보자면, 소니에르 관장이 그림을 떼어내 작동시키는 보안 철문은 존재하지 않는다. 또한 소피 느뵈가 화장실에서 도청장치를 밖으로 던지는 대목이 나오는데 루브르 안의 화장실은 건물 중간에 있으며 아예 창문이 없는 구조로 되어 있다.

물론 이런 정도의 변형은 "소설은 소설일 뿐"이라는 말로 변명할 수 있는 것이기는 하다.

역사와 예술의 무대 — 방돔 광장

루브르에서 튈르리 공원을 지나면 오른편으로 리볼리 가에 이르게 되고 이 거리를 따라 가다 보면 피라미드 역이 있다. 여기에는 피라미드는 물론, 근처에 이집트 관련 조각이나 건물도 없는데 왜 피라미드 역이 되었는지 모르겠다. 오히려 찬란한 황금빛 깃발을 들고 있는 잔다르크의 동상이 눈길을 끌고 있을 뿐이다. 여기서 조금 걸어 셍또노레 번화가를 거치면 방돔^{Vendome} 광장에 도달한다. 방돔 광장 주변에 파리에서도 가장 고급 주거지역이며 파리에서 최고급 호텔인 리츠 호텔이 자리 잡고 있다. 이 호텔의 특징은 우선 호텔을 나타내는 명패가 어느 곳에도 붙어있지 않다는 점이다. 그래서 무심히 보면 호텔인지 알 수가 없다.

이 방돔 광장의 8번지는 2차 대전 당시 중요한 거점이었던 역사적인 장소다. 독일군이 파리에 진주한 후 이곳은 1941년 4월 처음으로 파리와 런던 간 라디오 교신$^{Liason-Radio}$을 설치하고 방송을 했던 곳이다. 독일군이 파리를 점령하자 드골 장군은 런던으로 피신하여 망명정부를 수립했고 레지스탕스 운동을 지휘하기 위한 방송을 파리 방돔 광장으로 날렸다. 이 라디오 교신을 통해서 유명한 드골의 육성방송이 프랑스 전역에 울려 퍼졌던 것이다. 그가 레지스탕스 활동을 격려했던 유명한 연설 내용이 문패에 새겨져 있다.(파리 편 참조)

프랑스는 한 전투에서는 졌지만 아직 전쟁에 진 것은 아니다!

La France a perdu une bataille! / Mais la France n'e pas perdu la Guerre!

방돔 광장 12번지에는 지금은 유명한 고급 보석상인 쇼메^{Chaumet}가 자리 잡고 있는데, 이곳 2층은 음악사적으로 기념비적인 장소다. 왜냐하면 프레데릭 쇼팽이 파리에 건너와서 살다가 생을 마감한 집이기 때문이다. 쇼메에서는 매년 이를 기념해서 쇼팽이 살았던 2층에서 살롱콘서트를 열고 있다.

방돔 광장에서 마들렌^{Madeleine} 성당 쪽으로 가다 보면 모리스바^{Maurice} ^{Barres} 광장이 나오는데 이곳에는 그렇게 크거나 인상적이지도 않은 교회가 있다. 알고 보니 폴란드 성당이었다. 폴란드 출신인 교황 바오로 2세가 파리를 방문했을 때 이 교회를 방문하기도 했다. 2005년 봄 그 부근을 지나는데 수많은 사람들이 모여 있었다. 그런데 마침 그때가 교황 바오로 2세가 타계한 다음 날이었다. 그래서 평소에 성당에 잘 가지 않던 사람들도 미사에 참석하는 바람에 노트르담 성당은 물론 웬만한 파리의 성당들은 발 디딜 틈이 없을 정도로 만원이었다. 프랑스는 가톨릭 국가가 아닌가! 프랑스 국영방송 TV 중계차와 방송기자 등이 몰려 엄청난 인파로 지나가지 못할 정도였다. 나는 근처에 있던 사람에게 무슨 일이냐고 물었으나 알아들을 수가 없었다. 왜냐하면 이들이 내게 한 말은 폴란드 말이었다. 이 교회는 폴란드 성당이었고, 바오로 2세가 폴란드 사람이 아니던가…….

교회 바로 옆에는 라클립트 폴스카$^{La\ Crypte\ Polska}$라는 폴란드 식당이 있어서 폴란드 음식을 맛볼 수 있다. 그러고 보면 왜 쇼팽이 이 근처에 살았는지 좀 이해가 될 것 같기도 하다. 이곳에서 그는 폴란드 교회를 다니고 폴란드 음식을 먹으면서 조국에의 향수를 달랠 수 있지 않았을까? 가슴이 뭉클해졌다. 조국 폴란드를 잊지 않았던 쇼팽은 죽어서 파리의 페르라쉐즈^{peré} ^{Lachaise} 묘역에 묻혔지만 그의 심장만은 조국 폴란드 바르샤바의 교회에 안치되어 있지 않은가.

　여기서 조금 더 가면 바로 쇼팽과 조르쥬 상드가 자주 찾았다는 마들렌 성당이 있다. 특이하게도 이곳은 원래 성당으로 지어진 것이 아니라 그리스식 사원의 형태로 건축되었다고 한다. 그래서인지 성당 외곽은 그리스식 열주로 장식되어 있다. 실내의 제단 가운데에 큰 마들렌 석상이 있어 방문객의 눈길을 끈다.

상 쉴피스 성당

　《다빈치 코드》 초반에 루브르 박물관장 자크 소니에르를 죽인 오푸스 데이의 암살자 사일러스가 성배의 단서가 되는 쐐기돌을 찾아내려고 숨어든 곳이 바로 이 상 쉴피스Saint Sulpice 성당이다. 이곳에서 그는 수녀를 살해하고 만다. 또 성당 바닥에 새겨진—성배가 묻힌 곳을 암시하는—'로즈 라인'을 찾아 숨어들었지만 허탕을 치고 만다. 쐐기돌을 찾기 위한 단서가 바로 로즈 라인이다. 이 라인은 성당의 대리석 바닥에 남과 북으로 선명하게 이어져 있는 황동선이다.

　이 성당은 카르티에 라땡에서 멀지 않다. 걸어서 10여 분 거리다. 메트로는 남북 노선인 7번 라인의 중간쯤에 상 쉴피스 역이 있어서 교통이 매우 편리한 곳이다. 이 성당은 특히 시인 보들레르가 세례를 받은 곳이며, 빅토르 위고가 결혼식을 올린 곳으로도 유명하다. 성당 안으로 들어가면 바로 오른편 입구 쪽에 커다란 그림을 볼 수 있는데 이 그림은 들라크루아가 그린 〈야곱과 싸우는 천사상〉이다.

　성당 안 중간쯤 왼편 벽면에는 《다빈치 코드》에 언급되어 유명해진 오벨리스크가 자리 잡고 있다. 그런데 안이 어둠침침하고 그것이 벽면에 붙어 있기 때문에 얼핏 보면 오벨리스크인지 잘 알 수 없다. 그 오벨리스크에는 태양빛이 오른쪽 스테인드 글라스로 들어와서 사계절에 따라 달리 비추는 위치를 표시해놓은 그림과 함께 구약성경의 〈시편〉 구절들이 라틴어와 영

▲ 쉴피스 성당의 오벨리스크

어로 적혀 있다.

 소설을 보고 끊임없이 사람들이 찾아오자 성당 측은 '소설의 내용은 허구'라는 글을 영문으로 붙여놓기까지 했다. 내가 갔을 때에도 사람들이 끊임없이 들어오고 있었다. 대개는 한 손에는 카메라 그리고 다른 한 손에는 《다빈치 코드》 소설책을 들고서……. 성당 측은 소설의 내용이 허구적이어서 성당 안에서의 영화 촬영을 거부했다고 한다. 그래서 성당 안의 장면은 영화에 나오지 않는다.

 이제 랭던 일행은 파리를 떠나 런던으로 향한다. 물론 추격자들도 뒤따라간다.

프롬나드 05

영화 속 방돔 광장과 리츠 호텔

방돔 광장과 리츠 호텔은 너무도 유명해서 영화에서도 자주 배경으로 나오는 명소이기도 하다. 리츠 호텔은 세자르 리츠가 방돔 광장에 있는 18세기 고급 맨션을 개조해 1898년에 문을 연 호텔이다. 이곳은 코코 샤넬이 30여 년간 머물렀을 정도로 세계 최고의 VIP들이 투숙하는 곳으로 유명하다. 헤밍웨이가 자주 왔다는 '헤밍웨이 바'는 샴페인, 보드카, 자몽을 섞어 만든 '오푸스 데이'라는 값비싼(20유로) 칵테일이 유명한데, 최근에는 다빈치코드 초콜릿도 선보이고 있다고 한다. (당시에 변변히 식당에 갈 형편이 안 되었던 헤밍웨이가 이렇게 비싼 바에 자주 올 수 있었는지는 의문이지만.)

이 방돔 광장을 배경으로 하는 영화 중에 오드리 헵번이 출연한 영화가 두 편 있다. 우선 영화 〈하오에의 연정 Love in the Afternoon〉의 처음 대목이 방돔 광장에서 시작된다. 또한 사설 흥신소를 운영하는 헵번의 아버지가 늙다리 플레이보이 게리 쿠퍼의 뒷조사를 하다가 리츠 호텔방에서 유부녀와 만나는 불륜의 광경을 망원렌즈로 촬영하다가 아래로 떨어지는 장면이 나온다. (파리 편 참조)

또 영화 〈백만 달러 훔치기 How to Steal a Million〉에서는 오드리 헵번에 의해 미술품 도둑으로 몰린 미술품 감

• 방돔 광장 중심탑

정사 피터 오툴을 오드리 헵번이 호텔까지 차로 데려다 주는데, 그가 머물던 호텔도 바로 리츠 호텔이고, 또 나중에 이 두 사람이 미술관을 털기 위해 부메랑을 연습하는 곳도 바로 이곳 방돔 광장이다. 피터 오툴이 리츠 호텔 창가에서 방돔 광장 쪽으로 부메랑을 던져서 다시 호텔방으로 돌아오게 하는 연습을 하는 장면은 웃음이 절로 나오는 대목이다.

6 다빈치 코드 따라잡기 II

다빈치 코드의 스토리가 진행됨에 따라 랭던 교수 일행은 추격자들을 따돌리고 런던으로 날아간다. 그리고 거기서 다시 에딘버러 근교의 로슬린 채플까지 쫓고 쫓기는 추격전이 손에 땀을 쥐게 만든다. 주인공 일행과 오푸스데이 추격자들이 파리를 탈출하여 런던에 있는 성전기사단의 무덤을 찾기 위하여 간 곳이 바로 템플 처치다.

템플 처치

템플 처치Temple Church는 런던 한복판에 있음에도 아주 한적하고 조용한 교회다. 그런데 다빈치 코드가 나온 이래로 이곳에서는 다빈치 코드에 관한 강연회 세미나 등이 자주 열리고 있으며 수시로 많은 관광객들이 찾아오고 있다. 템플 처치를 찾아가는데 가장 편한 방법은 언더그라운드를 타고 템플 역에서 내리는 것이다. 그렇지만 역에서 내려 한참을 걸어가야 한다. 한적한 뒷골목을 따라 꼬불꼬불 가야 하는데 빠른 걸음으로도 한 7, 8분은 걸린다. 물론 영국 왕립 대법원이 있는 큰길로도 갈 수 있지만 템플 역에서 뒷길로 가는 편이 빠르다.

템플 처치는 다른 교회나 성당과 달리 정문이 잠겨 있는 경우가 많아서 시간대를 잘 알아보고 가야 한다. 그리고 그 안에는 여러 건물들이 꽤 복잡하게 얽혀 있다. 그 안에는 '이너Inner 템플', '미들Middle 템플'도 있는데 2차 대전 당시 공습으로 피해를 입기도 했다. 템플 처치 앞에는 자그마한 광장이 있고 가운데에 성당기사단의 조각상이 세워져 있다.

  템플 처치 안은 아주 특이한 형태의 이중구조로 되어 있다. 고딕풍의 직사각형 회당이 있고 그 왼쪽에 원형의 로마식 구조로 된 부분이 붙어 있는 형태다. 원형의 건물 위에는 천장이 돔으로 되었는데 나무로 만들어졌다. 창문의 반 정도는 스테인드 글라스가 아닌 아무 장식이 없는 민유리여서 의아했는데 아마도 재정문제로 스테인드 글라스를 씌우지 못한 것이 아닌가 생각된다. 로마식 원형 구조물의 바닥에는 다빈치 코드에 등장하는 기사의 묘가 여럿 누워 있다. 가장 구석에는 소설에서 묘사된 대로 기사상이 없는 무명無名의 묘가 있다.

  소설《다빈치코드》에서 쐐기돌의 암호를 풀기 위해서 간 곳이 런던의 킹스 칼리지 도서관이다. 킹스 칼리지는 템플 처치에서 그리 멀지 않은 곳에 있다. 영화에서는 도서관에도 가지 않고 버스 안에서 모바일폰으로 정보를 검색하는 센스를 발휘한다.

  킹스 칼리지에서 알드리치Aldrich 로드를 건너가면 경제학으로 이름이 높은 '런던 스쿨 오브 이코노믹스'가 나온다. (보통 런던 정경대학이라고 부르지만 알파벳 첫 자를 따서 그냥 LSE라고도 부른다.) 온통 회색 건물들로 둘러싸여 있는데 나무나 벤치들이 없어서 좀 삭막한 느낌이며 카페나 커피숍도 눈에 안 띄고, 근처에는 오직 펍이 하나 있을 뿐이다. 구내 서점이 꽤 크고 LSE 도서관도 시설이 꽤 훌륭한데, 이곳은 대영도서관의 경제학과 정치학 분야의 도서관으로도 쓰이고 있다.

◀ 템플 처치의 성당기사단 조각상

웨스트민스터 앞에서 본 영화
〈다빈치코드〉 촬영 현장

다빈치 코드에서 주인공 랭던 교수는 뉴턴의 둥근 구球를 찾기 위해서 드디어 웨스트민스터 사원을 찾아간다. 이곳은 워낙 유명한 관광코스이기도 해서 런던을 방문한 사람이라면 누구나 한 번쯤은 둘러보았을 것이다. 랭던은 자크 소니에르의 수수께끼의 암호가 바로 'APPLE'이란 것을 깨닫고 웨스트민스터에 있는 뉴턴의 제단으로 달려간다. 그 이유는 바로 뉴턴 무덤이 두 번째 크립텍스의 암호와 관련되어 있기 때문이다. 댄 브라운은 뉴턴 역시 레오나르도 다 빈치와 같이 시온 수도회의 그랜드 마스터로 묘사하고 있다. 뉴턴 제단에 있는 큰 공이 바로 그 사과를 상징하고 있다는 것이다.

내가 런던에 체류하던 2005년 가을 어느 날, 아마도 9월 하순쯤으로 기억되는데, 그날 나는 웨스트민스터 앞을 지나고 있었다. 그런데 수많은 사람들이 그 주위를 둘러싸고 무언가를 구경하고 있었다. 무슨 행사가 있나 싶어 호기심에 사람들 사이를 비집고 가보니 영화를 찍고 있는 것 같았다. 배우들이 뛰어다니고 경찰차도 동원되었다. 주변 사람들에게 물어보니 지금 찍는 영화가 바로 〈다빈치코드〉라는 것이 아닌가! 가만히 살펴보니 주인공인 '탐 행크스'의 모습도 보이고 '장 르노'의 얼굴도 알아볼 수 있었다. 그런데 경찰차가 빠르게 달려와 웨스트민스터 앞에 서고 거기서 내린 주인공들과 경찰들이 뛰어가는 장면을 여러 번 되풀이해서 찍고 있었다. 나중에 영화를 보니 이 장면이 그대로 들어가 있었다. (실제로 그 옆에서 구경하던 사람들의 모습까지 그대로 영화 속에서 보이는데, 혹시 그중에 나도 있지 않을까 하는 별 쓸데없는 생각이 들기도 했다.)

웨스트민스터 입구에서 쭉 들어가면 정면 중앙 제단 왼편에 커다란 구球가 얹혀 있는 제단이 있는데 바로 아이작 뉴턴 경의 무덤이다. 바로 앞에는 라틴어로 'ISAACVS NEWTON'이라고 이름이 새겨져 있다. 그리고 제단 바로 위에는 커다란 책 4권에 기대고 있는 뉴턴의 상이 있고 그 옆을 두 천사가 둘러싸고 있으며 머리 위에 큰 공이 있다. 뉴턴의 묘 오른쪽에는 찰스 다윈의 묘가 있다.

그 외에도 이곳에는 여러 위인과 정치가들의 무덤들이 있는데, 정문 입구 쪽으로 조금 이동하면 바닥에 아프리카 탐험가인 리빙스턴의 묘가 안치되어 있고 정문에서 몇 발자국 들어가면 녹색 대리석으로 된 처칠 기념 석판이 눈에 들어온다. 거기에는 단 세 단어, 'Remember Winston Churchill'이라고 새겨져 있다. 입구 오른편 문기둥에는 유별나게도 미국 대통령인 프랭클린 루즈벨트FDR의 이름을 새겨놓았다. 2차 대전 대 미국의 참전으로 승리할 수 있었기 때문인지도 모르겠다.

왕들의 무덤이 있는 구역에서 한 가지 재미있는 것은 엘리자베스 1세와 스코틀랜드의 메리 1세의 묘를 나란히 눕혀놓았다는 점이 눈길을 끈다. 엘리자베트 1세는 스코틀랜드의 퀸 메리를 결국 처형한 장본인이 아닌가?

▼ 템플 처치 바닥의 기사 무덤

그래도 뭐니뭐니해도 일반인들의 눈길을 가장 끄는 곳은 '시인 코너Poet's corner'일 것이다. 쵸서Chaucer를 필두로 브라우닝, 테니슨, 헨리 제임스, 엘리엇, 로드 바이런 등을 비롯해서 120여 명의 예술가들이 푸른 스테인드 글라스 윈도우 아래에 묻혀 있다. 이 밖에도 키츠와 셸리, 그 아래에는 워즈워드, 제인 오스틴 등의 이름도 보이며, 그리고 세 자매 브론테가 "인내하는 용기로With Courage to endure"라는 글귀와 함께 같이 안치되어 있다. 영화예술가로는 로렌스 올리비에가 있으며, 독일인이지만 주로 런던에서 활동했던 프레데릭 헨델의 잘 다듬어진 흉상도 볼 수 있다. 영국에서 가장 대중적인 작가인 디킨스와 키플링은 당연히 이곳에 있고, 특이하게도 오스카 와일드의 이름만은 푸른 스테인드 글라스에 새겨놓은 것이 아주 인상적이다.

로 슬 린 채 플

소설에서 마지막 장면으로 치닫는 장면의 무대는 북부 스코틀랜드의 한 작은 마을에 있는 허름한 로슬린 채플Rosslyn Chapel이다. 이 채플을 찾아가기 위해서는 우선 에딘버러에 가야 한다. 그리고 나서 에딘버러 중앙역 근처에 있는 시외버스 터미널에서 로슬린으로 가는 시외버스를 타야한다. 내가 이 채플을 가보기 위해서 에딘버러를 방문했을 때는 10월 초순으로 스코틀랜드는 이미 겨울의 문턱에 접어들고 있었다. 시외버스를 기다리는 동안 샌드위치로 요기를 하고 나서 계산을 하는데, 여기가 잉글랜드와는 엄연히 다른 스코틀랜드라는 것을 과시하기라도 하듯이 생김새가 전혀 다른 지폐로 거슬러준다. 영국은행이 아닌 스코틀랜드 은행이 발행한 지폐다.

한참을 더 기다려서 로슬린행 버스에 올

◀ 로슬린 채플 입구

랐다. 운전사에게 로슬린에 도착하면 꼭 알려달라고 신신당부를 하고 자리에 앉았다. 운전사는 걱정 말라며 씩 웃는다. 얼마 안 가서 버스 안은 온통 관광객들로 만원이 되었다. 모두들 로슬린으로 가는 듯했다. 운전사가 왜 웃었는지 알 것만 같았다. 시내를 빠져나와 얼마를 가더니 이내 시골길로 접어들었다.

한 정류장에서 중년의 아줌마와 어린 소녀가 올라탔다. 사람들로 꽉 찬 버스 안에서 어린 딸이 앉을 자리가 없다고 엄마에게 칭얼댄다. 그런데 그 엄마 왈, "조금만 기다려, 그러면 여기 있는 사람들 다 내릴 거야" 하고 말하는 것이 아닌가. 아니나 다를까 얼마 후, 출발한 지 40분 정도 되었을 무렵, 운전사가 큰 소리로 외친다. "로슬린, 로슬린 채플!"이라고……. 그러자 모두들 기다렸다는 듯이 우르르 내리는 것이 아닌가. 그 아줌마 말이 맞았다! 그때부터는 내린 사람들의 뒤꽁무니만 따라가면 되었다.

전원 마을인 로슬린의 시골길을 한 15분 걸어가니 폐허가 다 된 듯한 쇠락한 모습의 채플이 눈에 들어왔다. 채플 안의 뜰 한쪽에는 묘지가 있었고 정원은 전혀 가꾸지 않은 듯 내버려져 있었다. 관광객이 많아서 그런지 거의 매시간마다 배경설명을 해주는 프로그램이 있었다. 다빈치 코드로 유명세를 탄 탓인지 보수공사가 진행 중이어서 외관은 철골조물로 둘러싸여 있다. 건물의 계단을 따라 올라가니 로슬린의 평온한 시골 전경이 한눈에 들어온다.

채플 안에서 관광객들은 쩌렁쩌렁 울리는 가이드의 설명을 듣거나 여기저기 돌아다니며 사진을 찍거나 비디오카메라를 돌리고 있다. 눈을 들어 위를 보니 댄 브라운이 소설에서 묘사한 대로 많은 오각형의 별들이 천정을 수놓고 있었다. 계단을 따라 지하로 내려가 보니 벽에 암호와 같은 여러 형태의 기호들이 새겨져 있다. 아마도 오푸스 데이나 시온 수도회, 프리메이슨 같은 비밀조직이 남긴 흔적들이 아닐까 하는 공상의 나래를 펼치니 마치 당시의 비밀결사에 가담한 것 같은 착각이 들었다.

오푸스 데이 런던지부

소설 《다빈치 코드》에 나오는 비밀조직인 오푸스 데이^{Opus Dei}의 런던 지부는 켄싱턴가든^{Kensington Garden}에서 그리 멀지 않은 곳에 있다. 소설에서는 주교의 심복이면서 상 쉴피스 성당에서 살인을 저질렀던 사일러스가 이 런던 지부를 찾아갔다가 주교의 총에 맞아 죽는 장면이 나온다. 이곳에 가려면 켄싱턴가든 북쪽 길 베이스워터^{Bayswater} 로드에서 북쪽으로 난 조그만 길을 찾아야 한다. 이 길은 정말 작은 골목길이다. 이 길 안쪽으로 들어가면 옴스 코트^{Orme Court} 5번지를 찾을 수 있다. 바로 이곳이 런던 지부로 묘사되고 있는 곳이다.

소설 《다빈치 코드》에서 오푸스 데이 회원은 바닥에 피가 고일 정도로 자신의 몸에 채찍질을 하는 것으로 묘사되고 있다. 그런 엄격한 규율과 비밀주의 때문에 오푸스 데이 회원 수는 수십 년째 정체 상태에 있다고 한다. 오푸스 데이의 영향력이 큰 폴란드에는 고위 관료들이 회원으로 있다고 하며, 미국에서는 보수 성향의 법조인과 언론인들이 회원일 가능성이 있다고 하나 확실하지는 않다. 오푸스 데이 회원들은 아직도 다른 사람에게 그 신분을 잘 노출시키지 않기 때문이다.

그러나 오푸스 데이는 1982년 바티칸 교황청 은행이 유동성 위기에 몰렸을 때 이를 해결하는 데 결정적인 역할을 했을 정도로 아직도 탄탄한 자금력과 조직력을 가지고 있다. 전체 회원의 70%에 이르는 '뉴머러리스^{Numeraries}'는 일반인과 비슷한 생활을 하지만 적어도 하루에 2시간은 수행에 몰두해야 한다. '슈퍼뉴머러리스^{Supernumeraries}'로 불리는 핵심 회원은 전체의 20%인데, 이들은 사제가 아닌데도 불구하고 결혼을 하지 않는다. 이들은 전 세계 1750개 센터에서 함께 생활하고 있다. 각기 다른 직업을 가지고 있으며, 수입의 대부분을 헌금으로 바친다.

한편 2005년도 미 국세청 자료에 따르면 오푸스 데이의 미국 내 자산 규

▲ 로슬린 채플 내부
▼ 로슬린 천장의 별들

모는 3억 4천 만 달러이고 전 세계적으로는 28억 달러로 추산된다고 한다. 그러나 이는 빙산의 일각에 지나지 않고 실제 자산규모는 훨씬 클 것으로 추정된다는 게 시사주간지 《타임》의 분석이다. 오푸스 데이는 맨해튼에 있는 17층짜리 미국 본부 건물에 안내 표지판도 세우지 않는 등 비밀주의를 고수하고 있다. 맨해튼 렉싱턴 애비뉴를 따라 남쪽으로 내려오다 보면 35가 근처에서 커다란 벽돌색 건물을 찾을 수 있는데 이곳이 바로 오푸스 데이 미국 본부 건물이다.

그밖에 다빈치 코드의 무대로는 빌레트 성을 들 수 있다. 이 성은 파리에서 40여 분 거리에 있는 17~18세기에 지어진 고성으로 성배를 찾기 위해 음모를 꾸민 영국 왕립역사학자 레이 티빙 경의 저택으로 묘사된 곳이다. 랭던과 소피가 티빙 경과 함께 암호를 푸는 장면이 이 저택의 중세풍 서재에서 촬영되었다고 하는데 그곳에 가보지는 못했다. 다빈치 코드의 스토리 전개에 따라 파리에서 런던을 거쳐 로슬린까지 가는 여정은 소설 못지않게 여행 자체로도 흥미진진한 경험이다.

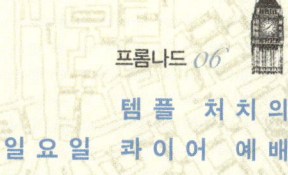

프롬나드 *06*

템플 처치의 일요일 콰이어 예배

템플 처치에서 일요일 아침에 성가대 예배choir service가 있다는 안내판을 보고 그 다음 일요일에 다시 이곳을 방문했다. 소년들과 성인 남자들로 구성된 성가대의 예배가 시작되었다. 나 같은 관광객이 꽤 되는 것 같았다. 홀 안에 울려 퍼지는 노래는 풍성하고 거룩했다. 경건함이 저절로 우러나오게 만드는 찬양이었다. 성가 예배라서 그런지 목사의 설교는 없었고 외부인사가 간단한 설교를 하는 것이 이색적이었다.

템플 처치 파이프 오르간에는 영국 왕실의 문장紋章이 붙어 있다. 이 문장에는 사자와 유니콘외뿔 달린 말의 문양紋樣이 들어 있는데, 이 둘은 왕실의 문장을 받드는 동물들이다. 코벤트가든 오페라 하우스 입구에도 이 문양이 있고, 또 영국의 권위지 〈더 타임스〉의 표지에도 등장한다.

템플 처치에서 아침 예배를 본 후 근처의 카페에서 간단한 점심을 먹었다. 그 옆집은 아주 오래된 차 가게로 '영국왕실에 차를 납품하는 가게'라고 자랑스럽게 문 앞에 써붙여 놓았다.

템플처치에서 더 위쪽으로 올라가면 홀본Holbon 지역으로 연결되는데, 이곳은 우리나라의 서초동 같은 법조타운이다. 물론 서초동보다는 훨씬 조용하고 엄숙한 분위기다. 이 근처에는 템플 처치와 연관 있어 보이는 '성당기사단The Knights Templar'이라는 술집이 있는데 기네스 같은 아일랜드 맥주를 판다. 혹시 이곳이 파리의 땅플리에 바Templier Bar 같은 (파리 편 참조) 술집과 비슷하지나 않을까 지레 짐작했지만, 그 분

73

▲ 성당기사단 바

위기는 파리의 성당기사단 바와는 전혀 딴판이었다.

7 | 자본주의의 심장,
런던에서 자본주의를 해부하다

칼 마르크스^{Karl Marx}는 프러시아를 떠나서 런던으로 피신한 후에 대영박물관^{British Museum} 안에 있는 도서관에서 연구를 하면서 책을 집필했다고 한다. 마르크스는 20년 동안 대영박물관 도서관 열람실에 거의 매일 찾아와 자본주의의 내재적 모순의 근거를 체계적으로 연구했다. 대영박물관의 도서관은 이곳을 이용했던 사람들로 인해서 더욱 그 명성이 높다. 마르크스를 비롯해서 버나드 쇼, 예이츠, 찰스 디킨슨, 에즈라 파운드, 오스카 와일드, 버지니아 울프 등이 이태리의 건축가 파니찌가 설계한 대영 도서관의 돔형 지붕 아래서 책을 읽었으니 말이다. 대영 박물관 내에 자리 잡고 있던 대영 도서관^{British Library}은 97년부터 단계적으로 런던 북부 킹스크로스 역 옆의 세인트 판크라스^{St. Pancras}로 자리를 옮겼고, 지금 대영 박물관 1층에는 옛 모습만 남아 있다.

1층 도서관 안으로 들어가면 버나드 쇼의 흉상을 볼 수 있는데, 입구 바로 옆에 있어서 오히려 그냥 지나치기 쉽다. 간디^{Mohandas Gandhi} 역시 변호사가 막 되었을 즈음 이 도서관을 이용했다고 하며, 러시아 혁명의 주역이었던 레닌은 런던에 피신했을 무렵 본명을 숨기고 제이콥 리히터^{Jacob Richter}리는 가명으로 도서관을 이용했다고 한다.

《자본론》과 《종의 기원》

마르크스가 프러시아를 떠난 이후 도피생활을 접고 런던에 정착하게 된 것은 1849년경이었다. 그는 조국인 독일(유태인이었기는 하지만……)을 떠나 한동안 프랑스 벨기에 등을 전전하면서 망명생활을 했다. 그는 독일에서 박사학위를 받은 후 급진적 성향인 〈라인〉신문의 편집장을 맡았으나 라인 주 정부의 탄압이 심해지자 도피할 수밖에 없었다. 그가 평생의 동지이자 학문적 배우자인 프리드리히 엥겔스를 만난 곳은 파리였다. 그때가 1844년이었고 두 사람은 런던에서 결성된 공산주의 동맹에 가입했고, 이 동맹의 강령이 된 〈공산당선언 communist Manifasto〉을 1848년 2월에 발표했다. ("만국의 프롤레타리아여 단결하라!"는 구호가 담긴 이 문서는 아이러니컬하게도 마르크스 생전에 유일하게 성공한 저작이었다.)

그 후 그는 결국 런던에 정착하여 대영박물관 도서관에 살다시피 하며 연구에 몰두하게 된다. 그는 여기서 일생의 대작인《자본론 Das Kapital》의 틀을 잡는 데 전념했다. 그는 우선 영국 초기산업사회의 노동자 실태를 연구하면서 자본가와 노동자 계급 간의 갈등에 주목하게 된다. 초기 산업자본주의사회에서 소외당한 노동자들의 비참한 생활이 연구의 모태가 되었던 것이다.

그 역시 런던에서의 도피생활은 궁핍 그 자체였다. 우선 그는 아내와 여섯 자녀를 부양해야 했지만 일정한 수입원이 없었다. 결국 세 명의 자식은 굶어죽고 말았다. (그에게 어찌 자본가에 대한, 그리고 부자에 대한 분노가 일어나지 않았겠는가!) 그의 유일한 수입원은 〈뉴욕 트리뷴 NY Tribune〉지의 런던 특파원 자격으로 기사를 쓰는 것이었는데, 그 수입조차 부정기적이어서 근본적인 생활고를 해결할 수는 없었다.

마르크스가《자본론》을 집필하면서 가장 크게 영향 받은 책은 아이러니컬하게도 경제학이나 사회 혹은 정치학에 관한 서적이 아니라 당시 발표된 찰스 다윈의 진화론을 집대성한《종의 기원》이었다. 다윈의 진화론이 그가 쓰고 있는 경제발전의 법칙과 유물론적 세계관에 자연과학적 토대를 제공한다는 사실에 내심 크게 탄복했던 것 같다. 다윈의 자연생태계에서의 자연선택natural selection과 적자생존의 원리는 마르크스 저술의 핵심인 계급투쟁 이론의 가장 중요한 기초가 되기 때문이었을 것이다. 그는 나중에 《자본론》의 속표지에 그의 자필로 "찰스 다윈 선생께, 진심으로 존경을 표하며, 칼 마르크스, 1873년 6월 16일"이라고 적었다. 그는 이 책을 다윈에게 헌정하려고 했으나 다윈은 정중하게 거절했다고 한다.

노동자의 눈물이었던 뮤지엄 테번의 맥주

대영박물관의 정문을 나오면 바로 정면 오른쪽에 작은 펍이 보인다. 바로 이곳이 뮤지엄 테번Museum Tavern이다. 안은 20평 남짓 되고 날씨가 좋으면 바깥 테이블에도 앉을 수 있다. 음식과 음료수의 가격은 런던의 평균 정도 된다. 이 뮤지엄 테번은 대영박물관에 갔다가 꼭 한 번은 들러봐야 할 곳이다. 왜냐하면 이곳은 칼 마르크스의 체취가 느껴지는 곳이기 때문이다.

마르크스는 하루 종일 도서관의 수많은 장서 속에 파묻혀 지내다가 저녁 무렵 도서관이 문을 닫으면 바로 이 뮤지엄 테번에 들러서 맥주 한 잔으로 하루의 피로를 풀었을 것이다. (그의 궁핍한 생활 여건으로 보아 한 잔 이상은 마실 돈도 없었을 것이다.) 테번 안의 의자들은 낡아서 천이 다 헤졌고 의자 가운데는 푹 꺼져서 오래 앉아있기가 불편했다. 마르크스가 이 집을 드나들었을 때 있던 의자를 아직도 그대로 쓰고 있는 것이 아닐까 하는 약간은 황당한 상상을 해본다.

그런데 아이러니컬하게도 스피커에서는 미국의 가벼운 팝음악이 흘러나오고 있다는 점이 어색하기만 하다. 칼 마르크스가 살아서 이곳에서 미제국주의의 대중음악을 듣는다면 과연 뭐라고 할까 그것이 갑자기 궁금해졌다.

나는 이곳에 들러서 전형적인 영국 맥주인 에일을 마시면서 그의 불타는 정열과 탐구심을 되새겨 보았다. 그의 역사적 공과에 대한 평가는 차치하고라도…… 그가 얼마나 대단하고 방대한 업적을 이루어냈는지를! 세 자녀가

굶어 죽어가는 극도의 궁핍을 겪으면서도 연구에 대한 열정을 잃지 않았던 그의 생애를.

그가 마셨던 맥주는 아마도 가난한 노동자들의 눈물이었을지도 모른다. 눈물이 담긴 맥주와 땀과 눈물로 얼룩진 빵으로 허기를 채웠던 마르크스가 노동자계급의 혁명을 통한 이상 사회 구현을 꿈꾸었다는 사실은 어쩌면 너무나 당연한 경험적이고 논리적인 귀결이었을지도 모른다.

그러나 그러한 사회주의 혁명에 입각한 공산주의 체제는 마르크스주의 이념을 구현하는 데 70년 이상을 버티지 못하고 1989년 베를린 장벽의 붕괴를 시작으로 차례차례 몰락하고 말았다. 아직도 지구상에 남아 낡은 공산주의 체제 실험을 계속하고 있는 북한의 독재체제에서 기아로 수십만 명의 어린이들이 죽거나 영양실조로 앙상한 몰골을 하고 있는 참상을 마르크스가 저승에서 보고 있다면 자신이 이 지상에서 구현하고자 했던 이상사회의 현실적 결과에 대해서 어떻게 생각할지, 그것이 자못 궁금하다. 무엇이, 어디서부터 잘못되어진 거라고 말할 것인가? 그저 막연히 이상과 현실 사이의 괴리라고 말할 것인가? 아니면 이상적이고 완벽한 논리체계를 실현함에 있어서 인간의 이기심과 탐욕이 끝내 장애로 작용했기 때문이라고 볼 것인가? 하여튼 이것은 역사의 아이러니인 것만큼은 틀림없는 사실이다.

브리티시 뮤지엄을 방문하는 길손들이여…… 부디 그 안의 도서관에서, 그리고 밖에 있는 이 테번에서 그의 자취를 한 번쯤은 생각해 보기를.

소호에 있는 마르크스의 집에서
대영박물관 가는 길

소호 Soho 지역의 중간쯤에 그리크 Greek 스트릿에는 칼 마르크스가 살던 집이 있다. 그 집의 1층은 쿠오바디스 Quo Vadis — 이 말은 "어디로 가는가?"라는 뜻인데 예수의 일생을 다룬 영화 중에도 같은 제목이 있다 — 라는 식

▲ 뮤지엄 테번
▼ 뮤지엄 테번 내부

▲ 마르크스 살던 집의 동판

당이다. 그런데 그 집 벽에는 온갖 유명 인사들의 이름이 적혀 있다. 자코메티, 모딜리아니, 로시니 등……. 마르크스의 이름은 식당 정문 앞에 쓰여 있다. 그는 이 집의 3층에 살았다. 그를 기리는 파란 명패에는 '1851~1856년까지 이 집에서 살았음' 이라고 적혀 있다. 그가 1818년에 태어나서 1886년에 죽었으니 33살부터 38세까지 가장 왕성한 집필을 할 때 여기서 산 셈이다.

　마르크스가 매일 여기서 대영박물관 도서관까지 아침저녁으로 출퇴근했을 것이라 생각하니 나도 한번 그 길을 그대로 따라 가 보고 싶었다. 그가 아침에 이 집에서 나와 대영도서관으로 가는 가장 빠른 길을 택했으리라고 보면, 북쪽으로 올라가 소호 스퀘어를 지나서 옥스퍼드 스트릿으로 접어들었을 것이다. 그 거리에서 오른쪽으로 쭉 가다가 블룸스베리 스트릿을 만나서

▼ 소호의 마르크스 살던 집

왼쪽으로 올라가 그레이트 러셀Great Russell 스트릿으로 접어들어 대영박물관 도서관으로 향했을 것이다. 이 길을 따라 가보니 약 25분 정도 걸렸다. 그는 하루 일과를 마치고 뮤지엄 태번에 들러서 맥주로 하루의 피로를 풀고는 다시 이 길을 거꾸로 해서 집으로 왔을 것이다.

파리에서의 마르크스와 레닌의 흔적

파리 14구 마리 로즈Marie Rose 가에는 레닌의 흔적이 남아 있는데, 1909년 7월부터 1912년 6월까지 살았다는 표지판이 붙어 있다. 1907년 러시아에서 입헌 쿠데타가 일어나서 볼셰비키당이 와해의 위기를 맞게 되자 레닌은 망명길에 오르게 된다. 그는 스위스를 거쳐 파리에 도착하여 몽파르나스 근처의 뒷골목인 이 거리에 거처를 구했다. 이곳에서 그는 러시아 10월 혁명을 준비했으며 이네사라는 여인과 사랑에 빠지기도 하였다.

프랑스 공산당은 이 레닌의 거처를 1955년에 구입하여 레닌박물관으로 꾸몄다. 이곳은 한때 동구 공산주의자들에게는 일종의 성지처럼 여겨지기도 했다. 구소련 고르바초프 서기장도 프랑스를 공식 방문했을 때 이곳에 들를 정도였다. 그러나 동유럽 붕괴 이후 역시 쇠락의 길을 걷게 된 프랑스 공산당의 재정난이 가중되어 2006년에 이르러서는 박물관이 사라질 위기에 처했다. 결국 볼셰비키 혁명 90주년이 되는 2007년에 레닌박물관은 더 이상 존재하지 않게 되었다.

마르크스가 역시 프러시아를 떠나서 파리로 피신하여 사회주의 혁명을 꿈꾸었던 곳, 오귀스트 블랑키 거리에 있던 마르크스 기념관인 '에스파스 마르크스Espace Marx' 역시 2005년에 프랑스 공산당의 재정난으로 팔려버렸고, 지금은 그 자리에 아파트가 들어서서 마르크스의 자취는 찾아볼 수 없게 되었다. 결국 이제 파리에서 마르크스와 레닌의 흔적은 모두 사라져버린 셈이다.

레닌은 파리 망명 시절에 몽파르나스 지역에 있는 '르 돔'이나 '로통드'를 즐겨 찾았다. 그는 상냥한 미식가였던 모양인데 와인과 코냑을 즐겼다고 한다. 아마도 그 당시 몽파르나스를 중심으로 활동했던 모딜리아니라든가 입체파 예술가들과도 교분이 있지 않았을까 하는 추측도 해보게 된다. (파리편 참조)

하이게이트의 마르크스의 묘지

마르크스는 런던에서 생을 마감한 후 런던 북쪽 하이게이트Highgate 근처에 있는 공동묘지에 묻혔다. 그의 묘를 찾아가는 일은 나에게는 일종의 지상과제였으므로 나는 어렵사리 그 묘역의 위치를 확인하고 그의 묘를 찾아갔다. 하이게이트 튜브 역에서 내려서 한참을 걸어가야 했다. 비교적 지대가 높은 이 지역에는 중산층이 주로 살고 있다. 이곳에서는 흑인이나 동양인 같은 유색인종을 찾아보기 어렵다. 역에서 2, 30분을 걸어서 겨우 허름한 묘지 입구에 다다랐다. 파리의 공동묘역은 장식과 정돈이 잘 되어있는데 반해서 이곳은 스산하고 황량하기 이를 데 없다. 마침 내가 간 날은 추적추적 비까지 내려서 을씨년스럽기까지 했다.

입구에서는 이방인의 액센트를 쓰는—아마도 동구권에서 온 듯한—백인 여자가 입장료를 달라고 한다. 이렇게 엉망으로 관리조차 되지 않은 묘지에서 입장료를 받으니 좀 어처구니가 없었다. 입장료는 2파운드였다. 마르크스의 무덤이 어디에 있는지 알아보려고 혹시 묘지 지도가 있냐고 물어보니 그런 것은 없고, 묻지도 않았는데 칼 마르크스의 무덤을 보러 가느냐고 먼저 묻는다. 그렇다고 하자, 단숨에 가르쳐 준다. 아마도 이곳을 찾아오는 이방인들은 예외 없이 마르크스의 무덤에 가는 줄 아는 모양이다. 그런데 그녀가 다시 질문을 한다. 혹시 사진 찍을 거냐고? 나는 직감적으로 눈치를 챘다. 찍는다고 하면 돈

◀ 마르크스 무덤

을 더 받으려는 심산일 것이다. 안 찍는다고 하면 나를 쫓아와서 감시하지는 않겠지만 그래도 차마 거짓말을 할 수가 없었다. 여기까지 와서 사진을 안 찍고 간다는 것이 말이 되는가? 그렇다고 하자, 그럼 1파운드를 더 내라고 한다. 참, 기가 막혔지만 달라는 대로 주는 수밖에……

불과 5분 정도 걸어가니 오른편에 커다란 얼굴이 나타났다. 바로 칼 마르크스 흉상이었다. 그의 흉상은 정말 이상하기 짝이 없다. 보통의 흉상과는 달리 가슴 부분은 거의 없고 얼굴만 엄청나게 큰, 전혀 비례라고는 고려하지 않은 듯한 모습이다.

왜 이렇게 만들었을까? 나중에야 그 궁금증이 풀렸다. 당시에 이 공동 묘역에는 동상이나 석상의 크기에 대한 규제가 있었다고 한다. 마르크스의 흉상이 너무 컸기 때문에 할 수 없이 가슴 부분을 잘라냈고 그래서 약간은 불균형적인 지금의 모습이 되었다는 것이다.

마르크스 묘지는 그 자신과 부인, 그리고 결혼한 딸까지 묻혀 있는 가족 묘지였다. 그 앞에는 누가 갖다 놓았는지 꽃다발이 놓여 있었다. 사진을 찍고 있는데 한 젊은 청년이 무덤으로 다가왔다. 그는 미국인이었는데 내가 한국인이라고 하자 자신의 할아버지가 한국전에 참전했었다고 하며 반가워했다.

칼 마르크스는 자본주의의 본산인 영국의 심장부 런던에서 자본주의를 해부하여 그 체제의 모순과 그에 따른 붕괴를 예언한 방대한 저서 《자본론》을 집필했다. 어떻게 보면 영국은 나중에 자신을 잡아먹을지도 모르는 사자 새끼를 키운 셈이다. 마르크스가 산업자본주의의 맹아가 싹튼 런던에서 지적 자양분을 흡수하고 내공을 쌓은 후에 자본주의 분석의 이론적 토대를 구축하였다는 사실은 자못 역설적이다.

더욱 역설적인 것은 그가 런던의 공동묘지에 묻혀서 이제는 그의 자취를 찾아오는 참배객들이 지불하는 입장료나마 걷을 수 있어 되었으니, 마르크스가 죽어서는 영국 경제에 조금이라도 공헌하고 있는 셈이 아닌가 생각하니 묘한 쓴 웃음을 지을 수밖에 없었다.

마르크스와 비빔밥 카페

뮤지엄 테번 바로 옆에는 미국 자본주의의 상징처럼 되어버린 스타벅스가 자리 잡고 있다. 좀 을씨년스럽게 느껴지는 뮤지엄 테번 안과는 달리 여기는 젊은이들의 활기가 피부에 와 닿는다. 뮤지엄 테번의 모퉁이를 돌면 오래된 책방이 눈에 들어오는데, 이 책방의 이름이 율리시즈다. 규모가 크지는 않은데 대영박물관 앞에 있기 때문인지는 몰라도 고전과 인문학 서적이 많다. 발길에 여유가 있거나 영국 역사와 고전에 관심이 많은 사람은 찬찬히 둘러볼 만한 곳이다. 그런데 옆집 간판은 우리 눈에 익은 글자로 쓰여 있다. 한국 비빔밥집이다. 타국에서 오랫동안 한국 음식을 못 먹어본 사람들에게는 아주 반가운 집이다.

2005년에 가보니 비빔밥 카페 Bibimbap Cafe라는 이름으로 바꾸어 더욱 성업 중이었다. 주인장에게 물어보니 요즘은 한국인보다 영국인이 더 많이 찾는다고 한다. 그리고 보니 우리나라 음식 중에서 불고기 다음으로 가장 글로벌화될 수 있는 음식이 바로 비빔밥인 것 같다. 특히 비만을 유발하는 패스트푸드 등을 피하고 영양과 건강을 고루 제공해주는 웰빙 음식으로는 비빔밥만 한 것이 없지 않은가. 특히 채식주의자가 많은 영국에서는 비빔밥이야말로 비교적 싼 값에 골고루 야채를 섭취할 수 있는 별식인 것이다.

마르크스가 대영박물관 도서실에서 《자본론》 초고를 쓰면서 하루 일과를 마치고는 이 테번에 들려서 맥주로 목을 축였을 텐데, 이 비빔밥 집이 그 당시에도 있었다면 아마 마르크스 역시 이 집을 즐겨 찾지 않았을까 하는 엉뚱한 생각을 해본다. 그리고 그의 사진으로 미루어 보면 그는 어느 정도 비만이었던 것 같은데, 그는 영국에 오기 전부터 독일에서 소시지나 육류를 많이 먹었을 것이다. 그가 이 비빔밥 집의 웰빙 식단을 애용했더라면 좀 더 오래 살았을 것이고 미완의 저서인 《잉여가치론》까지 완결했을지도 모르겠다.

프롬나드 *07*
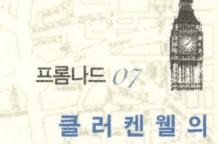

클러켄웰의 칼 마르크스 기념 도서관

마르크스 기념 도서관은 런던 북쪽에 있는 클러켄웰 그린Clerkenwell Green이라는 곳에 있다. 이곳은 튜브 역 파링던Farringdon에서 내려 파링던 로드를 따라 한참을 올라가다가 오른편으로 접어들면 런던 심포니 오케스트라의 사무실이 나오는데 이곳을 지나서 이어지는 한적한 길에는 오래된 '킹스 테번'을 만나게 된다. 그러면 드디어 자그마한 광장 같은 서클에 다다르게 된다. 이 작은 광장에서 북쪽 면 가운데에 자리 잡고 있는 3층짜리 건물이 눈에 들어오는데 바로 이곳이 마르크스 도서관이다.

이 도서관이 일반인에게 개방되는 시간은 지극히 제한되어 있다. 평일에 단 한 시간만 (오후 1시~2시) 오픈하기 때문에 무작정 이곳을 방문했다가는 허탕을 치는 낭패를 보기 일쑤다. 나도 한 번 헛걸음을 한 적이 있다.

두 번째 갈 때는 충분한 여유를 갖고 도착해서 그 앞의 작은 공원 같은 서클의 벤치에서 샌드위치로 점심을 때우고 있었는데, 바로 옆에서 한 젊은이가 바나나를 먹으며 책을 열심히 읽고 있었다. 오픈시각이 되어 도서관 문 앞에 있는 초인종을 누를 때 보니 그 친구가 내 뒤를 따라와 있었다. 그는 이태리에서 정치학을 공부하는 대학원생인데 두 달간 영국을 여행 중이라고 하며 아침부터 여기 와서 문 열기를 기다렸다는 것이다.

도서관의 여직원은 도서관 내부의 곳곳을 친절하게 안내하고 설명

해주었다. 입구에는 마르크스의 흉상이 있고 그 안쪽 벽에는 마르크스와 레닌의 초상과 함께 사회주의 혁명을 상징하는 대형 벽화가 그려져 있다. 가장 인상 깊은 곳은 2층에 있는 레닌 룸이었다. 레닌이 런던에서 망명생활을 하던 때에—1902년에 와서 그 이듬해까지— 이곳에서 지내며 러시아 사회주의 혁명을 위한 팜플렛 〈이스크라 ISKRA: the Spark〉를 발행했다고 한다.

이 기념도서관은 마르크스 사후 50주년을 기념하여 1933년 이곳에 정식 개관되었다고 한다.

▲ 마르크스 기념 도서관
▼ 레닌이 작업했던 방

8 | 테이트 모던의 3분 44초
– 예술은 아름다운 것인가?

　우리가 그림책에서 접하는 명화들을 소장하고 있는 미술관이나 박물관은 경제학적으로 보면 대단히 중요한 공공재이다. 우리가 세계적으로 유명한 박물관을 말할 때는 보통 파리의 루브르, 그리고 런던의 대영박물관, 그리고 뉴욕의 메트로폴리탄 뮤지엄이나 상트 페테르부르그의 에르미타쥐 박물관을 꼽는 데 주저하지 않을 것이다. 그런데 회화만 국한해서 말할 때 우리에게 보다 친숙한 그림들, 가령 인상파 화가의 그림이 많은 미술관은 이러한 대형 박물관이 아니다. 파리에서는 루브르보다는 오르세 미술관^{Musee d'Orsay}을 더 선호할 것이며, 런던에서는 테이트 모던^{Tate Modern}을 보는 편이 낫다. 만약 이 두 미술관을 루브르나 대영박물관보다도 더 마음에 들어 하는 사람이라면 뉴욕에서도 메트로폴리탄 박물관보다는 모마^{MoMA}라고 불리는 뉴욕현대미술관^{Musuem of Modern Art}에 가보고 싶어할 것이다. (MoMA는 2005년 오랜 기간 동안 레노베이션을 거쳐서 더 넓고 쾌적한 미술전시공간으로 다시 태어났다. 이 공간의 재구성은 일본의 건축가 요시오 다니구치의 심미안을 통해서 이루어졌다. 그 안에는 현대미술보다는 19세기 미술작품들이 더 많다.)

　테이트 모던은 그 미술관 건물 자체가 인상적인 곳으로 이전에는 화력발전소로 쓰이다가 발전소의 경제성, 그리고 공해문제도 있고 해서 문을 닫았

▲ 템즈강에서 본 테이트 모던 전경

다가 새로운 세기를 맞는 2000년에 혁신적인 변혁을 꾀한 끝에 외형은 그대로 유지한 지금의 미술관의 모습으로 다시 태어났으며 지금은 런던에서 빼놓을 수 없는 명소가 되었다.

　테이트 미술관을 찾아가는 여러 길 중에서 튜브 역 사우스워크Southwark 역에서 가는 길이 비교적 가까운데 다만 굉장히 복잡한 골목길을 따라 가야 한다. 그래서 이 길보다는 오히려 템즈 강변을 따라서 걷는 편이 찾기가 쉽다. 더 확실한 방법은 템즈강 건너편에 있는 세인트 폴 역에서 내려 대성당도 구경한 후 템즈강 위의 새로 건립한 밀레니엄 브리지를 건너면 바로 테이트 모던 입구가 된다. 그런데 가장 가까운 역인 사우스워크 역에서 찾아갈 때도 테이트 모던은 복잡한 길 찾기 문제를 독특한 발상으로 해결하고 있다. 나치 산에서 우리가 길을 찾기 쉽도록 길목마다 간이 표지판을 붙여놓는 것처럼 길 안내판을 세심하게 설치해 놓았다. 가로등에 눈에 잘 띄는 주황색 표지로 가는 길을 표시해놓은 것이다. 그러니 아무리 꼬불꼬불하고 복잡한 골목길이라도 그 주황색 가로등만 보고 가면 길을 잃을 염려가 없다.

이 미술관에 들어서면 일단 입구의 엄청난 공간에 압도당한다. 그 현대적인 입구의 인상적인 구조는 단연 관람객의 시선을 끌기에 충분하다. 우디 알렌이 자신의 영화 무대를 뉴욕에서 런던으로 옮겨서 스칼렛 요한슨을 주연으로 해서 만든 영화〈매치 포인트〉를 주의 깊게 보면, 영화에서 가장 중요한 전환점이 바로 테이트 모던 입구 에스컬레이터에서 시작되는 것을 알 수 있다.

그 안에서 처음 나를 놀라게 한 그림은 뒤피 Raoul Dufy의 커다란 그림이었다. 나는 개인적으로 밝고 우아한 채색으로 화면을 채우는 그의 수채화를 평소에 좋아했는데, 그의 작품 중에서 그렇게 큰 작품은 처음 보았기 때문이다. 그 그림의 제목은 〈밀밭 The Wheat Field〉이었다.

테이트 모던의 특징은 대부분의 뮤지엄들과 달리 층과 공간 배치를 시대별로 하지 않았다는 점이다. 고대 그리스·로마시대, 르네상스, 근대 사실주의, 인상파, 큐비즘, 초현실주의 등 시대나 유파를 중심으로 전시하는 것이 보통인데, 이 미술관은 20세기 이후의 현대작품을 위주로 전시하다 보니 그러한 구분이 무의미하기 때문이다. 대신 여기서는 작품의 주제나 콘셉 위주로 전시 공간을 구분하고 있다. 가령 3층의 한쪽은 풍경·물질·환경 Landscape·Matter·Environment, 다른 한쪽은 정물·대상·실생활 Still Life·Object·Real Life이라는 주제로 구분되어 전시되고 있다. 5층 또한 신체·행위·누드 Body·Action·Nude와 역사·기억·사회 History·Memory·Society라는 주제로 공간을 나누고 있다.

샘 테일러 우드와 존 케이지 3분 44초 대 4분 33초

테이트 모던에서 놓쳐서는 안 될 작품을 하나 꼽으라면 나는 단연코 비교적 젊은 여성 작가인 샘 테일러우드$^{Sam\ Taylor-Wood}$의 작품을 들겠다. 그의 작품 〈정물$^{Still\ Life}$ 2001〉은 꼭 눈여겨보아야만 한다.

이 작품의 원래 밑그림은 17세기 네덜란드의 정물화다. 이 그림을 그대로 배경화면으로 사용하고 있는데 이 작품에서는 이 정물화의 소재인 과일들에 어떤 일이 일어나는가를 극적으로 보여준다. 그것도 3분 44초 동안에……. 즉, 시간이 갈수록 과일들은 점차 변하고 썩어간다. 그리고 다 썩어 문드러지게 되면 그 다음에는 작은 곤충들이 모여들어 그것들을 다 먹어버리는 그 과정을 3분 44초 동안에 보여주는 것이다. 작은 곤충들이 다 먹어 치우게 될 때까지!! (이 작품은 유튜브에 들어가면 동영상으로 볼 수 있다.)

그런데 왜 하필이면 3분 44초인가? 이처럼 정확하게 제한된 시간이 특별한 의미가 있는 것은 아닐까 생각해보다가 갑자기 한 작곡가의 이름이 머리를 스치고 지나갔다. 그리고 그의 작품 제목이 떠올랐다. 그렇다! 그것은 바로 존 케이지$^{John\ Cage}$가 작곡한 〈4분 33초〉라는 작품이다. 샘 테일러우드의 정물화는 존 케이지의 이 작품과 묘한 대칭을 이루고 있다. 존 케이지는 "침묵도 음악이 될 수 있다"는 것을 보여주었다. 그가 음악계의 뒤샹이라면 그녀는 미술계의 존 케이지라고도 부를 만하다.

존 케이지는 1952년 미국 뉴욕주 우드스톡에서 이 작품을 발표했다. 피아니스트가 걸어 나와 피아노 앞에 앉았다. 그는 피아노 뚜껑을 닫고 열기를 반복하더니 정확하게 4분 33초 뒤 자리에서 일어섰다. 피아노 소리는 없었다. 대신 청중이 들은 '음악'은 '바람 소리, 웅성거리는 소리들' 뿐이었다.

'연주하지 않은 연주'라고 악보가 없는 것은 아니다. 3악장으로 구성된 '4분 33초'의 악보에는 악장마다 'TACET^{침묵}'라고 적혀 있다. 케이지는 악장을 구분하기 위해 33초, 2분 40초, 1분 20초마다 피아노 뚜껑을 열고 닫으라는 지시 사항을 악보에 적었던 것이다. 우연하게 빚어지는 자연스러운 소음도 음악일 수 있다는 것이 이 작품에 담긴 메시지였다. 이 곡에서 케이지는 의도적으로 소리와 침묵 사이의 관습적인 구분을 깨뜨렸다. 그는 음악에 우연성이라는 요소를 도입해 현대예술의 모습을 바꾼 예술가였다.

존 케이지 작품이 실제로는 음악이 아니듯이, 샘 테일러우드의 작품 제목은 '정물'이지만 실제로는 정물화가 아니다. 오히려 계속 변화하는 'Dynamic Life'를 보여준다. 그것은 영상으로 정확하게 "3분 44초" 동안 계속되는 작품이다. 그녀는 교묘하게 존 케이지의 작품 〈4분 33초〉의 분과 초를 다분히 의도적으로 뒤바꾸어 놓은 것이다.

샘 테일러우드는 우리가 보통 아름답게 보아온 정물이 실제로는 시간이 지남에 따라 어떻게 변용되고 추한 모습으로 변해 가는지를 말없이 형상화해서 보여주고 있는 것이다.

트라팔가 광장의 임산부 엘리슨 래퍼

'예술은 아름다운 것인가?' 라는 주제는 현대 예술을 논할 때 빠지지 않는 중요한 주제다. 현대의 예술가들은 추한 것도 예술작품이 될 수 있는가 하는 질문에 대부분 '그렇다'라는 대답을 내놓는다. 우리 삶의 추하고 어두운 면도 예술적인 가치를 지니도록 승화시킬 수 있는 것이 예술가의 힘이다. 우리는 그 좋은 예를 2005년 런던의 트라팔가 광장에서 만날 수 있었다.

2005년 9월 15일, 런던의 얼굴인 트라팔가 광장의 내셔날 갤러리 앞에서 세간의 이목을 끄는 행사가 열렸다. 그것은 영국 현대 조각의 대표주자인 마크 퀸 Marc Quinn이 제작한 〈임산부 엘리슨 래퍼 Alison Lapper Pregnant〉라는 석상 제막식이었다. 이 작품은 엘리슨 래퍼가 임신 8개월의 몸으로 실제 모델이 되어준 작품으로 13톤의 백색 이태리산 대리석이 사용되었으며 높이가 3.55m나 되는 상당히 큰 조각상이다.

엘리슨 래퍼는 누구인가? 그녀는 양팔이 없는 선천성 장애자로 태어났음에도 불굴의 노력과 의지로 입과 발을 사용하여 그림을 그리고 있는 화가가 아닌가. 그녀는 2006년에 우리나라에 와서 많은 장애인들에게 희망의 빛이 되어준 인물이기도 하다.

전통을 중시하는 영국으로서는 런던 문화의 중심인 내셔널 갤러리 바로 앞에 이와 같은 언뜻 보기에 별로 아름답다고는 할 수 없는 조각상을 설치했다는 사실만으로도 지극히 파격적인 셈이다. 사실 이 조각상의 설치를 둘러싸고 많은 논란이 있었다. 심지어 영국 의회의 한 의원은 이 볼썽사나운 조각상을 트라팔가 광장에 설치하는 것을 절대 반대한다면서 이것이 그곳에 있는 한 그 앞을 결코 지나다니지 않겠다고 공언하기도 했다는 후문이다.

우리는 미술관에서 8등신의 균형 잡힌 여체를 가진 아름다운 여인의 조각상을 많이 보아왔다. 그러나 마크 퀸의 래퍼 조각상은 우리의 상식과 편견을 여지없이 깨부수고 있다. 그런 점에서 고전적인 완벽한 여체의 아름다움을 상징하는 밀로의 비너스와는 극단적으로 대비를 보이는 작품이라고 하겠다. 팔도 없는 기형의 몸에 그것도 만삭인 채로 벌거벗은 모습은 우리의 통상적인 미적 감각에 비추어 보면 지극히 역설적이라고 할 수 있다.

그 모습이 바로 마크 퀸이 우리에게 보여주려는 비너스의 모습이 아닐까 하는 생각이 든다. 어떤 모습이 여성의 아름다운 모습을 보여주는 것인가에 대한 새로운 질문을 우리에게 던져주고 있는 것이다. 이에 대한 답은 이 석상 앞에 쓰인 마크 퀸의 다음과 같은 글귀에서 그 해답의 일부를 읽어볼 수 있지 않을까? 거기에는 이렇게 적혀있다.

엘리슨 래퍼는 인간정신의 회복뿐만 아니라 인류의 미래가능성에 대한 기념비이다 Allison Lapper is a monument to the future possibilities of the human race as well as the resilience of the human spirit

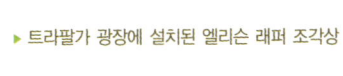
▶ 트라팔가 광장에 설치된 엘리슨 래퍼 조각상

프롬나드 08

런던 속의 쁘띠 파리 Petit Paris

런던에서 프랑스적인 분위기를 맛볼 수 있는 지역은 그리 찾아보기 쉽지 않다. 그나마 파리의 느낌이 배어나오는 곳은 프랑스 문화원 Institute Française이다. 이곳에는 프랑스 영화를 상영하는 뤼미에르 극장 Cine Lumiere이 1층에 있어서 프랑스 영화의 진수를 맛볼 수 있다. 이 문화원 근처의 거리는 프랑스 책방들 그리고 여러 종류의 프랑스 가게, 식당, 카페 등 간판이 모두 프랑스어로 쓰여 있는 지역이다.

이 동네를 찾아가려면 우선 브롬턴 스트릿 Brompton Street을 찾아야 한다. 이 프랑스 거리는 브롬턴 스트릿의 동쪽 끝머리에서 시작된다. 이 지역에 가면 〈르몽드 Le Monde〉라든가 〈르피가로 Le Figaro〉 같은 프랑스 신문을 파는 가판대도 볼 수 있다. 파리의 도심에서 흔히 만나는 작고 둥근 옥외 테이블에서 〈르몽드〉를 읽으며 커피를 마시거나 프랑스식 샌드위치인 잠봉 jambon을 먹는 풍경이 전혀 낯설지 않은 곳이다.

프랑스 문화원이 런던에서 현재 파리의 문화를 볼 수 있는 곳이라면, 과거 프랑스의 흔적을 찾을 수 있는 곳은 바로 프랑스 교회 Eglise Française일 것이다. 이곳의 정식 명칭은 Eglise Protestante Française de Londres이다. 즉, 런던의 프랑스 프로테스탄트 교회다.

이곳은 런던의 중심, 소호 스퀘어에서 북쪽 면을 잘 살펴보면 로마네스크 양식이 느껴지는 낡은 자줏빛의 건물, 그러나 왠지 모를 격조와 위엄을 풍기는 건물을 발견하게 되는데 이곳이 바로 프랑스 교회다. 알고 보니 세인트 폴 대성당과 켄싱턴 궁을 설계한 유명한 건축가

▲ 프랑스 교회 정문 위의 석판

크리스토퍼 렌Christopher Wren에 의해서 지어진 건물이라는 것이다.

건물 정문 옆에는 요한 복음과 고린도 후서의 구절이 새겨져 있고 그 위의 석판에는 이 교회의 내력이 새겨져 있다. 이에 의하면 1550년 7월 24일 영국왕 에드워드 6세는 프랑스로부터 피난 온 위그노 교도 Huguenots들을 위해 칙령Charte de Royale d'Edouard VI을 내려 이곳을 피난처 Asylum로 제공했다. 프랑스에서 구교도의 박해를 피해 런던으로 피난 온 위그노파 교도들은 이 교회를 중심으로 힘겨운 피난 생활을 했던 것이다.

또한 이곳 소호거리를 걷다 보면 오래된 프랑스 가게들을 만나게 된다. 소호 스퀘어 아래쪽으로 딘Dean 스트릿을 따라 내려가다가 보면 1871년에 문을 열어 지금까지 프랑스식 케이크와 차를 파는 베르또 Bertaux라는 멋진 카페가 있다. 꼭 한 번쯤은 들러볼 만한 집이다. 그 옆에는 분위기가 모던한 르쁘띠 카페Le Petit Cafe가 있고, 두 집 건너 온통 까만색으로 칠한 영국식 펍 쓰리 그레이하운즈The Three Greyhounds가 있는데 프랑스 카페의 밝은 색조와는 너무도 대조적이다.

그리고 로밀리Romilly 스트릿과 만나는 코너에는 케트너Kettner's 레스토랑이 있는데, 1867년에 문을 열었다고 하며 오스카 와일드가 런던 체류 시절에 가장 좋아했던 식당이라고 한다. 이 레스토랑 내부는 상당히 넓은데, 한쪽은 식당이며 다른 한쪽은 피아노 바로 운영하고 있다. 특히 이 집의 샴페인이 유명하여 갖가지 샴페인을 구비해놓고 있었다. 오스카 와일드 같은 미식가들은 식사 전에 샴페인을 즐겼던 것 같다. 한가한 나그네라면 이 식당에 들러 샴페인 한 잔 하는 여유를 갖는 것도 괜찮을 듯싶다. 이곳에서 샴페인 마시며 런던에서의 삶에 지쳐 파리로 도피하기 전 오스카 와일드의 처절했던 삶을 반추해 보면서 말이다.

런던의 몽마르트르 언덕

산이나 언덕을 찾아보기 어려운 런던에도 북쪽 햄스테드^{Hamstead} 지역에 완만한 언덕이 하나 있다. 파리에 몽마르트르가 있다면 런던에는 프림로즈 힐^{Primrose Hill}이 있다. 거기에서는 런던 시내의 스카이라인을 한눈에 조망해볼 수 있다. 또한 런던 남쪽에도 런던 전경을 조망할 수 있는 곳이 있는데 그곳이 바로 그리니치 천문대가 있는 그리니치 언덕이다. 여기서는 런던의 중심부뿐만 아니라 카나리워프^{Canary Wharf}까지 한눈에 들어온다. 햄스테드의 프림로즈 언덕은 런던이 배경이 된 만화영화 〈101마리의 달마시안〉에도 등장한다. 개들이 서로 교신하기 위해—마치 봉화로 신호를 보내듯—이 언덕에서 짖기 시작하자 런던 시내의 모든 개들이 따라서 짖는 장면은 이 영화를 본 독자들은 생각이 날 것이다.

9 | 런던의 프리메이슨 대회당에서 발견한 사실들

　런던에서 프리메이슨 회당 Freemason Grand Lodge 을 찾는 일은 알고 나면 쉽지만 무작정 찾기란 어려운 일이다. 왜냐하면 보통 런던지도, 특히 우리가 쉽게 접할 수 있는 관광안내지도나 교통지도 등에는 프리메이슨 본부나 지부 lodge 가 표시되어 있지 않기 때문이다. 실제로 그 위치를 알고 건물을 찾았다고 해도 그곳 어디에서도 프리메이슨에 관한 안내판이나 간판은 찾아볼 수 없다. 프리메이슨 본부 입구 옆에 새겨진 작은 글씨를 읽어보아야 비로소 어떤 건물인지 알게 된다.

　다빈치 코드로 유명해진 댄 브라운의 최근작 《로스트 심벌 The Lost Symbols》은 미국의 수도 워싱턴을 배경으로 비밀결사조직인 프리메이슨의 비밀을 파헤치는 작품이다. 지금은 프리메이슨에 대해서 일반 사람도 웬만큼은 알고 있다. 프리메이슨의 연원은 중세 석공 石工 길드 조직에서 비롯되는데 18세기 초 런던에서 본격적으로 평등과 박애주의를 표방하는 비밀조직으로 전 유럽에 퍼져나가게 되었다.

런던의 프리메이슨 본부

프리메이슨 그랜드 로지는 의외로 런던 중심부 한복판에 있다. 이곳에 가려면 코벤트가든 Covent Garden 역에서 시작하는 편이 찾기 쉽다. 코벤트가든 역에서 나와 뒷길인 롱에이커 Long Acre 거리를 따라 왼편으로 쭉 가다보면 멀리 커다란 회색 건물이 나타난다. 건물 외벽에는 아무런 표시도 없고 꼭대기에 큰 시계가 걸려있을 뿐이다. 정문도 잠겨 있다.

외벽을 잘 살펴보면 메이슨의 덕목을 시사하는 라틴어가 조그맣게 새겨져 있고, 1717~1967 이라는 연도 표시가 새겨져 있다. 이것은 런던에서 프리메이슨 단체가 1717년에 창립되었다는 사실과 1967년 창립 250주년을 기념하여 타워 아래에 큰 시계를 설치했음을 말해준다. (최초의 프리메이슨 그랜드 로지는 1717년 6월 24일에 창립되었다.)

파리와 뉴욕 등 유럽과 미주 각 도시에 프리메이슨 지부가 있지만 런던의 본부 회당이 가장 크다. 그동안 내가 가본 프리메이슨 로지 건물 중 외관이 가장 아름다운 지부는 보스턴에 있는 메이슨 로지를 꼽겠다. 보스턴 지부 건물의 담에는 프리메이슨의 상징 기호들이 매우 예술적인 모자이크로 장식되어 있다.

프리메이슨 본부 회당 내 도서관에는 세계 제1차 대전 추념비가 있다. 이 기념비를 찬찬히 들여다보니 "In God We Trust" 1914~18이라고 새겨져 있다. 어디서 많이 들어본 구절 아닌가? 그렇다! 이 구절은 우리가 익히 잘 알고 있듯이 미국 화폐에 새겨진 문구다. 프리메이슨 정신이 미국 건국의 아버지 Founding Fathers 들과 긴밀한 정신적 유대를 가지고 있다는 하나의 반증이기도 하다. 조지 워싱턴이나 벤자민 프랭클린 등도 프리메이슨 회원이었으니 말이다.

프리메이슨의 상징물 가운데 한쪽 눈만 그려진 피라미드 같은 것은 미국 지폐 뒷면에서도 찾아볼 수 있다. 하나의 눈은 오직 신神만을 본다는 의미로 프리메이슨의 주요한 상징이다. 또한 이런 스토리는 최근 니콜라스 케이지

▲ 런던 프리메이슨 본부 전경

가 주연한 영화 〈National Treasures〉의 주요한 플롯으로 꾸며져서 관객의 흥미를 자아내고 있지 않은가.

런던 그랜드 로지의 연혁을 자세히 보면 1774년에 그레이트 퀸 스트릿 61번지에 첫 번째 프리메이슨 홀을 건립했는데, 당시 건립비용은 3,150파운드였다고 한다. 1869년 두 번째 프리메이슨 홀이 완공되었고 이곳이 지금 위치다. 여기에는 프리메이슨 테번이 있었는데, 지금은 그랜드 마스터를 지낸 코너트 공 Duke of Connaught의 이름을 따서 코너트 룸으로 바뀌었다.

이곳 본부 회당은 야전사령관이었던 코너트 공이 그랜드 마스터였을 때 6년 동안 건축하여 1933년 7월 19일에 개관했다. 공식 명칭은 영국연합총본부 United Grand Lodge of England다. 이곳의 위치는 드루리 레인 Drury Lane과 그레이트 퀸 스트릿의 교차로에 있다. 바로 근처에는 프린스 오브 웨일즈 테번이 있는데 여기에는 소위 '회합실 Function Rooms'이 있어서 프리메이슨 회원들이 자주 모이는 곳이다.

본부 회당에서 코벤트가든 쪽으로 오는 뒷길인 롱에이커 가는 조용한 편이며 이 근처는 프리메이슨과의 관계가 밀접하다는 사실을 알려주는 징표들이 간혹 눈에 띈다. 그중 한 곳이 롱에이커 가를 따라가다 보면 길가에 있는 프리메이슨 암스 Freemason Arms라는 테번이다.

이곳 위층에서는 아직도 프리메이슨 집회나 세미나가 열리고 있으며 프리메이슨 회원에게 숙소를 제공하기도 한다. 이 테번에 들어가 보니 여느 런던 술집처럼 어두컴컴한 분위기에 온통 남자들뿐이다. 특이한 점은 벽 쪽에 몇 개의 촛불을 켜놓은 것이다.

▼ 프리메이슨 보스턴 지부 모자이크 벽화

특히 이 집에서는 하우스 비어인 에일을 팔고 있었다. 남자들은 혼자 혹은 몇몇이 어우러져 맥주를 마시는데, 앉거나 서서 맥주와 담배를 차분히 즐기다가 조용히 사라진다. 즐겁게 수다를 떠는 여인들, 사랑을 달콤하게 속삭이는 연인들, 젊은 날을 추억하듯 젊은이들을 느긋하게 지켜보며 차를 마시거나 신문을 보는 늙은 부인이나 신사가 흔히 보이는 파리의 카페와는 사뭇 다른 풍경이다. 도버 해협 정도의 멀지 않은 거리가 사람들의 행태와 취향을 이렇게 바꿔놓을 수가 있단 말인가?

그런데 이 집 바로 옆에 2004년만 해도 없었던 커피전문 체인점 NERO가 최근 오픈했다. 이런 커피점에는 역시 젊은이가 많고 파리의 카페와 크게 다르지 않다. 생기가 넘치고 북적거린다.

프리메이슨 회당 도서관에서 발견한 소프라노 낸시 스토레이스

프리메이슨 그랜드 로지에 있는 도서관에서 예전의 연주회 포스터를 유심히 살펴보다가 나는 대단히 놀라운 사실을 발견했다. 그것은 소프라노 '낸시 스토레이스 Nancy Storace'라는 이름을 찾은 것이다!

스토레이스! 그 이름은 모차르트의 생애에서 지울 수 없는 이름이다. 오빠와 함께 비엔나에서 체류하면서 오페라 가수로 활약한 스토레이스는 자연스럽게 모차르트를 만나게 된다. 그녀의 미모와 아름다운 목소리는 이내 모차르트를 사로잡았고, 그녀는 모차르트의 오페라 〈피가로의 결혼 Le Nozze di Figaro〉 초연에서 수잔나 역을 맡게 된다. 그녀의 오빠는 모차르트와 마찬가지로 프리메이슨 단원이었는데 아마도 두 남자는 프리메이슨 회합에서도 만났을 것이다. 모차르트는 그녀를 위해서 콘서트 아리아도 작곡했다.

그러나 그녀와 그녀의 오빠가 갑자기 비엔나를 떠나 영국으로 돌아가 버렸다. 이에 관해서는 어떠한 기록도 문헌에 나와 있지 않다. 왜 급히 귀국을 서둘렀을까? 아마도 그녀가 모차르트와 상당히 가까워지게 되자 이를 눈치챈 부인 콘스탄체의 우려 때문인지도 모르겠다. 이것은 순전히 나의 억측이다.

그런데 우연히도 프리메이슨 연례 콘서트 프로그램에서 그녀의 이름을 다시 발견한 것이다. 그녀는 영국으로 돌아와서도 코벤트가든 오페라하우스에서 활약할 정도로 이름을 날린 소프라노 가수였고 결혼도—알려지기로는 오케스트라의 단원과—했다고 한다. (그런데 공연날짜가 연도는 없이 단지 2월 5일 금요일이라고만 나와 있다.) 그 공연에 여성 성악가는 4명 출연했는데, 3명은 미혼이었고 1명만 기혼자로 표시되어 있다. 바로 이 기혼여성이 스토레이스 부인 Signora Storace 이었다.

프리메이슨 홀의 구조

나는 프리메이슨 도서관을 방문했다가 뜻밖의 행운을 잡았다. 그날 마침 프리메이슨 시니어 회원들이 방문하는 날이었나 본데 이들을 위해서 프리메이슨 본 회당을 소개하고 안내하는 행사가 있었다. 이를 담당한 직원이 나에게도 그 기회를 허락했던 것이다. 그는 단정한 모습에 옥스브리지 영어를 구사하는 전형적인 영국인이었다. 그의 설명에 기초해서 프리메이슨 홀의 구조를 이해해보기로 하자.

프리메이슨의 역대 그랜드 마스터는 스웨덴 왕, 죠지 6세, 함부르크 공 Duke of Hamburg, 켄트 공 등이 역임했다고 한다. 도서관 기록실에서 1995년에 켄트 공인 프린스 에드워드가 그랜드 마스터로 직접 집회에 참석했다는 사실을 확인할 수 있었다.

홀의 정문으로 들어가면 프리메이슨 집회장으로 쓰이는 공간이 나온다. 오른편에 3개의 의자가 배치되어 있는데 그 가운데에 그랜드 마스터가 앉는다고 한다. 40피트 정도 높이의 회랑 corridor을 지나면 대성전 Grand Temple 으로 들어가는 입구에 다다른다. 가로 5미터 세로 4미터 정도 되는 청동문에는 연푸른색의 10각형 별과 12각형의 문양이 새겨져 있다. 이 문은 고대 히브리의 왕인 솔로몬의 신전에서 따온 것이라고 한다. (이 대성전의 내부는 평소에 외부인에게 공개되지 않으며, 특별한 집회 이외에는 항상 닫혀 있다고 한다. 안내원이 큼직한 열쇠로 그 육중한 청동문을 열었다. 사진을 찍고 싶었지만 감히 물어볼 엄두조차 나지 않았다.)

안내원의 설명에 의하면 당시에 건축비로 160만 파운드가 소요되었다고 한다. 청동문을 자세히 살펴보면 7개의 별이 있는데 이것은 프리메이슨의 7가지 덕목을 상징하는 것이다. 지혜^{Wisdom: Solomon}, 의무와 희생^{Duty&Sacrifice}, 정의^{Justice: Sword}, 용기^{Courage}, 미^{Beauty}, 희망^{Hope}, 인내^{Patience: Ox}. 이 7가지 덕목이 프리메이슨의 형제애^{Brotherly love}를 표현하는 것이다.

홀의 천장에는 태양을 중심으로 달과 별이 있으며, 정면에는 솔로몬^{Solomon}, 이스라엘의 왕^{Rex Israel} 그리고 히람^{Hiram}, 티레의 왕^{Rex Tyre}이 나란히 새겨져 있고, 유대교의 상징인 촛대가 위에 놓여 있다. 가운데에는 야곱의 사다리^{Jacob's Ladder: 천국문에 도달하는 사다리}가 있는데, 이것은 희망과 인내심, 절제와 희생 등으로 '솔로몬의 지혜'에 도달해가는 과정을 상징하는 것이다. 이 모든 문양이 1cm 정도의 수많은 4각형 타일조각들을 모자이크로 조합한 것이라고 하니 놀라울 따름이다.

후면에는 유클리드와 피타고라스 같은 고대 수학자의 이름과 달이 새겨져 있다. 이 두 사람은 기하학으로 세계의 본질적 구조를 밝히고자 했다. 그래서 피타고라스 정리를 나타내는 도형—삼각형과 그 3면에 접한 3개의 직사각형—은 프리메이슨의 상징이 되었다.

(일반화된 피타고라스 정리는 소위 '페르마의 마지막 정리^{Fermat's Last Theorem}'로 알려져 있다. 이에 대한 증명은 페르마가 자신의 책 여백에 간단히 증명의 가능성을 시사한 지 300여 년이 지난 1993년에야 프린스턴의 수학자 앤드류 와일스^{Andrew Wiles}에 의해서 비로소 실현되었다.)

후면의 위편에는 두 개의 삼각형이 겹쳐져서 이루어진 6각형 별인 다윗의 별Star of David이 있다. 그리고 오른편에는 5각형 별과 한쪽 눈이 그려져 있다. (다윗의 별의 두 삼각형은 《다빈치 코드》에 나오는 루브르의 피라미드가 되는 중요한 상징물이다. 그리고 프리메이슨의 상징물로 우리가 흔히 보는 컴퍼스와 철제 직각자는 1차 세계대전 당시 플랑드르 지방에서 열린 메이슨 집회 때부터 사용되었다고 한다.)

윈스턴 처칠의 메이슨 입문

윈스턴 처칠이 프리메이슨 단원이었다는 사실은 알려진 바 있지만 그의 구체적인 메이슨 활동에 대해서는 이 도서관 자료실에서 비로소 확인해 볼 수 있었다.

처칠은 처음에 런던 스타드홈 로지Studholme Lodge, No.1591에서 1901년 5월 24일에 메이슨에 입문initiated했다. 그 후 그는 메이슨 활동에 계속 정진했다. 마스터 유스턴Euston에 의해서 소집된 1902년 3월 16일자 로즈메리 로지Rosemary Lodge No. 2851 집회의 안건 중의 하나는 '동지Brother 윈스턴 처칠의 승급昇級'에 관한 것이었다. 그 결과 1902년 3월 25일 그는 승급 되었다.

1928년 12월 10일에는 해군 로지Royal Naval Lodge No.59 집회에도 참석했다는 기록도 남아 있다. 해군 로지 마스터의 초청에 응한 참석이었는데 방명록에 그의 싸인을 남겨놓았으며, 서명란에는 그의 지위가 M.MMaster Mason의 약자으로 적혀 있다.

도서관의 기념박물관에는 그가 입었던 에이프런이 그대로 보존되어 있다. 프리메이슨의 정통 복장은 상의 하단에 에이프런을 갖춰 입는다. 마스터의 에이프런은 훨씬 문양이 정교하고 아름답다. 여기 박물관에 있는 그의 에이프런에는 'Master Mason Apron of Sir Winston Churchill'이라고 새겨 있다. 또 하나 새로운 발견은 영국 정부가 처칠의 프리메이슨 입문 75주년을 맞아 기념엽서를 발행하기도 했다는 사실이다.

2차 세계대전 중 유럽을 점령한 나치는 히틀러의 최측근이었던 괴링

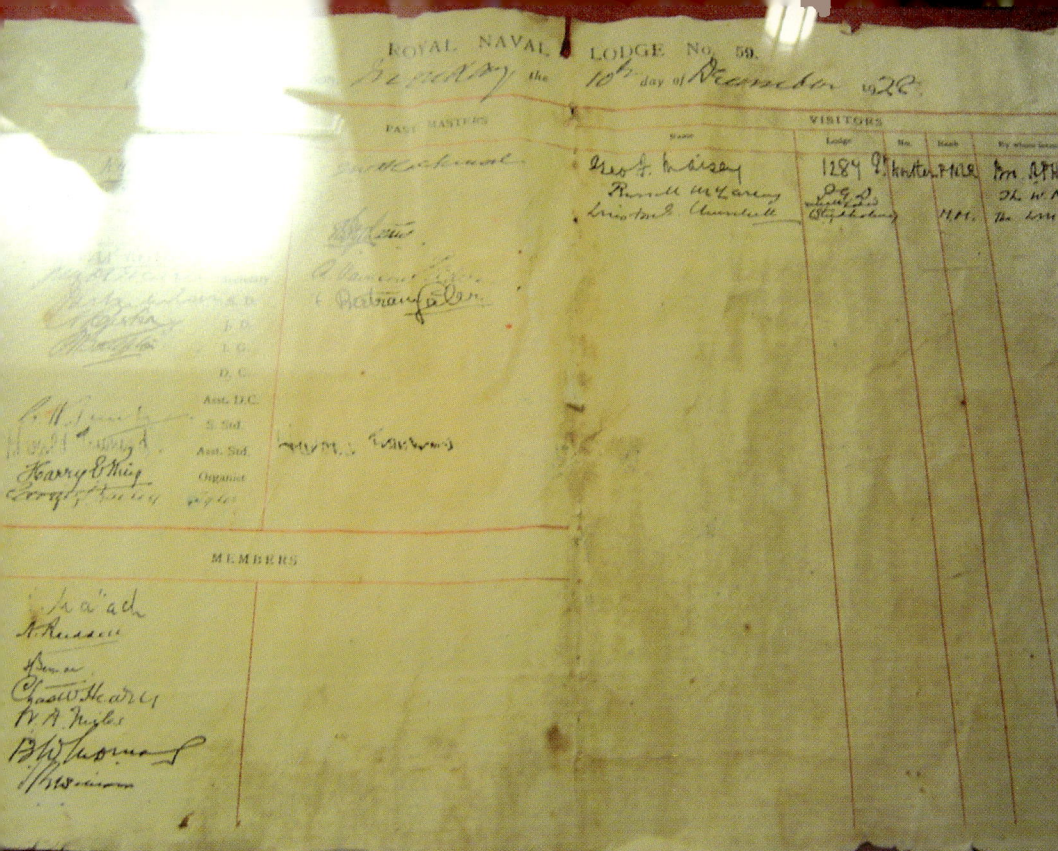

▲ 처칠이 서명을 남긴 해군 로지 방명록

Goering 장군의 명령으로 메이슨 로지의 해체를 시도했다. 종전 후 프리메이슨 조직은 점차 약화되어 거의 유명무실화되었다.

프리메이슨 단원이었던 모차르트

프리메이슨 활동을 했던 역사적 인물들은 수없이 많다. 서구 근대 지성사의 유명 인사들을 거의 망라하고 있다고 봐도 무방할 정도다. 미국 건국의 선조들뿐만 아니라 프랑스 대혁명의 주역들인 당통, 로베스 피에르, 미라보 등도 회원이었다고 알려져 있고, 레오나르도 다빈치, 볼프강 괴테 역시 프리메이슨 단원이었다. 또한 역사상 초유의 갑부로서 유태인의 세계 지배를 꿈꾸는 로스차일드 가문을 빼놓을 수 없다. 내게 가장 흥미로운 인물은 단연 모차르트다.

모차르트는 프리메이슨과 뗄 수 없는 관계를 가졌다. 그의 마지막 오페라 작품인 〈마술피리〉는 프리메이슨에 대한 열렬한 헌신의 감정에서 비롯된 것으로 프리메이슨의 철학과 비밀결사 의식을 음악적으로 표현하고 있다. (괴테 역시 〈마술피리〉를 보고 크게 격찬했다고 한다.) 죽기 직전에는 〈프리메이슨을 위한 칸타타〉를 작곡하기도 했다. 그의 프리메이슨 입문에는 이미 프리메이슨 단원이었고 〈마술피리〉 대본을 쓴 엠마누엘 시카네더Emmanuel Schikaneder의 영향력이 컸다는 주장을 펴는 사람들도 있다.

35살의 나이로 요절한 모차르트의 사인을 두고 여러 가지 설이 분분한데, 그중 하나가 바로 프리메이슨에 의한 독살설이다. 모차르트가 오페라 〈마술피리Die Zauberflöte〉를 통해서 프리메이슨 비밀결사의 집회의식을 일반인에게 노출시켜 버렸기 때문에 프리메이슨에 의해서 제거되었다는 조금은 황당한 가설도 등장할 정도다. 영화 〈아마데우스〉에서는 경쟁자 살리에리Salieri가 불타는 시기심 때문에 독살했다고도 하는데 이 역시 객관적 사실에 바탕을 두고 있지는 않다.

모차르트는 1784년 28세 때 이 단체에 처음으로 가담한다. 그 후 아버지 레오폴드도 설득해 3개월 후에 가입하게 했고, 또한 인생 선배이자 음악적 동료였던 프란츠 요셉 하이든도 메이슨에 입문시켰다. 모차르트는 임종이 다가온 아버지에게 보낸 마지막 편지에서 프리메이슨의 형제애를 예찬했다.

> 지난 몇 년간 최상의 진실한 사람들과 가까운 친구관계를 맺게 되었습니다. 죽음의 이미지는 이젠 더 이상 나를 두렵게 하지 않습니다. 그것은 진실로 매우 편하고 위안이 되는 것입니다. 이처럼 죽음이 진정한 행복으로의 문을 여는 열쇠라는 사실을 배우는 기회를 허락하신 신께 감사합니다.

만약 독자들이 모차르트의 음악을 들으면서 밝고 경쾌한 멜로디 뒤에 숨겨져 있는 슬프고 어두운 그러나 죽음조차 극복한 듯한 음색을 느낄 수 있다면, 이 편지의 의미가 피부로 와 닿을 것이다. 그러면 그의 굴곡진 삶과 천재적 음악세계를 좀 더 이해할 수 있지 않을까…….

프롬나드 09

헴스테드의
지그문트 프로이트 부녀父女 기념관

독일의 사상가들은, 특히 독일계 유태인의 경우를 보면 경험세계를 뭔가 종합적이고 완결적인 이론으로 일반화시키려고 노력하는데, 사실 그런 점에서 천재적이다. 가령, 아인슈타인은 삼라만상에 작용하는 여러 힘 중력·강력·약력·전자기력을 통합하려는 통일장 이론을 시도했고, 칼 마르크스는 인류 역사의 발전단계를 계급투쟁이라는 경제적 동인으로 해석한 《자본론》을 저술했다. 유태인은 아니지만 리하르트 바그너는 자신의 악극에 음악, 문학을 통합하는 종합예술의 장르를 개척했다. 프로이트 Sigmund Freud는 《꿈의 해석》을 통해 인간의 무의식을 보편적인 삶의 현실로 끄집어냈다. 그에 의하면 모든 행동의 원천은 이성이 아닌 성性적인 에너지 리비도 libido에 있다.

프로이트는 반쪽 유태인이었기 때문에 나치가 오스트리아를 병합하자 비엔나에 더 이상 머무를 수가 없었다. 그는 결국 1938년 비엔나를 떠나서 런던에 유배(?)되었는데 그 생활은 그리 오래 계속되지 못하고 정착한 지 1년 반 만에 그는 세상을 떠났다

그가 런던에서 마지막 생을 보냈던 집을 찾아가 보기로 했다. 그가 거처했던 곳은 런던 북쪽 헴스테드 지역이었는데 키츠 Keats가 살았던 곳에서 그리 멀지 않았다. 프로이트 기념관 Freud Museum을 가려면 북쪽 언덕 프림로즈 Primrose 힐을 지나 언더그라운드로는 핀치리 Finchley 로드 역에서 내려야 한다. 역에서 나오면 바로 핀치리 로드 큰길이 나오는

▲ 프로이트 기념관
▼ 프로이트 책방의 그의 헤드 마스크

데 역 건너편에 있는 책방에 가보니 역시 프로이트의 저서가 많이 진열되어 있다. 이 길에서 북쪽으로 네더홀 가든스 Netherhall Gardens 거리로 접어들면 한적해진다. 이 길에서 오른쪽으로 난 길이 바로 메어스필드 가든스 Maresfield Gardens 이다. 프로이트가 마지막 생을 마감한 집은 이 거리 20번지에 있다.

그의 기념관은 1,2층으로 잘 꾸며져 있었다. 여기에는 비디오룸도 있어서 그의 생애와 강연에 관한 필름을 볼 수 있다. 또한 그가 수집한 그리스와 아시아에서 건너온 회화 및 공예품들이 눈길을 끄는데 그의 각별한 취향을 엿볼 수 있다. 특히 인상적인 것은 살바도르 달리 Salvador Dali 가 그린 프로이트 초상화인데, 그의 특징이 잘 살아 있다. 역시 화가의 명성은 그냥 얻어지는 것은 아닌가 보다. 2층에 있는 그의 소파는 무심히 지나치면 안 된다. 프로이트가 가장 좋아했다는 소파인데, 바로 이 소파에서 그가 숨을 거두었다는 설명이 그 옆에 붙어 있다.

이곳은 정확하게 말하자면 지그문트 프로이트와 그의 막내딸 안나 Anna 프로이트 부녀를 위한 기념관이다. 기념관 정면에 붙어 있는 동판에도 부녀의 이름이 동시에 들어가 있다. 안나는 아버지의 학문적 업적을 계승하고 더욱 발전시킨 탁월한 심리학자였다. 1층에 있는 기념품가게에서 몇 가지를 산 다음 거리로 나섰다. 인적이 전혀 없는 조용한 동네. 프로이트는 과연 이 동네를 좋아했을까 하는 생각을 하면서 그가 죽기 전에 꾼 꿈은 과연 어떤 꿈이었을까 그것이 궁금해졌다.

10 | 자연채광이 아름다운
위그모어 홀에서 듣는 커피 콘서트

    런던에도 뉴욕이나 파리 못지않게 유수한 공연장이 있지만 그중에서도 가장 가보고 싶고 콘서트홀 자체가 멋진 공연장을 꼽으라면 나는 주저 없이 위그모어 Wigmore 홀을 꼽고 싶다. 이 공연장은 큰 심포니나 오페라 같은 대작을 공연하기에는 작은 연주회장이지만 실내악이나 트리오, 독주회를 하기에는 가장 이상적인 여건을 갖추고 있다.

    이 홀은 런던 중심부에 있는 본드 Bond 스트릿 역에서 가깝다. 이 역에서 번화한 옥스퍼드 스트릿으로 빠져나와 북쪽으로 몇 분 정도 올라가면 위그모어 가를 만나게 된다. 그러면 번화한 거리의 소음은 불현듯 사라지고 한적한 시골길을 걷는 듯한 느낌이 드는데 이 거리에 위그모어 홀이 있다. 외관은 수수하며 홀의 규모도 400석 남짓 된다. 그러나 막상 들어가면 홀의 장중하고 기품 있는 장식에 압도당하게 된다. 적갈색의 대리석과 짙은 마호가니 목제로 꾸며진 실내는 우아한 품격을 자아낸다.

    이 홀이 특히 유명해진 것은 일요일에 열리는 커피 콘서트 때문이다. 요즘 우리나라에서도 이와 비슷한 브런치 콘서트가 유행하고 있는데, 위그모어 홀의 커피 콘서트를 벤치마킹 했을지도 모른다.

    나는 1주일 후에 있는 연주회를 예매하기 위하여 박스 오피스에 갔다. 티켓 값은 일률적으로 10파운드였는데, 표를 사겠다고 하니 두 장을 원하느냐고 묻는다. 한 장만 필요하다고 하니 "You are lucky!"라고 하면서 웃는다. 마침 표가 한 장밖에 안 남았다고 하면서…….

일주일 후 11시 이 홀에 들어서자마자 내가 가장 놀란 것은 바로 천장이었다. 천장 가운데가 유리로 되어 있어 자연의 빛이 그대로 들어오도록 설계되었던 것이다. 특히 커피 콘서트처럼 마티네 공연을 할 때에는 인공 조명장치를 전혀 쓰지 않는다는 점이 놀랍다. 자연적 조명에 의해서 실내가 밝아졌다 어두워졌다 하면서 연주되는 음악의 흐름과 묘한 조화를 이루게 된다.

이 홀에서 또 한 가지 놀라운 점은 음향이다. 그동안 많은 연주홀을 다니며 음악을 들어왔으나 이 홀처럼 뛰어난 음향을 접해보지는 못했다. 자리를 잡고 연주 프로그램을 보는데 끝에 조그맣게 쓰인 글귀가 눈에 들어왔다. 모바일폰 금지에 관한 내용은 물론이고 (이 홀에서는 연주 시작 전에는 홀 가운데 있는 피아노 앞에 금지 포스터를 놓는다. 주절주절 안내방송이 따로 필요 없는 것이다.) 그 밑에는 자그마한 글씨로 가급적 기침소리도 내지 말아달라는 부탁의 말이 있을 정도였다.

그날 연주된 프로그램은 바흐의 골드베르크Goldberg 변주곡 단 한 곡이었다. 서주의 첫 음이 울리는 순간 이내 알아챌 수 있었다. 소리의 울림이 너무 좋아서 피아노의 한 음 한 음 투명한 음색이 고스란히 전달되고 건반의 아티큘레이션, 프레이징의 명료한 느낌, 그리고 페달링의 미묘한 진동까지 그대로 느낄 수 있을 정도였다. 연주자의 숨소리가 안 들리는 것이 오히려 다행이라고나 할까?

이 날의 연주자는 우크라이나 출신의 젊은 천재 피아니스트였는데, 그의 연주를 들으며 영화 〈영국인 환자English Patient〉의 한 장면이 머릿속에 그림처럼 흘러갔다. 전쟁으로 파괴된 잔재 더미 속에서 부서진 피아노를 발견한

▲ 위그모어 홀 입구
▼ 위그모어 홀 바닥 장식

주인공 줄리엣 비노쉬가 바로 이 골드베르크 서주를 쳐보는 장면이다. (이 대목과 함께 서정성이 빛나는 또 다른 장면은 주인공이 촛불을 따라 사원으로 들어가자 인도인 친구가 서커스 하듯이 오르락내리락하며 횃불로 벽화를 보여주는 대목이다. 이 두 장면을 보면 〈잉글리쉬 페이션트〉가 왜 아카데미상을 받게 되었는지를 알게 된다.)

젊은 연주자는 연주복으로 우크라이나 전통 의상으로 보이는 검은 망토를 걸치고 등장해서 조용하면서도 단호한 태도로 첫 번 주제인 아리아를 연주해 나갔다. 그의 연주에는 나이답지 않게 성숙하고 깊은 명상에서 우러나오는 듯한 투명한 공명이 담겨 있었다. 그의 이런 음악성은 아마도 타고난 것이리라.

대단히 느린 연주 탓이었을까……. 80여 분에 걸친 골드베르크 변주곡의 대장정이 끝났을 때는 그가 위대한 거인처럼 느껴졌다. 바흐의 평균율곡집

▼ 위그모어 홀 내부(천장의 채광)

을 흔히들 구약성서에 비유하는데—베토벤의 피아노 소나타를 신약성서에 비유하면서—이 골드베르크 변주곡은 아마도 《구약》 중에서도 〈다니엘서〉쯤에 해당하지 않을까 생각된다.

이 대변주곡은 연주자는 물론 청중에게도 괴로운 연주임에 틀림없다. 30개에 이르는 변주곡을 듣고 있으면 연주가 지금 어디쯤 흘러가고 있는지 알 수 없게 된다. 특히 바흐의 음악은 악보 외우기가 어렵기로 정평이 나 있지 않은가 말이다. 연주자에게 이 엄청난 분량의 음표를 소화해서 재현해 낸다는 것은 엄청난 음악적 에너지와 기억력을 요구하는 일일 것이다. 다만 처음 주제 '아리아'가 마지막에 재현되고 피날레로 연결되어 끝나게 되는 것이 그나마 다행으로 언제 드디어 박수를 쳐야 되는지 알게 되는 것만으로도 큰 위안을 삼아야 한다.

위그모어 홀의 일요 마티네 음악회는 특유의 전통을 가지고 있는데 공연 후에 로비에서 모든 이들에게 셰리주를 한 잔씩 제공한다는 것이다. 감동의 여운을 안고 나오면 긴 테이블에 세 가지 셰리가 종류별로 수많은 잔에 가득 담겨 있다. 자신의 취향에 따라 드라이, 스위트 아니면 미디엄 중에서 골라 마실 수가 있다. 그리고 사람들은 연주회에 대한 이런저런 이야기를 주고받는다. 나도 예외 없이 잔을 하나 집어 들었다. 드라이로……. 좋은 음악을 듣고 마시는 공짜 셰리주는 역시 맛이 좋았다.

오늘 연주한 젊은 연주가도 천부적인 능력을 지녔지만, 바흐나 모차르트 같은 작곡가들은 엄청난 재능을 지닌 인류의 축복 같은 존재들이다. 타고난 재능! 이것은 분명 신의 선물임에 틀림없다. 인간 세상은 이러한 놀라운 재능을 지닌 위대한 사람들에 의해서 발전하고 진보해왔다. 물론 역사를 움직이는 주체가 소수의 천재나 엘리트가 아니라 다수의 민중의 힘이라고 주장하는 소위 민중사관에 입각한 이론이나 의견에 대해서 논쟁할 여지는 있지만…….

다만 이 음악회를 보고 느끼는 솔직한 감정은 예술이나 과학 분야의 천재

콜리세움 외관

들이 세상을 진보하게 만들고 풍요롭게 한다는 일반적 진실에 관한 것이다. 천재 예술가들의 놀라운 영감이 창출해낸 예술세계는 과학적 발전에 따른 물질적 풍요와 더불어 인류의 삶을 정신적으로 풍성한 문화의 세계로 고양시키는 힘을 지니고 있다는 것을 새삼 깨닫는 그런 연주회였다. 위그모어 홀을 빠져나와 근처에 있는 이탈리안 카페 운 베로 Un Vero에서 카푸치노를 마시면서.

런던 국립오페라단의 무대 — 콜리세움

런던에서 오페라를 보려면 어디로 가야 할까? 물론 코벤트가든 오페라 하우스일 것이다. 런던에서 오페라의 본거지로 코벤트가든을 먼저 꼽는데 이견이 있을 수 없다. 그래서 런던을 방문해서 웨스트엔드에서 뮤지컬을 보고 좀 더 고급문화를 향유하고자 하는 관광객은 코벤트가든을 찾는다. 그런데 잘 알려져 있지는 않지만 오페라와 클래식 음악을 주로 공연하는 공연장이 또 하나 있는데 바로 콜리세움 Coliseum이다. 특히 런던 국립 오페라단의 정기 시즌 공연이 이곳에서 열린다. 나는 오페라 시즌에 여기서 모차르트의 〈마술피리〉를 보았다.

코벤트가든이 로얄 오페라단의 무대라면 이곳은 런던 국립 오페라단의 무대라고 할 수 있다. 마치 뉴욕의 메트로폴리탄 오페라극장에서는 메트 오페라단의 공연이 있고 그 맞은편 뉴욕 시티 극장에서는 시티 오페라단이 공연을 하듯이.

트라팔가 광장에서 세인트 마틴 인더필즈 교회를 지나 뒷길로 접어들면 세인트 마틴 레인 St. Martin's Lane이 되는데 이 길을 따라 조금만 올라가면 오른편에 로마풍의 높은 건물이 보이는데, 여기가 콜리세움이다. 문자 그대로 로마의 콜로세움을 모델로 해서 지은 것 같다. 내부로 들어가 보면 고대 로마풍의 장식이 한눈에 들어온다. 가운데에는 커다란 샹들리에가 있고 상단 천장 전면에는 고대 로마의 인물들이 새겨져 있다. 정면 왼쪽 상단에는 클로디우스^{CLODIUS}, 키케로^{CICERO} 그리고 오른쪽에는 케사르^{CAESAR}, 폼페이^{POMPEY}의 얼굴 동판화가 커다랗게 금빛으로 새겨져 있다.

지은 지는 꽤 되어 보이는데 아마 처음부터 공연장으로 쓰이지는 않은 듯하다. 왜냐하면 무대의 조명장치들이 공연을 위해 건물 내부와 어우러지게 처음부터 설계되었다기보다는 천정의 앞쪽과 측면에 따로 설치되어 있어서 내부의 미관을 해치고 있다.

〈마술피리〉의 공연은 런던의 오페라 수준을 잘 보여주는 작품이었다. 음악도 훌륭했지만 건물 내부에서 울리는 음향도 좋고 음악과 연기가 잘 조화를 이루어 모차르트의 진면목을 보여주는 공연이었다.

공연을 보고 나오면 세인트 마틴 거리를 따라 코벤트가든 쪽으로 수많은 카페와 레스토랑이 기다리고 있다. 이 근처에서 파리 스타일의 카페로는 단연 르팔레 뒤쟈르당 Le Palais du Jardin 을 꼽을 수 있는데, 카페 밖에 파리풍으로 의자들을 밖으로 향하도록 배치해 놓았다. 거기서 얼마 떨어지지 않은 곳에는 아메리칸 스타일의 바 헨리스 카페 Henry's Cafe 가 있다. 이 카페는 창가에 앉아 혼자 부담 없이 칵테일을 마시기에 더없이 편한 곳이다. 나는 블랙러시안을 한 잔 마시며 파파게노와 파파게나의 아름다운 이중창을 다시 음미해 보았다. 창밖으로 세인트 마틴 거리를 지나는 젊은이들이 마치 듀엣처럼 흘러간다.

프롬나드 *10*

헨델 하우스와 메시아 초연 공연장

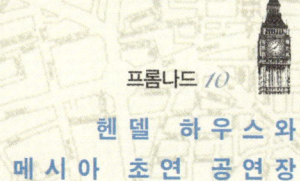

런던 중심가인 옥스퍼드 가의 본드Bond 스테이션 역에서 남쪽으로 돌아서면 사우스 몰튼 스트릿South Molton St.을 만나게 되는데 이 길을 따라 내려가다가 오른쪽으로 브룩Brook 거리가 나온다. 이 거리를 따라가다 보면 헨델Georg Friedrich Handal이 살던 집을 찾을 수 있다. 브룩 스트릿 22번지가 바로 그곳이다. 그는 1723년부터 죽을 때까지 36년간 이곳에서 살았다. 이 집은 최근 헨델 기념관Handel House으로 재단장되었다.

이곳은 런던 중심부에 있으면서도 조금은 한적한 느낌을 준다. 그런데 바로 그 옆집이 1968년에서 69년까지 전설적인 기타리스트 지미 헨드릭스Jimi Hendrix가 여자 친구와 살았던 곳이다. 그래서 이 두 집의 벽에는 헨델과 헨드릭스를 기념하는 파란 동판이 나란히 붙어 있다.

바로크 음악의 거장 헨델이 마지막으로 살던 곳에 200여 년이 지난 후 불멸의 기타리스트 지미 헨드릭스가 살게 되다니 우연치고는 묘한 인연이다. 그는 연인인 케시 에팅엄Kathy Ethingham과 브룩 스트릿 23번지 위층upperflat에 살았다. 그녀와 같이 있으려고 당시 뉴욕에 있었던 헨드릭스는 런던으로 날아온 것이다.

기타의 신이라고 불렸던 지미

▲ 지미 헨드릭스가 살았던 헨델 하우스 옆집의 명판

119

▲ 헨델의 침실

헨드릭스가 20세기 대중음악에 끼친 영향은 실로 지대하다. 최근에 프랑스의 대학입학 수능시험인 바칼로레아 Baccalaureate에 헨드릭스의 음악적 영향력에 관한 에세이 문제가 출제되었다고 하니 그의 영향력은 가히 짐작할 만하다.

헨델의 집에 전시된 자료를 둘러보면서 새로운 사실을 몇 가지 알게 되었다. 헨델의 대표 작품인 〈메시아〉의 악보에 누군가 다른 사람이 추가로 오케스트라 반주 부분을 작곡했다는 사실이었다. 그가 바로 모차르트였다. 모차르트는 말년에 프리메이슨 동료였던 판 스비텐 van Swieten 남작으로부터 여러 번 도움을 받았다. 모차르트의 장례식 비용조차―가장 저급한 장례였지만―그가 지불했다. 모차르트는 스비텐 남작의 요청으로 1767년 〈메시아〉 영어판 원보에 기초해서 오케스트

▲ 메시아 초연 기념 동판

레이션 편성을 새로이 첨가했던 것이다.

그렇게 완성된 독일판본은 모차르트의 지휘로 1789년 3월 6일 비엔나의 에스테르하지Esterhazy 백작 저택에서 공연되었는데, 그때 4명의 솔로이스트와 12명의 코러스가 공연했다고 한다. (헨델의 〈메시아〉가 런던이 아닌 더블린에서 초연되었다는 사실도 알게 되었다.) 또한 모차르트는 1717년 헨델이 작곡한 푸가Fugue 주제에 기초해서 1782~3년경에 현악 4중주곡을 쓰기도 했다.

프리드리히 헨델은 원래 작센 주 할레가 고향인 프러시아인이었다. 그러나 런던에서 40년 가까이 활동을 하면서 많은 명작을 남긴 그가 죽어서 웨스트민스터에 묻히고 살던 집이 헨델 기념관으로 보존되고 있다는 사실은 그리 놀랄 일이 아니다.

더블린의 〈메시아〉 초연공연장

헨델의 〈메시아〉가 더블린에서 초연되었다는 사실을 알고 나니 더욱 더블린에 가보고 싶어졌다. 그런데 막상 더블린에 도착해서는 그 초연 장소를 찾는 게 쉽지 않았다. 여기저기 수소문한 끝에 위치를 대강 알아냈다. 그곳은 더블린의 가장 중심부인―런던의 소호나 뉴욕의 그리니치 빌리지 같은 곳―템플 바 Temple Bar 근처였다. 나는 템플 바에서

중앙로를 따라 지도를 보며 서쪽으로 계속 걸어갔다. 분명히 〈메시아〉 초연 공연장이 이 근처에 있어야 했다. 한참을 헤매다가 길을 지나던 점잖은 신사에게 길을 물었다. 그런데 그 신사는 내 예상을 깨고 모른다는 대답이다. 실망감을 안고 조금 더 가보니 왼쪽으로 약간 높은 언덕길이 나오더니 바로 왼쪽 편에 헨델 바라는 간판이 나타났다. '바로 여기구나! 헨델의 이름을 괜히 따오지는 않았겠지……'

과연 두어 집 건너에 있는 호텔 입구에 검은 동판이 붙어 있다. 헨델의 〈메시아〉가 초연된 장소임을 알리는 현판이었다. 그 옛날 공연장이 지금은 호텔로 개조된 것이었다. 그 바로 아래에는 아담하게 꾸며진 코러스 카페가 있다. 샌드위치와 커피를 주문하고 서쪽으로 난 창밖을 보니 노을이 아름답게 물들고 있었다. 헨델과 함께 더블린의 평화로운 해질녘 풍경을 만끽했다.

◀ 코러스 카페

11 | 가장 영국적인 축제 I - 프롬스 마지막 밤

런던 로얄 앨버트 홀에서 매년 열리는 프롬스^{The Proms}는 영국적 전통을 잘 보여주는 음악축제다. 보통 7월 중순에 시작해서 9월 중순까지 두 달 정도 열린다. 앨버트 홀은 하이드 파크의 한쪽 끝과 맞닿아 있다. 그 건너편 파크 쪽으로는 앨버트 공의 황금빛 동상이 현란하게 자리 잡고 있다. 이 홀은 로마의 원형경기장 구조를 기초로 해서 건축되었다.

이 앨버트 홀은 영화 장면에서도 가끔 볼 수 있는데, 전설적인 피아니스트의 실화를 다룬 영화 〈샤인〉에서 무대로 나오며, 우디 알렌^{Woody Allen}의 영화 〈매치 포인트〉에서도 결정적 살인사건이 바로 앨버트 홀 옆에서 발생한다.

프롬스와 프로머스

특히 프롬스 콘서트의 '마지막 날 공연^{Last Night of the Proms}'은 축제를 넘어서 거의 광란(?)에 가깝다. 표를 구하기란 하늘에 별 따기다. 나 역시 1년 전부터 인터넷으로 표를 사려고 했으나 구할 수 없었다. 알고 보니 일반인에게 할당되는 표가 거의 없었다. 한 가지 방법이 있다면 패키지 구매로 1년 시즌 연주회 티켓을 5회 이상 사면 프롬스 마지막 날 콘서트 표가 한 장 배당되는 그런 식이다. 그러나 나 같은 외국인이 그럴 수는 없지 않은가. 앨버트 홀에서 공연하는 마지막 날 콘서트는 제한된 좌석에 비해서 수요는 엄청나게 많은 탓에 이 날은 특별히 하이드 파크에서 대형 화면을 통해 콘서트가 동시에 진행된다. 그런데 이 하이드파크 공연 역시 일찍 예매를 해야 하며 파크 공연임에도 입장료가 20파운드에 달한다. 이 마지막 날 공연은 런던 하이드파크뿐만 아니라 에딘버러, 리버풀 등 여러 도시에서 대형화면을 통해서 동시에 진행된다.

물론 프롬스 행사 주최 측은 돈은 별로 없지만 시간과 정열은 많은 사람들을 위해서 아주 약간의 입장권을 당일 판매한다. 5파운드 정도의 아주 저렴한 값으로. 그런데 이 표를 사려면 적어도 그 전날부터 밤새워 줄을 서야만 한다. 당연히 그 전날 저녁부터 앨버트 홀 앞에는 당일 입장권을 사려는 마니아들의 장사진을 볼 수 있다. 당일표를 사려는 마니아들의 진풍경이 연출되기도 한다. 매년 이맘때쯤 한 해도 거르지 않고 텐트를 치거나 간단한 이부자리를 펴고 기다리는 이런 마니아들을 보통 프로미나더promenaders 혹은 줄여서 프로머Promers라고 부른다. (또 매년 광적으로 프롬스에 참여하는 일을 프로밍Promming이라고 한다.)

이 공연은 매년 BBC 교향악단이 맡고 있으며, BBC 방송을 통해서 영국은 물론 전 세계에 방송된다. 나는 미국에 있을 때도 라디오로 생중계되는 프롬스 마지막 날 공연을 들은 적이 있다. BBC의 첫 방송은 1922년 11월 14일에 스트란드Strand 가에 있는 마콤 하우스Marcom House에서 시작되었다. 현재 이곳은 BBC 북스토어로 쓰이고 있어서 BBC에서 제작된 여러 가지 다큐멘터리와 프로그램을 구입할 수 있다.

영국기, 일장기, 그리고 태극기

프롬스 공연 마지막 날이 되면 앨버트 홀 주변과 하이드 파크에는 수많은 사람들이 영국기인 유니온잭을 들고 온다. 외국인도 많기 때문에 호주나 캐나다 깃발은 물론 미국 성조기나 독일 국기노 흔히 보인다. 한번은 BBC 프

롬 콘서트 실황 중에 한 관객이 일장기를 흔드는 모습을 보고 나도 언젠가는 태극기를 들고 가리라고 마음먹었다.

2005년 9월 10일, 이 해 프롬스 콘서트 마지막 날에 드디어 나는 아들과 같이 하이드 파크로 공연을 보러 갔다. 나는 한국에서 준비해 온 태극기를 꺼내들었다. 출국하기 전날까지 조그마한 태극기를 사려고 했으나 구하지 못했고 결국 떠나는 날 아침 집에 있는 태극기를 가지고 온 터였다.

주변 사람들이 국기를 흔들 때 나는 아들 녀석과 함께 태극기를 높이 들었다. 그런데 몇 자리 건너 옆에 앉았던 사람이 우리에게 다가오더니 "미안하지만 지금 들고 있는 국기가 어느 나라 국기냐?"고 물어온다. 나는 한국이라고 말해주었다. 그랬더니 그는 갑자기 저쪽에 있는 동료들에게 "South Korea!"라고 외치니 그중 몇 사람이 환호성을 지른다. 알고 보니 이들은 이 생소한 깃발의 나라 이름을 두고 내기를 한 모양이었다. 아마 한국 깃발이라고 맞춘 사람이 있었나 보다. 잠시후 그들은 내게 마실 것을 건넸다. 영국 가정에서 담근 전통 과실주였다. 맛은 우리의 과실주와 비슷한데 약간 더 독했다.

이 콘서트를 왜 하필이면 프롬이라고 부르는가? 프롬이란 말이 원래 프롬나드promenade에서 나온 말이다. 즉 산책이란 뜻이다. 무소르그스키의 명곡인 〈전람회의 그림〉을 들어보면 한 그림에서 다른 그림으로 이동할 때마다 나오는 음악이 있는데, 이 곡이 바로 프롬나드다. 예전에는 이 앨버트 홀에서 공연할 때 관객이 돌아다닐 수 있었다고 한다. 홀 중앙의 가운데에—콜로세움에서 검투사들이 싸웠던 중앙무대와 같이—좌석이 없고 서서 듣거나 돌아다니며 심지어 담배를 피울 수도 있었다고 한다. 그래서 이 공연 시리즈를 '프롬스'라고 부르게 된 것이다.

그래서 지금도 이 마지막 날 콘서트에서는 중앙 무대의 좌석을 없애고 모두들 서서 음악을 듣고 때로는 발을 구르고 박수를 친다. 한데 재미있는 것

▲ 로얄 앨버트 홀
▼ 로얄 앨버트 홀 2층 카페

은 이들 프로머들의 율동이란 게 고작 음악에 맞춰 무릎을 굽혔다 폈다 하는 동작 이외에는 없다. 영국인은 의외로 단순한 면이 있다.

애국심을 고취하는 엘가와 헨리 우즈의 음악

마지막 날 공연의 후반부에는 매년 단골 음악들이 연주된다. 엘가^{Edward Elgar}의 〈위풍당당한 행진^{Pomp and Circumstance March No.1}〉, 헨리 우즈^{Henry Woods}가 편곡한 〈영국바다의 노래^{Songs of British Sea}〉 그리고 〈룰 브리타니아^{Rule Britania!}〉 등이 고정 레퍼토리다.

모든 영국인이 좋아하는 엘가의 행진곡이 나올 때면 그 반응이 거의 폭발적이다. 이 곡 중간에는 합창이 나오는데, "Land of Hope and Glory, Mother of the Brave…"(희망과 영광의 땅, 용감한 자들의 모국…)으로 시작되는 이 가사는 블레이크^{William Blake}의 시에서 온 것이다. 이 곡은 예외 없이 앙코르로 이어진다.

그리고 프롬스를 창시하고 수십 년 동안 프롬콘서트를 지휘해왔던 헨리 우즈의 〈영국 바다의 노래〉 조곡^{組曲} 또한 항상 연주되는데 이 부분이 프롬스의 백미^{白眉}다. 여러 곡들로 이루어진 모음곡 형식인데 영국적인 유머감각이 음악 전편에 걸쳐 녹아 있다. 특히 두 번째 곡은 아주 아름답고 느린 첼로 선율이 매력적이다. 이어 〈총각 잭^{Jack's the Lad}〉이라는 곡이 나오는데, 한 소절 끝날 때마다 맹꽁이 소리나 차의 경적 소리 같은 뿔피리 소리를 추임새로 넣는 재미있는 곡이다. (마치 우리 탈춤놀이에서 '얼쑤' 같은 추임새 역할을 한다.) 오케스트라는 이 음악을 점점 빨리 연주하다가 나중에는 추임새를 넣기 어려울 정도의 엄청난 빠르기로 피날레를 장식한다.

헨리 우즈가 편곡한 모음곡의 마지막은 헨델이 작곡한 〈유다스 마카베우스^{Judas Macabaeus}〉에 나오는 〈보아라 용사 돌아온다〉라는 곡이다. 이 곡이 나오면 모든 관중들이 멜로디를 휘파람으로 따라 부른다. 그리고는 이 곡이 연주되는 동안에 뒤편에서 한 독창자가 '용사처럼' 등장한다. 이 독창자는 영국 국가에 준하는 곡인 〈Rule Britania!〉의 독창 부분을 부르기 위하여 무대에 나오는 것이다.(이 곡은 미국으로 치면 "God Bless America"와 같은 곡이다.) 이 곡의 후렴 부분은 합창으로 이어지는데 앨버트 홀 안의 수많은 사람들은 물론이고 에딘버러, 뉴캐슬 등 다른 도시에 모인 영국인들이 한 목소리로 합창을 하면서 깃발을 흔들어댄다. 물론 이 곡 역시 반드시 앙코르로 이어져 합창 부분을 재연한다.

1894년부터 시작된 프롬 콘서트는 1994년 9월 10일에 100주년 기념 프롬스 마지막 날을 장식했다. 이 날은 특히 유명한 바리톤인 브린 터펠^{Bryn Terfel}이 독창자로 출연하여 이 〈룰 브리타니아〉의 솔로 파트를 불렀다. 제임스 톰슨^{James Thompson}이 가사를 쓰고 토마스 안^{Thomas Arne}이 작곡한 이 곡은 영국인들의 가슴에 애국심을 절로 불러일으킬 만큼 멋진 곡이다.

프롬스 공연에는 영국적 위트와 유머가 흘러넘친다. 마지막 밤 콘서트에서는 지휘자가 중간에 스피치를 하는 것이 관례다. 그것도 아주 익살스러운 조크와 유머를 섞어서. 가령, 뿔피리 같은 파이프 소리가 추임새로 들어가는 〈잭스 더 래드〉의 엄청나게 빠른 피날레가 끝나고 나면 지휘자는 대개 관중이 박자 관념이 없음을 약간 비아냥대는 조크를 하고 (그렇게 빠른 곡을 어떻게 박자를 맞추겠는가!) "다시 한 번" 해보자고 하면서 앙코르 연주를 하고 나서는 이번에는 아주 엄청나게 발전했다고 칭찬해 주는 '센스'를 발휘해서 장내를 웃음바다로 만든다. 2000년 프롬스 마지막 공연에는 영국이 자랑하는 바그너 가수인 메조 소프라노 제인 이글렌^{Jane Eaglen}이 독창 파트를 맡았는데 곡 중간에 지휘자가 갑자기 독창자의 겉옷을 잡아당겨 벗겼다. 그러자 영국 국기로 만든 옷이 나타났다. 장내에 폭소가 터졌음은 물론이다. 또 2000년 공연을 끝으로 BBC를 떠나는 지휘자 앤드류 데이비스^{Andrew Davis}는 길버트 설리반^{Gilbert & sullivan}의 오페레타 〈미카도^{Mikodo}〉의 익살스러운 멜로디에 가사를 재미있게 바꾸어서 폭소를 자아내기도 했다. 그러자 관객들은 그를 위해서 즉흥적으로 "He's a jolly good fellow"를 불러

● 프롬스 콘서트 마지막 날

주기도 했다.

또한 〈룰 브리타니아〉를 앙코르로 다시 부를 때는 독창자가 조금 각색을 해서 부르는 것이 전통처럼 되어버렸다. 가령, 브린 터펠이 무대에 섰을 때는 가사를 웨일즈 사투리로 바꾸어 불렀고, 제인 이글렌이 앙코르로 다시 부를 때는 바그너 오페라 아리아풍으로 부르기도 했다.

그리고 〈위풍당당한 행진〉의 마지막 부분인 "God, who made thee mighty, make thee mightier yet"을 합창할 때나 〈룰 브리타니아!〉의 마지막 가사인 "Britons never will be slaves"(영국인들은 결코 노예가 되지 않을 것이다)를 부를 때는 앨버트 홀에 가득 찬 영국인들은 광적으로 깃발을 흔들고 뿔피리를 불고 광란의 도가니가 된다. 그러다가도 마지막에 영국 국가를 연주할 때는 다시 엄숙한 분위기로 반전된다. 여왕의 만수무강을 기원하는 "God Save the Queen"(신이여 여왕을 보호하소서)를 합창하고 나면 대개 관객들이 자발적으로 〈올드랭 사인〉을 함께 부르며 내년의 프롬스를 기약한다. 그렇게 막이 내린다.

우리는 프롬스에서 평소에 볼 수 없던 영국인의 면모를 발견하고 또한 영국 문화의 독특함을 경험하고 놀라게 된다. 애국심에 가득 찬 것 같기도 하고 다른 한편으로는 단순한 것에 집단적으로 열광하는 민족성을 보는 듯하다. 이는 개성과 다양성을 중시하는 프랑스 문화와는 무척이나 대조적이다.

프롬나드 //
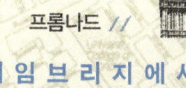

케 임 브 리 지 에 서
킹 스 콰 이 어 감 상 하 기

    케임브리지 중심거리 킹스 퍼레이드에 위치한 킹스 칼리지 채플에서 감상하는 콰이어Choir 예배는 가히 일품이다. 여름철에 오후 5시에 열리는 저녁 음악예배에 한 번쯤 참석해보는 경험은 관광객으로서는 큰 행운이다. 해가 뉘엿뉘엿 저물어갈 무렵 석양이 스테인드 글라스에 황금빛으로 반사될 때 채플 안에 울려 퍼지는 장중한 킹스 칼리지 성가대의 그레고리안 찬트는 성스럽기 그지없다. 믿음을 가진 신자가 아니더라도 이런 경험 한 번쯤은 해볼 만한 일이다. (24장 참조)

    킹스 칼리지 콰이어는 전 세계적으로 잘 알려져 있는데, 특히 크리스마스 이브에 이곳 채플에서 전통적으로 열리는 "아홉 레슨과 캐롤 페스티벌Festival of Nine Lessons and Carols"은 BBC방송을 통하여 전 세계에 방송된다.

    여름철에는 채플 앞 잔디밭에서 셰익스피어 공연을 하기도 한다. 와인이나 셰리를 마시면서 음미하는 셰익스피어의 대사는 언제 들어도 매력적이다. 내가 이 잔디밭에서 〈로미오와 줄리엣〉을 보게 된 것은 마침 노을이 붉게 물들어갈 무렵이었다. 공연이 진행될수록 사방은 더욱 어두워져갔고 관객들은 더욱 극에 몰입되었다. 극은 클라이맥스에 다다라서 로미오가 줄리엣의 주검 앞에서 자신에게 칼을 들이대는 장면이 되었다. 나도 어렴풋이 기억이 날 만큼 극적인 대사가 나오는 대목이다. 아마 "나의 몸은 너의 칼집이니 네 자리로 돌아가라." 뭐 이런 대사인데…….

그런데 이 대목에서 갑자기 주인공 로미오가 멈칫 하면서 대사를 잇지 않는 것이었다. 나는 속으로 당황했다. '아뿔싸, 이거 큰일 났구나. 대사를 까먹었나?' 주인공이 잠시 머뭇거리는 순간 관객들 가운데 여기저기에서 그 다음 대사가 들려왔다. 로미오는 그제야 고개를 끄덕이며 대사를 이어갔다. 아하! 로미오는 대사를 잊어버린 게 아니었다. 오히려 이 유명한 대목을 읊을 기회를 관객들에게 양보(?)한 셈이었다.

● 킹스 칼리지 론 그라운드

이처럼 때때로 공연자가 유명한 대사를 읊을 때가 되면 주변의 관객들에게 대사를 따라할 기회를 주기도 한다는 사실을 그때 비로소 깨달았다. 마치 가수가 청중에게 싱얼롱을 주문하듯이……. 그러면 더 놀라운 일은 주변의 관객들이 그때마다 배우를 실망시키지 않고 셰익스피어의 대사를 줄줄 읊어댄다는 사실이다.

12 가장 영국적인 축제 II - 윔블던 대회

100년이 넘는 역사를 지닌 윔블던^{Wimbledon} 테니스 대회는 매년 6월 하순에 시작되어서 7월 초까지 2주간 계속된다. 윔블던은 런던중심부에서 서남쪽에 위치하며 전철의 종점이다. 보통 윔블던 경기를 보러가려면 그린 라인 튜브의 종점 윔블던에서 내리지 않고 그 전역 스콧필드^{Scotfield} 역에서 내려서 걸어간다. 윔블던 코트가 두 역의 중간쯤에 있다.

걸어 올라가는 길에는 전형적인 영국 교외의 풍경이 펼쳐진다. 한 15~20분정도 걸어가야 하는데, 이 역에서 윔블던 코트까지 운행하는 셔틀버스를 타도 된다. 가는 길 군데군데 윔블던 기념품 가게들이 있어서 손님을 끌고 있는데 주로 티셔츠, 모자, 공 등을 팔고 있다.

나는 2004년 이곳 윔블던에 대회 둘째 주 첫날인 월요일 아침에 갔다. 막연히 주말도 아니고 월요일 아침이니 사람들이 별로 없으리라고 기대했는데, 막상 가보니 코트 입구에서부터 500m 이상 줄을 서 있다. 아니, 서 있는 것이 아니라 앉아 있다. 앉아서 하염없이 기다리고 있었다. 줄은 길거리를 지나 넓은 들판에까지 길게 이어졌다. 나는 초등학생이던 아들과 앉아서 장기전에 돌입하기 위해 책을 꺼내들었다. 그런데 안내요원이 다가오더니 두꺼운 종이 두 장을 건네준다. 그것은 The Queue라는 카드였다 거기에는 일련번호가 매겨져 있고 주의사항이 자세히 기록되어 있다. 줄서는 기본 요령을 적은 것이다. 매년 이렇게 사람들이 줄을 서 온 만큼, 대회 진행요원들의 관리 또한 체계적이다.

  좌석이 정해져 있는 센터 코트와 넘버 원 코트의 좌석은 이미 매진이었고 선택할 수 있는 것은 그라운드 코트였다. 이 입장권으로는 좌석이 정해져 있는 코트에는 못 들어가지만 나머지 코트에는 자유롭게 들어갈 수 있다. 이것도 15파운드였다. 어린이 할인도 없이……

  9시부터 줄을 선 나는 12시 반이 되어서야 겨우 입장을 할 수 있었다. 안은 엄청나게 넓었다. 여기는 단지 테니스를 보러오기 위한 곳이 아니라 오는 것 자체가 일종의 축제와 같았다. 경기장 안에서 테니스를 관람하는 사람들보다는 밖에 있는 사람들이 훨씬 더 많았다. 레스토랑, 카페테리아, 커피숍 등이 여기저기 있으며 특히 좋은 레스토랑은 런던의 최고급에 비해서

▼ 헨만 힐

도 손색이 없다. 어린이를 위한 놀이장도 있고 뒤쪽으로는 분수와 인공 개천이 흐르고 또 갖가지 꽃들, 특히 윔블던의 상징인 보랏빛 꽃이 만발했다. 그리고 야트막한 언덕이 있는데 런던 사람들은 이 언덕을 영국 테니스의 희망이었던 (지금은 은퇴했다.) 팀 헨만 Tim Henman 의 이름을 따서 '헨만 힐'이라고 부른다. 헨만의 경기가 시작되자 이곳 언덕에는 온통 환호성 일색이다. (한 가지 재미있는 사실은 헨만의 부모는 아들의 경기가 있을 때는 항상 센터 코트의 지정석에 정장을 입고 앉아 있었는데 아들의 멋진 플레이에도 박수를 치거나 웃는 모습을 보인 적이 없다는 것이다.) 여기서는 엄청나게 큰 화면이 센터코트의 경기를 중계하는데, 마침 화면에는 왕년의 서브 앤 볼리의·천재였던 존 맥켄로가 모습을 나타냈다. 그는 매년 윔블던 경기를 해설하고 있다.

윔블던의 유명인사들

매년 윔블던에 오는 유명인사 중에 빼놓을 수 없는 사람은 윔블던에서 다섯 차례나 우승했던 스웨덴의 비외른 보리이다. 이제는 은발의 멋진 신사가 되어 은발에 잘 어울리는 멋진 감색 수트를 차려입고 센터코트의 지정석에 모습을 드러낸다. 또 한 사람, 지금은 타계했지만 〈투나잇 쇼〉 진행자로 유명했던 자니 카슨 역시 매년 자리를 지키던 유명 인사였다.

윔블던 시상식에는 매년 앤 공주가 직접 참석하곤 했는데 세상을 떠난 다음에는 켄트 공 Duke of Kent 이 참석해서 시상을 하고 있다. (그는 프리메이슨의 그랜드 마스터이기도 하다.) 2010년 대회에는 엘리자베스 여왕이 37년 만에 참석하여 자국 선수인 앤디 머리 Andy Murray 의 게임을 응원하기도 했다. (그만큼 윔블던에서 두각을 나타내고 있는 영국 선수들이 없다는 얘기도 된다. 80년대 독일의 무명선수인 틴에이저 보리스 베커가 혜성처럼 나타나 단번에 우승해버리자 영국은 완전 발칵 뒤집혔다. 이런 발군의 선수가 영국에서는 안 나오고 있는 것이다.)

센터코트에서 왼쪽으로 가다 보면 한 200명 정도 들어가는 넘버 18번 코트가 있다. 이곳에서는 센터코트나 넘버 원 코트에 나올 만큼 대단한 선수들은 아니지만 괜찮은 선수들의 게임을 볼 수 있는데, 사람들이 꽉 차고 박수가 끊이지 않아서 들어가 보니 왕년의 테니스 여제라고 불리던 마티나 나브라틸로바가 복식경기를 하고 있었다. 전성기 때의 모습에 비해도 손색이 없을 정도다.

이 코트에서 2010년에는 윔블던 역사상 다시는 깨지기 어려운 대기록이 나왔다. 윔블던만의 유일한 게임규칙 때문에 가능한 기록이었다. 윔블던에서는 다른 메이저 대회와 달리 마지막 세트(남자의 경우 다섯 번째 세트)에서 '타이브레이크 tiebreak'가 적용되지 않는다. 오직 게임으로만 끝장내야 한다. 2010년 이곳에서 미국의 존 아이스너와 프랑스의 니콜라 마위가 맞붙어 3일에 걸쳐 무려 11시간 5분간의 사투 끝에 마지막 세트의 게임 스코어 70대 68로 (마치 농구시합 스코어 같다) 아이스너가 이겼다. 윔블던 대회본부는 이 경기가 끝나고 두 선수에게 각각 기념패를 전달하는 세리모니를 가질 정도였다.

윔블던 최고의 명물(?)
스트로베리 크림 그리고 돔

윔블던에 가기 전부터 나는 전부터 윔블던에 가면 꼭 맛을 보아야지 하는 게 하나 있었다. 그것은 바로 스트로베리 크림이다. 기대가 크면 실망도 큰 법. 사실은 별다른 게 없었다. 그러고 보니 스트로베리 크림을 그전에 먹어본 기억이 있다. 대학원 졸업식 때였다. 내가 다녔던 컬럼비아 대학은 영국적 전통이 많이 남아 있었는데—대개의 아이비리그 대학들이 그렇듯이—그중 하나는 오후에 라운지 같은 데서 애프터눈 티와 쿠키가 제공된다는 점이다. (그것도 공짜로) 대학원 졸업식은 대학 전체 졸업식 하루 전에 대학 채플에서 행해졌는데, 대학원장이 졸업생 한 명씩을 호명해서 졸업장을 수여했다. 수여식이 끝나고 밖으로 나오자 뜰에 펼쳐진 커나란 테이블마다 스트로베리가 가득 차려져 있었다. 또한 크림통이 옆에 있어서 찍어먹을 수 있게 해놓았다. 아마 이것도 영국식 전통이리라.

나는 우선 코트 안에 들어가 한 게임을 보고 나서는 윔블던 최고의 명물인 스트로베리 크림을 찾아 나섰다. 그것은 지하 카페테리아에서 팔고 있었다. 가격이 그때 당시 2파운드였다. 생각보다는 비싸서 하나 사서 아들 녀석과 같이 먹었다. 내용이야 그저 딸기에다가 크림을 얹어준 것뿐이다.

윔블던의 또 다른 명물은 2009년에 드디어 선보인 센터코트의 돔^{Dom}이다. 그동안 윔블던의 전통 중 하나는 '기다림'이었다. 시도 때도 없이 내리는 비 때문에 수시로 경기가 중단되었고 관중은 기약 없이 기다리는 데 익숙했다. 비가 오기 시작하면 진행요원들이 순식간에 코트를 비닐커버로 덮어버린다. 경기를 중계하던 TV들은 이때부터 시간을 어떻게 때워야 할지 당황하게 된다. 한번은 센터코트에서 결승전이 열리고 있는데 중간에 비가 계속 내렸다. 마침 결승전을 보러왔던 가수 클리프 리차드가 주최 측의 요청을 받아들여 중간에 즉석 공연을 하기도 했다. 우천 문제는 2009년에야

▼ 윔블던 가는 길

비로소 해결을 보게 되었다. 센터코트 천정에 돔을 씌우는 장치가 완성된 것이다.

윔블던에서 꼭 들러볼 만한 곳이 윔블던 테니스 박물관이다. 여기는 100년이 넘는 윔블던의 역사를 한눈에 볼 수 있는 곳이다. 입구에는 왕년의 테니스 우승자들의 이름이 녹색 동판에 빼곡히 새겨져 있다. 오른쪽 뜰에는 밴드 연주가 한창인데 특히 저녁때에는 본격적인 공연이 시작된다. 그 앞에는 테니스 주간의 일정표에 따라 연주곡목과 연주자들의 리스트가 붙어 있다. 여기 오기 전에는 윔블던하면 테니스 경기만 있는 곳이라고 생각했는데 막상 와보니 이곳은 윔블던 축제의 장이자 테니스를 매개로 한 런던 문화의 현장이었다.

프롬나드 12

알록달록한 광장 닐스 야드

런던에서 가장 묘한 느낌을 주는 곳을 꼽으라면 주저 없이 닐스 야드 Neal's Yard를 들겠다. 런던에는 파리에서 많이 볼 수 있는 작은 광장들이 잘 보이지 않는다. 그런데 닐스 야드는 바로 파리의 작은 광장 같은 느낌을 준다. 동시에 거리 풍경이 마치 어린 아이의 유치한 그림처럼 색깔이 알록달록 다양하다.

닐스 야드는 코벤트가든 역에서 멀지 않다. 코벤트가든 북쪽에 있는 닐Neal 스트릿에서 작은 길 쇼츠 가든 Short's Gardens으로 접어들어 오른쪽으로 들어가면 바로 닐스 야드가 나온다. 진노랑, 핑크, 파랑 등 원색 컬러로 장식된 좀 이상한 풍치가 느껴지는 그리 넓지 않은 야드다. 야드 가운데에는 원색의 드럼통에 나무를 심어 놓아 운치를 더해주고 있다.

주변에는 채식주의자를 위한 샐러드 바, 아로마 치료요법을 해주는 세러피 룸Therapy Rooms, 또 문신해주는 가게 등 좀 이상한 느낌을 주는 가게들이 몰려 있다. 한 샐러드 바 2층에는 금불상이 모셔져 있기도 하다. 명상, 문신, 심리치료 등 기묘한 분위기를 자아내는 가게들이 밀집한 곳이다. 이 야드와 연결된 닐 스트릿에는 첨단 디자인의 옷가게 등, 여성용품 가게들과 식당, 펍들이 있고 멋지게 장식된 진열대에 차茶를 파는 가게도 보인다.

닐 스트릿과 쉘턴Shelton 스트릿이 만나는 모퉁이에는 전통 펍으로

▲ 알록달록한 닐스 야드 입구
▼ 닐스 야드 안의 카페풍경

오랜 역사를 자랑하는 크라운 앤 앵커 Crown & Anchor가 자리 잡고 있는데 특히 주말에는 많은 사람들이 길바닥에 나와 맥주를 즐기고 있다. 파리로 치면 콩트르스카르프 광장의 모습과 흡사하다고 하겠다.

닐 스트릿을 벗어나서 몬머드 Monmouth 스트릿으로 접어들면 더욱 기괴한 가게들을 만나게 된다. 가면무도회 같은 기이한 파티를 위한 의상, 장식용품을 파는 가게도 있다. 코코드메르 CoCo de Mer 라는 가게는 문을 열고 들어가면 바로 입구에 청동으로 만든 허리를 구부린 여자 나체의 뒷모습이 쇼킹하기 짝이 없다. 그 옆집은 아주 대조적으로 우아한 'Mon Plaisir 나의 기쁨'이라는 프랑스 식당으로 로코코풍의 실내장식으로 품격을 갖춘 멋진 식당이다.

닐스 야드는 런던의 색다른 모습을 보여주는 곳이다. 런던을 돌아다니다 보면 점점 더 영국 사람을 이해하지 못하게 될 것 같은 예감에 사로잡힐 때가 있다.

13 | 걸인과 노동 그리고 가난의 미학

> 돈이 사람을 노동에서 해방시키듯이 가난은 사람을 일반적 행동규범에서 해방시킨다. 가진 돈이 적으면 근심도 그만큼 적어진다는 것은 일정한 범위 내에서는 실제로 맞는 말이다. 마가린 바른 빵만으로 때우는 끼니는 어느 만큼은 그것만의 진통제를 제공한다. 가난할 때 커다란 위안이 되어주는 기분은 또 있다. 그것은 이제야말로 진짜 밑바닥에 왔다고 깨달을 때 느껴지는 기쁨에 가까운 안도감이다.
>
> — 조지 오웰

파리에는 런던과 달리 거리에 걸인이 꽤 많이 눈에 띈다. 게다가 그중에는 젊은이도 적지 않다. 이들은 대개 지하철역에서 주저앉아 (대개 보드를 깔고 앉아서) 있다. 뿐만 아니라 파리의 중심가인 리볼리 가에서 안쪽으로 접어들면 고급 쇼핑가인 셍또노레 번화가가 나오는데 이런 번화가에도 걸인은 있다. 이들은 대부분 다음과 같이 써 있는 종이판을 들고 있다. 'J'ai faim svp' 우리말로 적절히 옮기면 '한 푼 줍쇼'다.

프랑스에서는 실업률이 두 자리 수이고 특히 청년 실업률은 한국보다 훨씬 심각하다. 최근의 최초고용법안에 프랑스 대학생들이 격렬하게 반대 시위를 통해서 좌초시킨 바 있을 정도로 청년 실업과 고용문제는 민감하고 심각한 사안이다. 게다가 북아프리카계 젊은이들에게는 고용의 기회가 더욱 희박하기 때문에 그들이 여러 가지 범죄에 노출되기도 쉽다.

그러나 한국과는 달리 멀쩡한 젊은이가 지하철역에 쭈그리고 앉아 동냥하는 모습은 정말 보기에도 안됐다. 한국에서는 아직은 이런 정도는 아니지 않은가? 비록 카드를 마구 써서 빚을 지고는 있지만……. 그런데 한 가지 묘한 특징은 길거리에서 구걸하는 걸인들은 대부분 개와 함께 앉아 있다는 사실이다. 왜 그럴까? 아마도 개에 대한 동정심이라도 얻어내려는 것이 아닐까? 자신이 굶으면 개까지 굶게 된다는 현실을 지나가는 행인들에게 보여주려는 속셈은 아닐까?

걸인의 사회적 지위

조지 오웰은 〈파리와 런던에서의 밑바닥 인생〉에서 동냥의 사회적 행위에 관해 잘 분석하고 있다. 그의 견해에 따라 거지의 행위를 분석해 보자. 사람들은 걸인과 '일하는' 평범한 사람 사이에 근본적인 차이가 있다고 여기는 듯하다. 일하는 사람은 '일'을 하지만 걸인은 '일'을 하지 않는다고 본다. 걸인은 기생충이고 본질적으로 무가치하다고 여긴다.

그렇다면 일이란 무엇인가? 잡역부는 곡괭이를 휘두름으로써 일을 한다. 회계사는 숫자를 더함으로써 일을 한다. 걸인은 어떤 날씨에도 한 데에서 있음으로써 일한다. 이것도 다른 어떤 것과 마찬가지로 직업이다. 물론 아주 무익한 직업이긴 하지만, 그렇게 본다면 평판 좋은 직업들도 아주 무익한 것들이 많다. 그리고 사회적 유형으로서도 걸인은 다른 직업인과 비교하여 더 나은 사람이기도 하다. 걸인은 대부분의 특허약 판매상인과 비교하여 정직하고, 일요신문 사주보다 고상하며, 집요한 할부판매원과 비교하여 상냥하다. 간단히 말해서 걸인은 기생충이지만, 상당히 무해한 기생충이다.

그렇다면 걸인은 왜 경멸당하는가? 이런 질문이 생긴다. 오웰은 걸인이 웬만큼 생활비를 벌지 못한다는 단순한 이유 때문이라고 믿는다. 실제로 일이 유익한가, 무익한가, 생산적인가, 기생적인가를 신경 쓰는 사람은 아무도 없다. 모든 현대적인 생활에서는 '돈을 벌고, 합법적으로 벌고 많이 벌어라' 하는 의미만이 중요하다. 돈은 미덕의 중요한 기준이 되었고, 이 기준에서 걸인은 낙제이고 이것 때문에 그들은 경멸당하고 있다. 걸인은 다만 '부자가 되는 것이 불가능한 직업'을 선택하는 실수를 한 것뿐이다.

오웰은 구걸에 관한 영국법이 대단히 불합리하다고 주장한다. 영국법에 의하면, 만일 낯선 사람에게 접근하여 2펜스를 달라고 하면 그 사람은 경찰을 불러서 당신을, 구걸한 죄로 7일 구류에 처하게 할 수 있다. 그러나 만일 당신이 시끄러운 소리로 "내 주를 가까이"를 부르거나 성냥쟁반을 들고 여기저기 서 있으면……. 간단히 말해서 민폐를 끼치고 있다면 당신은 구걸을 하는 것이 아니라 합법적인 직업에 종사하는 것으로 간주된다. 그러나 등 뒤로 자동차들이 스치고 지나가는 길가에서 일주일에 84시간 동안 서 있는 대가로서는 보잘것없는 보수인 것이다.

걸인과 파리지앵의 공통점

걸인과 카페의 파리지앵과는 공통점과 다른 점이 있다. 그들은 공통적으로 턱하니 앉아서 지나가는 사람들을 쳐다본다. 그들의 표정 또한 비슷하다. 바라보는 표정에는 뭔가 여유로움이 있다. 그렇게 봐서 그런지도 모르지만……. 파리의 걸인들은 구걸을 받으려고 애쓰거나 굳이 일부러 불쌍하게 보이려고 노력하지도 않는다.

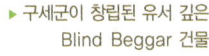

▶ 구세군이 창립된 유서 깊은 Blind Beggar 건물

또 이들은 공통적으로 아침부터 나오지 않는다는 점이다. 대개 오후 늦게 되어야 어슬렁어슬렁 기어 나온다. 그래서 행인이 많이 다니는 길목에 자리를 잡고 영업을 시작한다. 카페 애호가인 파리지앵도 느지막하게 나와서 행인이 많이 다니는 길목 카페의 노천 테이블에 앉아서 신문을 보거나 한 잔의 카페를 앞에 놓고 오후의 햇살과 행인을 눈요깃감으로 바라본다. 그러나 걸인의 앉아 있는 행위는 그것이 일종의 고단한 노동이지만 카페의 테이블에 자리 잡은 파리지앵의 행위는 편안한 휴식이자 소비행위다.

동냥이라는 노동—오랜 관찰로 얻은 경험

굳이 조지 오웰의 탁월한 견해에 의존하지 않더라도 걸인의 동냥행위를 가만히 보면 쉽지는 않은 것 같다. 또한 걸인 역시 부지런해야만 벌이가 좋은 것을 나는 파리에서 비로소 알게 되었다. (파리의 한 저널리스트가 자신의 과거를 회상하는 수필에서 아침에 집을 나설 때마다 근처 지하철역으로 출근하는 거지아저씨와 눈이 마주쳐 인사를 나누곤 하던 일조차 그리운 추억이 되었다고 쓴 것을 본 적이 있다. 그 정도로 거지의 일상은 샐러리맨처럼 규칙적이라는 점을 많은 사람들이 간과한다.)

파리에서 내가 있던 집 앞에는 블랑제리가 있어서 아침 일찍 문을 열고 따끈따끈하게 새로 구운 빵을 팔았다. 프랑스의 빵집은 늘 아침 일찍 문을 연다. 아침 일찍 가야 말랑말랑한 빵을 맛보게 된다. 아침이 밝아오면 제일 먼저 불랑제리 가게의 네온사인의 불이 들어온다. 언제부터인가 나는 이 집에 붉은 네온사인이 들어오면 이제 오늘 하루가 시작되는구나 하는 느낌을 가지게 되었다.

그 빵집 바로 문 앞 오른켠에는 언제나 늙수그레한 걸인 한 명이 앉아 있다. 우리 동네의 이 걸인은 대단히 부지런하다. 8시면 출근해서 자기 자리에 담요를 깔고 앉는다. 나는 그 걸인이 왜 이리도 일찍 나오는지를 처음에는 이해하지 못했다. 그 이유를 깨달은 것은 한참 지난 후였다. 그것은 우연히 눈에 띈 걸인의 모습을 매일 아침 관찰하고 난 다음이었다. 언제부터인가 아침에 일어나서 창밖으로 그 걸인이 출근했나를 살펴보는 것이 일과의 시작이 되었다.

그는 아침 일찍 나와서 오른편에 자리를 깔고 영업(?)에 들어간다. 마치 직장인이 출근하듯 그 역시 일찍 일터로 나오는 것이다. 그가 블랑제리 바로 옆에 진을 치고 앉아 있는 이유는 아침에 바게트나 크라상을 사러온 사람들이 빵을 사서 나오다가 나머지 잔돈을 떨어뜨려 주기를 기대하는 것이리라…… 4월의 아침은 아주 쌀쌀한 편이다. 그는 두꺼운 외투를 껴입고 단정한 자세로 고쳐 앉아 참을성 있게 손님이 떨어뜨릴 동전을 기다린다. 그는 성실함과 인내심을 갖춘 이였다.

나는 이틀에 한 번씩 아침에 나가서 그 빵가게에서 초코렛 크라상과 그 옆에 있는 청과상에서 바나나, 오렌지, 토마토 등을 사오곤 했다. 그 걸인의 일상이 내게 발견된 후부터 나는 매일 아침에 빵을 사러가게 되었다. 그리고 나올 때마다 20상트씩 건넸다. 아침에 창밖에 눈을 돌렸을 때 그가 안 보이면 왠지 불안해졌다. 혹시 그에게 무슨 일이 생긴 건 아닐까 하는 불안감도 들었다. 그러나 그는 매일같이 출근했고 자리를 지켰다. 그가 한 번 안 보인 날은 아침부터 비가 뿌리고 바람까지 불던 날이었다. 그가 안 보이니 나 역시 왠지 외출하기가 싫어졌다.

내가 파리를 떠나게 되기 전날 아침 비로소 나는 그에게 말을 걸었다. 내일 아침부터는 볼 수 없게 될 거라고……. 그는 비로소 나를 정면으로 바라보더니 어디로 가느냐고 물었다. 나는 내 나라 서울로 간다고 대답했다. 그는 다시 눈을 내리깔더니 아무 말이 없었다. 나는 그를 다시는 보지 못했다. 아마도 앞으로 보지 못할지도 모른다. 그런데 왠지 요새도 아침에 일찍 일어나서 창밖을 볼 때면 그 걸인이 생각난다. 그리고 게을러서 일하러 나가기 싫어질 때 그를 떠올리면 귀찮더라도 나가게 된다. "아침에 일찍 일어나는 새가 먹이도 많이 잡는다"는 속담이 있듯이 아침에 일찍 일어나는 걸인이 아침식사 값을 벌 수 있다는 사실은 런던이나 서울이나 매한가지다.

조지 오웰의 가난의 미학—비밀주의

조지 오웰은 가난에서 처음 발견하는 독특함이란 가난에 들러붙는 '비밀주의'라는 레이블을 붙였다. 파리에서 최하층민 생활을 했던 그는 가난이 주는 고단함을 이렇게 쓰고 있다. 오웰이 묘사한 이 부분은 독자들에게 꼭 들려주고 싶은 이야기다.

> 하루 수입이 6프랑으로 줄었다. 그러나 예전과 똑같이 생활한다는 시늉만은 해야 한다. 세탁소에는 발을 끊게 되는데, 세탁소 주인 여자는 다른 데 맡긴다고 여기고 평생토록 원수진다. 담배가게 주인도 왜 담배를 줄였냐고 묻는다. 이제는 우표가 너무 비싸 편지조차 못 보낸다.
> 끼니때가 되면 식당 가는 척하고 나와서 뤽상부르 공원에서 비둘기를 구경하며 한 시간 빈둥거린다. 그리고 주머니에 음식을 숨기고 집에 들어온다. 이때는 가정용 식빵이 아니라 호밀빵을 산다. 호밀빵이 더 비싸지만 둥글어서 주머니에 숨겨 들어올 수 있기 때문이다. 이것으로 하루 1프랑을 낭비한다. 가끔 체면치레로 음료수 값 때문에 음식을 거르기도 한다. 머리를 손수 깎다가 엉망이 돼서 이발소 가서 하루치 음식값을 날린다.
> 빵집에 빵 1파운드를 사러가서 기다린다. 그녀가 서툴러서 1파운드보다 많이 자른다. 그녀는 2수를 더 내라고 한다. 그러나 1파운드에 1프랑이고 가진 돈은 정확히 1프랑밖에 없다. 더 내지 못한다고 고백해야 한다고 생각되자 질겁하고 내빼게 된다. 용기 내어 다시 빵집을 찾을 때까지는 배고픈 채로 몇시간이 흐른 뒤다. 또 1프랑에 감자 1kg을 사러 청과물가게에 간다. 그런데 그 1프랑에 벨기에 동전이 한 개 포함되어 있어서 가게 주인이 받지 않는다. 두 번 다시 거기에는 발걸음을 못

하게 된다.

번듯한 구역에 들어섰다가 부유한 친구가 눈에 띈다. 그를 피한다고 가장 가까운 카페로 몸을 숨긴다. 마지막 남은 50상팀을 내고 블랙커피 한 잔을 마신다.

이것이 돈에 쪼들려가는 과정을 남에게 들키고 싶지 않은 '비밀주의'의 일부분이다.

'세인트 마틴 인 더 필즈'의 길바닥 화가

다음은 조지 오웰이 관찰한 워털루 브리지에서 멀지 않은 곳에 터를 잡고 있었던 한 길바닥 화가의 이야기다. (한 가지 재미있는 사실은 파리에는 놀랍게도 이런 길바닥 화가들이 없다는 것이다.)

그 길바닥 화가는 시사만평을 즐겨 그렸는데 사회주의에 동조하는 것을 그리기는 어렵다고 했다. 한번은 '자본'이라고 쓴 보아 구렁이가 '노동'이라고 쓴 토끼를 잡아 삼키는 만평을 그렸는데 경찰의 명령으로 지울 수밖에 없었다고 한다.

비가 안 올 때는 금요일부터 일요일까지 3파운드 정도 번다고 한다. 사람들이 급료를 금요일에 받으니까. 비가 오면 일을 못하는데 물감이 금방 씻겨버리므로. 그런데 그 화가 이렇게 말했다고 한다. "진짜 신사들에게는 결코 드롭(동냥)을 못 받아. 대부분 허름한 사람들이나 외국인한테서 버는 거지. 그들은 영국인만큼 그렇게 지독하게 인색하지는 않아"라고. 그리고 또 영국의 성직자들의 위선에 대해서도 일침을 놓았다고 했다. 이렇게……

"처음에는 아무것도 모르고 기끔씩 길바닥에 나체화 모작(模作)을 그렸어. 처음에 그린 곳이 세인트 마틴스 인 더 필즈 St. Martin in the Fields 교회 앞이었어. 검정 옷차림을 한 사람이 미친 듯이 화를 내면서 밖으로 나왔어. '거룩하신 하나님 집 앞에서 우리가 그런 외설을 받아줄 수 있겠습니까?' 하고

151

그 사람이 소리치더군. 그래서 그림을 물로 씻어 지웠지. 그 그림은 보티첼리 Botticelli의 〈비너스의 탄생〉을 모작한 것이었어."

조지 오웰의 흔적을 따라

런던 곳곳에는 조지 오웰이 살았던 집들이 흩어져 있다. 추적이 가능한 곳들은 모두 찾아보았다. 오웰는 한동안 런던 서쪽의 노팅힐 Notting Hill 지역에서 살았다. (휴 그랜트와 줄리아 로버츠가 주연한 영화 〈노팅힐〉의 무대가 바로 이 동네다. 휴 그랜트가 운영했던 여행서적 전문 책가게는 이 동네 포르토벨로 길을 따라 가다보면 오른편에 나오는데 지금은 물론 책가게가 아니고 'GONG'이라는 멋진 옷가게로 변신했다.)

노팅힐 로드 역에서 내려 오른편 북쪽 길로 접어들면 좁다랗고 긴 길이 나오는데 이 길이 바로 포르토벨로 Portobello 로드다. 이 길에는 예쁜 가게들

▼ 오웰이 살았던 노팅힐의 집

이 많고 골동품이나 악세사리 가게들이 꽤 있다. 이 길을 따라 비스듬히 왼편으로 휜 길을 따라 가다보면 22번지에 화사하게 잘 단장된 집을 보게 되는데, 이 집이 바로 조지 오웰이 한때 살았던 곳이다. 살았던 당시에는 어땠는지 모르겠으나 지금은 아주 아담하고 깨끗한 집이다. 마치 구노Gounod의 오페라 〈파우스트〉에 나오는 아리아 "정결한 집" 처럼…….

이 거리는 조용하고 집집마다 꽃들로 장식된 아늑한 느낌을 주는 동네인데 요새는 주말이면 이 근처에 벼룩시장이 서기 때문에 많은 사람들로 대단히 시끌벅적한 동네로 바뀐다. 쭉 이 길을 따라 올라가다 보면 59A 번지에는 '레이지 데이지 카페Lazy Daisey Cafe'라는 이름과도 걸맞은 작고 예쁜 카페가 있는데 안쪽에는 작은 뜰이 있어서 쉬면서 커피나 간단한 식사를 하기에는 정말 안성맞춤이다. 쾌적한 뜰에서 분위기 있는 시간을 보낼 수 있는 곳이어서 벼룩시장에 왔다가 들러서 쉬어가기 좋은 카페로 꼭 추천하고 싶은 곳이다.

조지 오웰은 그 후에 노팅힐 지역을 떠나 이 지역의 밝고 활기찬 분위기와는 대조적인 왠지 조금은 어둡고 가라앉은 느낌을 주는 동네인 카논베리Canonbury 지역에 살았다. 이 지역은 런던의 동북부에 위치하며 캄덴Camden에서도 그리 멀지는 않다. 그는 여기서 주요한 작품을 쓰고 구상했다. 그가 《동물농장》, 그리고 그의 불세출의 작품인 《1984년》을 구상한 곳이 바로 카논베리 스퀘어 27A 번지의 집이다. 이곳 스퀘어는 꽃과 나무로 가득 차 있는 조용한 거주지역이다. 이 지역으로 가려면 하이베리Highbury 튜브 역에서 내려야 한다. 그러면 바로 하이베리 코너라는 번잡한 로타리가 있는데 오웰이

▲ 오웰이 일했던 책방 자리에 붙어 있는 기념판

살았던 집은 여기서 그리 멀지 않다. 이 로타리에는 스타벅스가 자리 잡고 있는데 커피 한 잔 하면서 주변의 경관과 행인을 감상하기에 아주 좋은 장소다. 나 역시 조지오웰의 집을 들러보고 내려오다가 여기서 차를 마시며 조지 오웰이 생각한 영국의 이상적 사회는 도대체 어떤 모습일까 곰곰이 생각에 빠져 보았다.

그리고 그는 한때 캄덴 지역에서도 살았는데 그곳은 캄덴의 북쪽 지역인 켄티쉬 타운Kentish Town에 있다. 오웰의 자취는 아주 조용한 거리인 로퍼드Lawford 가 50번지에서 찾아 볼 수 있다. 그는 또 더 북쪽 지역으로 런던에서 유일한 언덕인 프림로즈 힐Primrose Hill 위쪽 헴스테드 지역에서도 살았다. 이 지역에서 그가 책방에서 일했던 동네도 찾아가 볼 수 있다. 그의 집을 찾아가려면 우선 벨사이즈 파크Belsize Park 역에서 내려서 한참을 가야 한다. 로슬린 힐Rosslyn Hill 언덕을 따라 계속 올라가다가 오른편으로 복잡하게 얽힌 좁은 길들을 지나서 만나게 되는 작은 길 포스트 스트릿을 따라 내려가다 보면 워윅Warwick 맨션이 나오는데 이 맨션 37번지에서 오웰이 잠시 살았다. 이 집은 지금은 헤어디자인 숍으로 바뀌었다.

또 그 길을 따라 내려가다가 보면 넓은 로타리를 만나게 되는데 그 모퉁이에 그가 1~2년 가량 일했던 책방이 있던 곳이 나온다. 지금은 '퍼펙트 피자'라는 피자가게가 영업을 하고 있다. 이 가게의 모퉁이 벽에는 네모난 시멘트 명판 위에 조지 오웰의 얼굴이 부조浮彫로 걸려 있어서 이 피자가게 자리에 있던 책방에서 그가 일했다는 문화사적인 가치를 말해주고 있다.

한 동네에 살았던 조지 오웰과 존 키츠

오웰이 일하던 책방 위쪽으로는 한적한 동네가 있는데 이곳에 시인 키츠가 오랫동안 살았던 집이 있다. 로슬린 힐 거리를 따라 더 올라가면 다운셔

▲ 키츠 하우스 전경
▼ 키츠가 '나이팅게일에게'를 썼던 자두나무를 기념하는 명패

힐^{Downshire Hill} 언덕길이 나오고 이 길을 따라 내려가다 보면 키츠 그로브 ^{Keats Grove}라는 아주 작은 오솔길이 나온다. 이 길 중간쯤에 지금은 그의 기념관으로 쓰이는 '키츠 하우스'가 있다.

  키츠가 살았던 집은 숲속에 있는 것 같은 착각이 들 정도로 아주 한적한 곳에 자리 잡고 있었다. 그러나 거기서 별로 멀리 떨어져있지 않은 곳에 바로 젊은 오웰이 한때 살았고 일했던 데가 있는데, 여기만 해도 상당히 번화하고 도회적이며 소음이 심하다. 키츠가 자연 속에 살았다면 오웰은 사람들 속에 묻혀서 살았던 셈이다.

  키츠 하우스 뮤지엄은 지금은 공립 도서관으로도 사용되고 있는데, 마침 내가 방문했을 때는 초등학교 학생들의 실습수업을 하고 있었다. 이 저택은 큰 키의 나무들과 정원으로 둘러싸인 그야말로 자그마한 숲속의 장원이었다. 잠시 뜰에 있는 나무의자에 앉아서 평화로운 자연 풍경을 감상해보았다. 그 한쪽 편에는 그리 크지 않은 자두나무가 있고 거기에는 팻말이 붙어있다. 물론 키츠 당시의 그 자두나무는 아니지만 그가 자두나무 아래서 명시 〈나이팅게일에게^{Ode to Nightingale}〉를 썼다고 한다.

  키츠 하우스에서 나와 다시 좁은 골목 키츠 그로브를 따라 내려가면 큰 길인 사우스 엔드 스트릿을 만나게 되는데, 이 길을 따라가다 보면 점차 차들도 많이 다니며 가게도 점차 많아지고 점점 번화해진다. 이 길을 따라 끝까지 오면 마지막 모퉁이에는 예전에 오웰이 일했던 바로 그 서점 자리가 있었던 피자가게가 나온다.

  오웰과 키츠가 살았던 동네를 보니 같은 지역이지만 두 사람의 주거환경은 판이했던 것 같다. 나무와 정원에 둘러싸인 키츠에게는 당연히 낭만이 넘치는 자연주의적인 시가 나올 수밖에 없었을 것이다. 반면에 번잡하고 삭막한 거리에서 일했던 오웰은 경쟁적인 인간관계 속에서 생기는 사회적 모순에 대해서 번민하지 않을 수 없었을 것이고 이런 고뇌 속에서 사회주의적인 평론을 쓰게 되었을 것이라는 생각이 이곳에 와보니 더욱 분명해진다. 이 두 사람이 살았던 주거환경이 곧 그들의 내면세계와 의식에 분명히 투영되고 영향을 주었을 것이기 때문에.

프롬나드 13

세인트 마틴 인더 필즈에서의
공짜 점심 음악회 즐기기

    트라팔가 광장에서 내셔널 갤러리를 바라보면 그 오른편으로 뾰족한 첨탑이 있는 교회가 있는데, 이곳이 바로 세인트 마틴 인더 필즈 St. Martin-in-the-fields 교회다. 이곳은 교회 자체보다는 세인트 마틴 인더 필즈 챔버 오케스트라로 더 유명한 곳이다. 지휘자 네빌 마리너는 이 오케스트라와 레코딩하여 수많은 명반을 내놓았다.

    이곳은 특히 헨델을 포함한 바로크 음악과 모차르트 등의 챔버 뮤직을 연주하는 공연장으로도 널리 알려져 있다. 특히 수시로 열리는 런치타임 프리 콘서트는 누구나 아무런 부담 없이 점심시간에 들어와 즐길 수 있는 공짜 음악회다. 물론 약간의 자발적 성금을 받고는 있지만. 또한 바로크 음악이나 모차르트 음악을 당시 악사들의 제복을 입고 연주하는 촛불 음악회 candlelight concerts 는 특히 유명하다. 당시에는 전등이 없었으므로 촛불을 켜고 연주했으리라는 점은 너무도 당연하다.

    런치타임 콘서트는 특히 젊고 유망한 음악도들에게 등용문 같은 무대이기도 하다. 한번은 한국에서 잘 들을 기회가 없는 헨델의 오페라가 프로그램이었던 런치 콘서트에 가보았다. 연주곡목은 헨델의 오페라 〈아폴로와 다프네 Apollo e Dafne〉의 아리아와 이중창으로 꾸며졌다. 특히 아폴로의 아리아를 듣는 순간, 왜 헨델이 그 당시에 런던에서 그토록 인기를 누릴 수 있었던가를 너무나 잘 알 수 있었다. 젊은 바리톤 가수는 바로크 시대의 창법을 그대로 재현해내는 것 같았다. 좀처럼 한국에서 누리기 어려운 독특한 음악을 들을 수 있는 기회였다.

▲ 크립트 카페 바닥

시간여유가 있는 방문객은 이 교회의 지하에 꼭 가보아야 한다. 지하에는 여러 가지 기념품을 파는 가게가 있는데, 그 옆에 있는 카페테리아에서 간단한 식사나 음료수를 먹어보는 것도 색다른 즐거움을 준다. 왜냐하면 묘지에서 식사하는 묘한 기분을 느낄 수 있기 때문이다. 원래 이 지하는 교회묘지로 쓰인 곳이다. 천장은 높고 또 바닥에는 묘지 석판이 깔려 있다. 사람들의 발자국 등으로 많이 닳아 없어졌지만 그래도 죽은 자의 이름과 사망년도가 새겨져 있다.

그런데도 음침하다는 생각은 전혀 들지 않고 오히려 아늑한 느낌마저 주는 특별한 경험을 할 수 있는 카페 공간이다. 이 카페의 이름은 바로 크립트Crypt다. 트라팔가 광장과 내셔널 갤러리만 둘러볼 것이 아니라 바로 옆에 있는 이 특별한 공간의 카페에 들러볼 일이다.

14 | 오스카 와일드의 흔적을 따라서

오스카 와일드 Oscar Wilde에 대해서는 일반 사람들도 웬만큼은 알고 있다. 하지만 그에 관해서 보다 깊게 알기를 원하는 독자들에게는 그의 생애와 작품에 대해서 멋지게 쓴 줄리엣 가디너 Juliet Gardiner의 평전을 적극 권한다. 삶 그자체가 한편의 '센세이셔널 드라마'였던 오스카 와일드는 1854년 더블린에서 외과 의사였던 아버지와 여성 운동가였던 어머니 사이에서 태어났다. 어렸을 때 아일랜드에 대기근이 들었으나 그는 비교적 유복한 가정환경과 문화적이고 학구적인 분위기 속에서 성장했다.

오스카 와일드가 작가로서 성장하도록 영향을 준 사람은 학교에 들어가기 전에 그리스어와 라틴어의 기초를 가르쳤던 어머니였다. 오스카는 17살에 더블린의 트리니티 Trinity 대학에 장학금을 받고 입학한다. 이후 3년에 걸친 수학 후에 옥스퍼드의 모들린 Magdalene 칼리지에 입학한다. (Magdalene 발음은 막달렌이라고 하지 않고 옥스브리지 영어로는 모들린이라고 발음한다.)

오스카는 옥스퍼드에서 미술, 건축, 이태리 르네상스 역사에 있어 폭넓은 명성을 얻고 있었던 존 러스킨 John Ruskin을 만나게 된다. 그는 플로렌스의 문화와 예술에 대한 러스킨의 강의에 깊은 인상을 받았다. 유미주의자 唯美主

義者의 잠재력이 개발되기 시작한 것은 월터 페이터 Walter Pater 와의 만남에서 비롯되었다. 오스카는 월터 페이터의 제자이자 추종자가 되었다.

옥스퍼드 첫해에 그는 옥스퍼드 대학의 프리메이슨 아폴로 지부 Apollo Lodge 에서 메이슨 회원으로 '입문'했다. 그리고 그는 독특한 문양의 에이프런을 걸치는 프리메이슨 의상을 즐겨 입고 다녔다. 나중에 미국의 강연 여행에서도 벨벳과 실크로 된 독특한 의상을 입고 다녔다. 그는 옥스퍼드 시절을 그의 인생에서 '꽃다운 시절 most flower-like time'이라고 회상했다.

오스카 와일드가 어린 시절을 보냈던 집

오스카 와일드가 어린 시절을 보냈던 곳을 찾아 아일랜드로 향했다. 그는 더블린 태생이다. 더블린을 가로지르는 강은 바로 리피 Lify 강인데, 그 강을 건너 남쪽으로 난 대로가 바로 그라프턴 Grafton 스트릿이다.(17장 참조) 이 길을 따라 한참 가다 보면 그가 공부했던 트리니티 칼리지가 나온다.

트리니티 칼리지에서 조금 남쪽으로 내려가면 매리언 스퀘어 Marion Square 가 나온다. 이 거리를 걷다 보면 그가 살았던 시절로 돌아간 듯한 착각에 빠질 정도로 그다지 변한 것이 없어 보인다. 그곳은 트리니티 칼리지에 가까워서 그런지 꽤나 아카데믹하고 지적인 분위기가 물씬 풍기는 그런 분위기를 자아내고 있다.

그가 어린 시절을 보냈던 집은 매리언 스퀘어 네거리의 큰길 모퉁이에 자리 잡고 있다. 그 거리 대부분의 집들이 그렇듯이 붉은 벽돌집으로 예전에는 제법 운치가 있었을 법한 그런 곳이었는데, 지금은 오스카 와일드 기념관으로 개조되었다. 이곳은 그의 아버지가 의사로서 개업을 하고 있었던 곳이기도 하다. 그의 집 맞은편에 있는 공원 안에는 오스카 와일드의 대리석 전신상이 있다. 잔디밭에 비스듬히 누워있는 형상으로 천연색

◀ 더블린 기념관 앞 오스카 와일드 와상

161

대리석으로 만들어졌다.

런던 체류와 그의 시련

오스카 와일드는 1879년 옥스퍼드를 떠나 런던으로 왔다. 그가 정착한 곳은 런던 남서 지역인 사우스 켄싱턴의 첼시^{Chelsea} 구역에 있는 타이트^{Tite} 스트릿이었다. 이 거리 34번지에는 와일드를 기념하는 푸른 동판이 붙어 있는데 "오스카 와일드, 재사才士이자 드라마티스트, 여기에서 살았음^{Wit and dramatist lived here}"이라고 쓰여 있다.

이 거리는 주로 지성인들이 살던 조용한 동네인데, 그의 이웃에도 저명한 의사와 음악가들이 살았다. 거리 여기저기에 유명인사가 살았다는 파란 푯말들이 붙어 있다. 와일드가 살았던 집은 지금도 사람들이 살고 있어서 들어갈 볼 수는 없었다. 그는 여기서 옥스퍼드 대학 때부터 친구였던 프랑크 마일스^{Frank Miles}와 함께 살았다. (그는 화가로 영국에서 가장 권위 있는 미술상인 터너 상^{Turner prize}을 받았다.)

1877년 런던의 한 갤러리 오프닝에 와일드는 자신이 디자인한 첼로 모양의 코트를 입고 가서 센세이션을 일으켰다. 이 화랑에서는 현대 —당시로서는— 미술뿐만 아니라, 특히 미국 태생 제임스 휘슬러^{James McNeill Whistler}의 인상주의 기법의 회화가 전시되었다. 이 전시회에 대한 평론을 기고한 것이 와일드의 첫 번째 비평이었다. 한 가지 재미있는 사실은 와일드가 룸메이트 마일스를 통해서 그가 평론에서 찬사를 보냈던 휘슬러를 소개받았는데, 알고 보니 휘슬러는 한때 동네 이웃으로 같은 거리에 살았다는 것이다. (휘슬러의 그림 중에 〈어머니의 초상〉은 영화 〈Mr. Bean〉의 소재로도 사용되어 우리에게도 친숙하다. 이 그림은 파리의 오르세 미술관에 소장되어 있다. [파리 편 참조])

와일드가 런던에서 자주 가던 식당 중에 케트너^{Kettner's} 레스토랑이 있다. 이 식당은 1867년에 문을 연 아주 오래된 식당인데, 소호 지역에서 남쪽으로 내려가면 만나게 되는 로밀리^{Romilly} 스트릿 29번지에 있다.(프롬나드 8 참조)

재사才士로서의 화법

오스카 와일드는 촌철살인 같은 그만의 특유한 화법으로 그의 인생 전환점에 대해서 이렇게 말했다.

> 내 인생에서 '두 번의 큰 전환점two great turning-points'이 있었는데, 그 첫째는 '아버지가 나를 옥스퍼드에 보낸 일'이었고, 그 다음은 '사회가 나를 감옥으로 보낸 일'이었다.when my father sent me to Oxford, and when the society sent me to prison

그는 또 세속적 비극에 대해서 이렇게 말했다.

> 세상에는 비극이 두 가지 있다. 하나는 원하는 것을 손에 넣지 못하는 것이고, 다른 하나는 그것을 손에 넣는 것이다.In this world there are only two tragedies. One is not getting what one wants, and the other is getting it

이 같은 문장들을 접할 때 내가 경이롭게 느끼는 것은 문장이 기가 막힐 정도로 잘 다듬어져 있다는 점이다. 아마도 그가 오랜 시간을 두고 공들인 것이 아닌가 추측하다가 이내 그 문장들을 단숨에 써내려갔으리라는 결론에 도달하게 되었다. 그 이유로 다음의 사례가 적절할 것이다.

1881년 12월 27살이었던 와일드는 뉴욕으로 향했다. 그의 언행과 탐미주의적 의상은 기자들의 집중적 관심을 끌기에 충분했다. 그는 뉴욕 항에서 세관신고를 하면서 다음과 같이 말했다고 한다.

> 나는 내 재능 이외에는 신고할 것이 없다.I have nothing to 'declare' but my genius

이런 촌철살인의 언변은 심사숙고해서 나올 수 있는 말이 아니기 때문이다.

트라팔가 광장 근처의 와일드 와상臥像

오스카 와일드 기념상이 최근 트라팔가 광장 근처에 세워졌다는 소식을 듣기는 했는데 2004년에 갔을 때는 찾지 못했다. 광장 주변에 있으려니 하고 트라팔가 광장만 돌아다녔는데 찾을 수가 없었다. 그 근처에서 몇 사람한테 물어보기도 했으나 아는 사람이 없었다.

2005년에 다시 갔을 때는 그 주변을 꼼꼼히 챙겨 보았다. 나는 차링 크로스 역 앞을 지나면서 오른편으로 세인트 마틴 인더 필즈를 바라보다가 그 옆쪽에 한 석상이 있는 것을 우연히 발견했다. 바로 그것이었다. 바로 성 마틴 교회 바로 뒤편 길인 애들레이드Adeleide 스트릿에 오스카 와일드는 조용히 누워 있었다.

그는 마치 관에 누워있으면서 얼굴만 들고 있는 형상으로 나를 맞았다. 그의 얼굴은 영국 사회와 사법부가 내린 단죄로 인해 겪은 고통 탓인지 찡그린 표정이었다. 그는 런던에서도 번잡하기로 유명한 차링 크로스 역 앞을 무표정하게 지나는 수많은 사람들을 괴롭게 응시하고 있었다.

검은 녹색 대리석으로 만들어진 와상에는 '오스카 와일드와의 대화 Conversation with Oscar Wilde'라는 제목이 붙어 있다. 이 조각상을 만든 조각가는 과연 오스카 와일드와 어떤 대화를 머릿속에 그리면서 이것을 만들었을까?

▼ 트라팔가 근처의 와상

그리고 이 누워 있는 와일드 옆을 지나는 수많은 사람들에게 와일드는 무슨 말을 하고 싶은 것일까?

그에게 치욕과 고통을 안겨준 런던 사회와 시민들에게 정작 할 말은 많았을 것이다. 그러나 정작 지금은 많은 행인들이 그 옆을 그저 무표정하게 지나가거나 어떤 사람은 자전거를 세워놓고 쉬거나 심지어는 그의 배를 깔고 앉아서 담배를 피우고 있다. 그는 어쩌면 자신이 누구 배를 깔고 앉았는지도 모를 것이다.

그에게 재판과 수형이라는 혹독한 시련을 안겨준 런던은 그가 세상을 떠난 지 거의 한 세기가 지나서야 그의 와상을 중심부 트라팔가에 세움으로써 비로소 그를 사면한 것이 아닌가 하는 생각이 들었다. 오스카 와일드는 오늘도 그의 고뇌에 관심조차 없는 사람들에게 무언의 메시지를 던지고 있는 듯하다.

알 자 스   호 텔   찾 기

오스카 와일드는 런던에서 동성애로 체포되어 재판을 받은 후 수형생활을 하면서 강제노역에 시달렸다. 2년 동안의 형을 마치고 나온 와일드는 몸과 마음이 지칠 대로 지쳤고 정신세계는 피폐했다. 그는 자신을 파멸시킨 런던을 떠나 이태리를 거쳐 파리에 정착한다. 그의 파리 생활은 잘 알려져 있지는 않으나 힘든 생활이었을 것이다. 정신은 황폐했고 경제적으로도 극히 쪼들리는 생활이었다. 파리의 이방인으로 지내던 그는 지친 몸과 마음을 겨우 추스르며 이렇게 말했다고 한다.

아름다운 육체를 위해서는 쾌락이 있지만, 아름다운 영혼을 위해서는 고통이 있다.

▲ 알자스 호텔 정문의 와일드 얼굴상

▲ 오스카 와일드의 마지막 거처, 알자스 호텔

오스카 와일드가 아니면 하기 어려운 명언이다.

그는 파리로 와서 2년을 넘기지 못하고 생을 마감한다. 그가 머물다가 마지막으로 눈을 감은 곳이 보자르 Beaux Arts 가의 허름한 알자스 Alsace 호텔이라고 알려졌는데, 그 호텔이 정확히 파리 어느 곳에 있는지를 알 수 없었다. 나는 파리의 페르라세즈에 있는 와일드의 무덤에 갔을 때 묘비에 새겨진 그의 짤막한 내력을 읽어보다가 비로소 그 위치를 찾을 수 있었다. (파리 편, 묘지산책 참조)

그 묘비명에는 1900년 11월 30일에 알자스 호텔 Hotel D'Alsace 에서 세상을 떠났다고 기록되어 있다. 그리고 그곳의 주소가 '13 rue des Beaux Arts' 라고 새겨져 있다. 그러고 보니 그동안 그 근처를 여러 번 다녔는데도 못 보

▲ 와일드 무덤의 조각상

고 지나쳤던 것이다. 알자스 호텔은 이름이 바뀌어 지금은 그냥 'L'Hotel'이라는 간판을 쓰고 있다. 그러니 호텔 이름을 검색해도 나올 리가 없었다.

카르티에 라땡에서 가자면 보나파르트^{Banaparte} 가를 따라 내려오다가 에꼴 데 보자르^{Ecole des Beaux Arts} 맞은편으로 꼬부라지면 좁은 보자르 거리가 나오는데 중간쯤 오른편에 있다. 정문 바로 옆에는 그의 작은 두상^{頭像}이 청동으로 제작되어 붙어 있어서 그와의 인연을 말해준다.

또한 위쪽에는 네모난 평판에 오스카 와일드가 마지막에 살다가 죽은 곳이라는 표지판이 붙어 있다. 시간 여유가 있는 방랑자들은 웬만하면 그 1층에 있는 바에 들어가서 오스카 와일드가 평소에 즐겼다는 화이트와인 한 잔을 마셔도 좋을 듯하다. 그의 마지막 비극적 인생을 되돌아보면서……

영화 속의 오스카 와일드

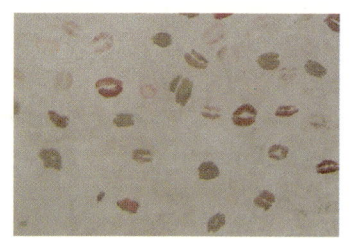
▲ 조각상의 키스자국

오스카 와일드의 일생을 다룬 영화 중에 비교적 최근인 1988년에 제작된 영화 〈Wilde〉가 있다. 이 영화에서 스티븐 프라이 Stephen Fry가 오스카 역을 맡았고 동성애 상대역 알프레드 더글러스 경 Lord Alfred Douglas을 주드 로 Jude Law가 맡아서 호연을 보여준다.

이 영화에서 와일드는 정상적인 가족애와 금기시 되었던 동성애 사이에서 갈등하고 번민하는 모습을 보여준다. 한 가지 인상적인 장면은 그가 아이들에게 자신이 직접 쓴 동화 〈자기만 아는 거인 The Selfish Giant〉을 읽어주는 대목이다. 아마도 와일드는 그 자신을 바로 자기만 아는 거인으로 여기며 이 동화를 쓴 것일지도 모른다는 생각이 문득 든다. 영화 후반부에는 체포와 구금, 그리고 감옥에서의 힘든 노역이 그의 정신과 육체를 어떻게 황폐화시켰는가를 묘사하고 있다. (그는 나중에 《데 프로푼디스 De Profundis》—옥중기 獄中記—에서 이 같은 심경을 고백하고 있다.)

그의 동성애에 대한 재판과 사회적 단죄는 사회심리학적 관점에서 다시 해석해 볼 수 있다. 1890년대 초반은 영국의 지배계급이 동요하던 시기였다. 와일드가 첫 시집을 출간한 1881년부터 동성애 혐의로 투옥되던 1895년까지 런던의 문화계는 이 옥스퍼드 출신의 무법자(?) 때문에 당혹감을 감추지 못했다. 무릎에 걸친 반바지, 실크 스타킹, 기발한 모자, 단춧구멍에 꽂은 꽃······. 빅토리아 사회는 그의 댄디즘과 '모든 예술은 부도덕하다'는 탐미주의적 데카당스를 받아들일 수 없었다.

그들은 와일드의 말과 행동에서 '체제에 대한 위협'을 보았을 것이다. 하지만 와일드의 '예술을 위한 예술'은 점차 사회주의적 관심으로 옮겨갔고 "자선은 부도덕할 뿐만 아니라 불공평하다"고 특유의 독설을 내뱉기 시작했다. 그는 빅토리아 사회의 인내를 시험하기에 이른다.

1893년, 그는 마침내 동성애 혐의로 기소된다. 사회의 계급적 토대와 성적 규범에 도전한 한 인간에 대한 심판이 시작된 것이다. 그러나 그의 '성적 일탈'은 시대에 맞섰던 예술혼과 자유정신에도 불구하고 오늘날까지 일그러진 한 예술가의 초상으로 간주되기도 한다. 그의 감옥행과 그 정신적인 황폐함을 보면서 문득 우리나라의 한 소설가가 떠올랐다. 탐미주의적 일탈과 성적인 편집증에 대한 사회의 심판은 시대를 초월해 반복되는 것이 아닌가 하는 생각을 지울 수 없다.

프롬나드 14

국립 초상화 미술관에서
케인스 부부 초상화 찾아보기

트라팔가 광장에서 내셔널 갤러리를 오른쪽으로 끼고 세인트 마틴 레인으로 들어서면 바로 왼편에 흥미로운 미술관이 하나 눈에 들어오는데 그곳은 바로 초상화 미술관 National Portrait Gallery이다. 이곳에서는 웬만한 유명 인사들의 초상을 찾아볼 수 있다. 여기에서 눈길을 끄는 작품들이 여럿 있지만 그중에서 가장 인상적인 작품으로는 윌리엄 피트 William Pitt의 대리석 흉상과 경제학자 케인즈 부부의 초상, 그리고 밀턴 Milton의 초상화를 꼽고 싶다.

윌리엄 피트의 대리석상을 보면 그의 총명함과 명석함을 한눈에 알 수 있다. (프롬나드 15 참조) 그리고 밀턴 John Milton의 초상화를 보면 자태가 여성처럼 곱다고밖에 표현할 길이 없다. 그 밑에 쓰인 설명을 읽어 보니 과연 대학시절 그의 별명이 "Lady of Christ's Col"이었다고 한다. 즉 크라이스트 칼리지의 레이디라는 뜻이다. 요샛말로 하면 얼짱이었나 보다. 그러나 얼굴만큼 그의 인생이 아름답지는 않았다. 첫째 부인과는 불화로 헤어졌으며 지극히 사랑했던 둘째 부인은 요절했다. 설상가상 1652년경에는 실명까지 하게 된다. 그의 기구한 인생역정은 1667년에 내놓은 《실낙원 Paradise Lost》에 녹아 있다. (24장 참조)

그 외에도 시가를 피우는 처칠의 초상이 있고, 헤론 Patrick Heron이 그린 엘리엇 T. S. Elliot의 인상적인 초상도 있다. 사진을 여러 장 겹쳐서 인물의 모습을 표현한 사무엘 베게트의 초상은 아주 독특하다. 또한 조각가 헨리 무어 Henry Moore, 파올로찌 Sir Eduardo Paolozzi 초상도 찾아볼 수 있다.

170 런던 느리게 걷기

▲ 케인스 부부 초상

현대 방에는 유명한 영화배우들의 초상이 즐비하다. 감독 스필버그를 비롯해서, 마이클 케인, 폴 메카트니, 벤 킹슬리, 알렉 기네스, 마를렌 디트리히, 캐서린 헵번 등…… 알 만한 이름은 다 있다.

경제학자 존 메이나드 케인스의 초상은 다른 초상들과는 달리 부인과 함께 있는 모습을 그린 것이다. 그것은 케인스를 이해하는 데 아내의 존재를 빼놓고는 얘기하기 어렵다는 사실을 반증하는 것인지도 모른다.

케인스가 부인 리디아 로포코바Lydia Lopokova와 다정히 앉아 있는 초상인데, 그것도 담배를 피우고 있는 모습을 그린 것이다. 경제학자와 발레리나와의 사랑. 전통과 관습을 중시하는 학문의 전당 케임브리지에서는 그 만남 자체만으로도 논란거리가 되었다. 그러나 두 사람이 주위의 시선과 반대에도 아랑곳없이 결혼함으로써 엄청난 센세이션을

▲ 미소년 존밀턴의 초상

불러일으켰다. 그는 버지니아 울프, 포스터 EM Foster 등과 블룸스베리 그룹을 이끌었고 저명 학술지 《Economic Journal》의 편집장을 역임했으며, IMF 창설에 주도적인 역할을 했다. 또한 1차 대전 이후 전후 대對독일 배상문제를 협의하는 영국대표단의 일원이기도 했으며 영국의 국립 예술위원회 초대회장을 역임했다. 부인 리디아는 러시아의 발레리나로서 1919년 런던에 데뷔했다. 케인스는 그녀를 공연에서 만나 1925년에 결혼했다.

케인스는 좋은 가문에서 태어났다. 아버지는 저명한 학자였고 어머니는 일찍이 대학교육을 받고 시장을 역임했다. 그가 죽은 후 웨스트민스터에서 장례식을 거행할 때 양친은 모두 살아서 참석했다고 하니 케인스는 부모 먼저 앞서간 불효자식이었을까?!

15 | 처칠과 시가, 그리고 유머가 중요한
네 가지 이유

신은 인간을 지적인 존재로 만들었고, 그에 대한 위로로 웃음을 주었다.

— 마르셀 빠뇰 Marcel Pagnol

 2차 대전 당시 런던 중심부 정부청사 지하에 마련되었던 전시내각실은 전쟁 당시의 상황을 잘 보여주고 있어서 전쟁을 경험하지 않은 젊은 세대들에게 좋은 학습체험장이 되고 있다. 2004년까지도 이 전시내각실은 공중에게 무료로 개방되었는데 2005년에 다시 가보니 입장료를 무려 10.50파운드를 받고 있었다. 공짜면 다시 한 번 들어갈 생각이었는데 입장료를 본 순간 그 생각을 접었다. 자세히 보니 간판을 새로 달았다. 거기에는 선명한 글씨로 윈스턴 처칠 뮤지엄—전시내각실 Winston Churchill Museum—War Cabinet Rooms 이라고 쓰여 있었다. 아마도 처칠 기념관으로 개조하면서 입장료를 받기 시작한 모양이다.

 전시내각실 안에는 흥미로운 자료와 방들이 있다. 내각 회의를 열던 회의실, 처칠 부부가 썼던 침실, 그리고 여러 가지 2차 대전 자료들을 전시하고 있는데 그중에서 특별히 흥미를 끄는 자료가 눈에 띈다.

 그것은 1939~41년 사이, 독일과의 전쟁이 한창일 때 전시내각에서 지출

▲ 전시 내각실 동판

한 항목들이었는데 그중 '와인, 주류 및 시가'에 대한 지출액 통계가 내 눈길을 사로잡았다. 재미있는 것은 1939년 10월부터 1940년 3월까지 이들 항목에 대한 지출액이 183파운드이었다가 1년 후인 1940년 10월부터 1941년 3월까지의 지출액이 거의 2.5배에 가까운 421파운드로 늘어났다는 점이다. 왜 이렇게 갑자기 와인과 시가 소비가 급증한 것일까? 전시체제하에서 오히려 소비수준을 억제해야 될 판에 이처럼 불급한 소비항목이 늘어난 이유가 무엇일까? 답은 아주 간단하다. 그것은 전시내각을 주도한 처칠 수상의 와인과 시가에 대한 각별한 취향 때문이었을 것이다.

처칠의 시가에 대한 지출액 추정

처칠은 시가cigar 끽연喫煙에 얼마나 지출했을까?

처칠의 시가에 대한 애착은 잘 알려진 대로 대단했다. 시가에 관련된 자료를 찾아보니 처칠은 평소 하루에 보통 15~16개 정도 피웠다고 한다. 그의 이름을 딴 시가가 있을 정도다. 그가 즐겨 피운 시가는 더블 코로나급이다. (규격으로 보면 56×7 1/2정도, 여기서 56이란 반지의 지름 크기처럼 시가의 두께를 표시하는데 64가 1인치를 나타낸다. 56정도면 가장 두꺼운 시가 등급이다. 그리고 7 1/2은 길이를 표시하는데 7.5인치 정도면 가장 긴 등급이다.)

여기서 처칠이 시가에 소비한 금액을 한번 추산해 보기로 하자. 최상품인 더블 코로나급의 시가는 지금도 개당 최소한 15파운드가 넘는다. 그는 아마도 아바나산이나 도미니카산 고급 시가를 피웠을 것이다. 그런데 그는 20cm가 넘는 이 비싼 시가를 절반 이상 피우지 않았다고 한다. (시가를 절반 이상 피우게 되면 깊고 은은한 풍미가 점차 떨어진다.)

그렇다면 처칠이 하루 평균 소비한 시가 비용은 거의 200~250파운드에 이른다. 그렇다면 한 달 지출액은 (대량구매로 할인혜택을 받는다고 가정해도)

174 런던 느리게 걷기

6,000파운드에 달한다. 1년이면 무려 7만 파운드 정도 된다는 계산이 나온다. 이 액수는 현재 영국의 화이트칼라 직장인이 1년에 받는 평균 연봉의 2배가 넘는 금액이다.

그가 20세 정도부터 시가를 피우기 시작했다고 가정하면, 일생 동안 시가에 쓴 액수는 현재 가치로 300만 파운드가 넘는다. 실로 엄청난 금액을 연기로 날려 보낸 셈이다. 그만한 값어치가 있을 정도로 시가가 매력적인가? 시가를 좋아하는 나로서는 어느 정도 이해가 되기는 한다. 하긴 지그문트 프로이트는 말년에 그가 사랑한 시가 때문인지는 모르겠으나 구강암에 걸렸다고 하는데, 의사의 경고에도 불구하고 죽을 때까지 시가를 즐겨 피웠다고 하니 더 이상 덧붙일 말이 없다.

처칠과 유머

미국에서 한 10년 살아본 경험에 의하면 우리나라 사람들이 많은 장점을 가지고 있음에도 불구하고 제일 부족한 점은 바로 유머감각이라고 생각한다. 유머는 인간관계를 원활하게 해주는 윤활유이자 조미료다. 유머가 있음으로 세상 사는데 여유가 생기고 다른 사람에 대한 관용의 마음이 우러나온다.

서양에서는 유머가 일종의 생활필수품이다. 집 앞에서 가끔 마주치는 이웃이 미소와 함께 멋진 유머를 날리는 일을 자주 경험한다. 유학 시절, 어느 화창한 날 도서관으로 들어가다가 어떤 교수와 마주친 적이 있다. 그가 처음 보는 나에게 던진 한 마디는 지금도 잊지 못한다. 그가 씩 웃으며 이렇게 말했다. 내가 아침에 신에게 전화했지. 좋은 날씨 보내달라고…….

우리나라 졸업식에 가보면 축사는 대개 학식과 인품이 넉넉하신 훈장님들로부터 딱딱한 훈시조의 설교를 듣게 되는 것이 보통이다. 졸업식 자체가 너무 재미없어서 너도나도 식장을 빠져나와 기념사진 찍기 바쁘다. 그러나 미국의 대학 졸업식은 일종의 축제다. 학교의 엠블렘을 나타내는 색깔이 수

많은 풍선들, 환한 학생들의 열기와 장난. 예전에 뉴욕 컬럼비아 대학의 졸업식장에서 커다란 콘돔을 풍선으로 띄워놓은 걸 본 적도 있다. 그리고 연사로 초청받은 유명인사들도 딱딱한 훈시를 하기보다는 우선 멋있는 유머로 식장을 한바탕 웃기고 시작하는 것이 보통이다. 이들의 스피치 매너라고 할 수 있다.

반면 영국인의 유머는 우리가 볼 때 약간 썰렁한 편이다. 〈네 번의 결혼식과 한 번의 장례식〉이나 〈Mr. Bean〉 또는 게이 커플에 대한 오해와 사랑을 그린 〈Love and the Other Disasters〉 같은 영국 영화들을 보면 그들의 유머감각이 좀 생뚱맞게 느껴지기도 한다. 그러나 한참 후에 곰곰이 생각해 볼수록 그때의 상황이나 대화가 다시 떠올라 뒤늦게 미소 짓는 일이 종종 있다.

처칠의 유머 감각은 유명하다. 처칠의 전기를 보면 그가 하원 건물 밖 공중화장실에서 노동당 당수를 만났을 때의 이야기가 나온다.

> 때는 2차 세계대전 직후. 자본 국유화國有化와 노동조합 결성을 통해 노동자와 일반대중의 유토피아를 건설하겠다는 사회주의 노동당의 공약에도 불구하고 경제는 날로 악화일로를 걷고 있었다. 노동당 당수가 화장실에 먼저 들어와서 볼일을 보고 있었다. 잠시 후 처칠이 들어와서는 그 노동당 당수를 보자마자 멀찌감치 떨어져 섰다. "오늘따라 뭐 켕기는 게 있소. 왜 그리 멀리 가는 거요?" 하고 노동당 당수가 물었다. 처칠이 대꾸했다. "보호본능이오" 라고. 그리고 이렇게 덧붙였다. "당신은 뭐든지 큰 것만 봤다 하면 국유화시키려 들지 않소!"

또 하나의 에피소드가 있다.

> 의회 회기 중 처칠은 점심시간에 반주를 거나하게 마신 후 오후 회의에

들어갔다. 처칠의 정책을 맹렬하게 비난하던 야당 여성의원은 얼굴이 벌건 처칠을 보고는 그의 무책임과 무절제함을 공격했다. 그는 그녀의 말을 받아 이렇게 말했다. "그렇소, 술은 한 잔 했지요. 그러나 내일이면 내 얼굴은 다시 멀쩡해질 것이오. 하지만 당신 얼굴은 지금이나 내일이나 변함이 없을 거요." 더욱 화가 치민 여성 의원은 "내가 만약 당신의 부인이었다면 당신이 아침에 마시는 커피에 독약을 넣을 거요"라고 쏘아붙였다. 그러자 처칠은 껄껄 웃으며 "만약 당신이 나의 부인이라면 나는 기꺼이 그 잔을 마실 거외다"라고 응수했다.

결혼을 앞둔 여성에게 告함:
유머감각이 중요한 네 가지 이유

요즘은 회사 면접시험에서도 유머를 잘 구사하는 지원자가 그렇지 못한 지원자보다 훨씬 높은 점수를 얻고 있다는 조사가 나온 적이 있다. 그만큼 이제는 우리나라에서도 유머가 인간관계에서 중요한 요소로 간주되고 있다. 결혼할 때 사람들이 결혼시장에서 중요하게 고려하는 몇 가지 요소를 보자. 특히 여자들이 남자후보를 점수 매길 때는 대개 경제력, 직업, 가족배경, 성격, 외모 등…… 이런 순서로 매기는 것이 보통일 것이다. 물론 개인 간 편차는 있지만.

그러나 나는 이런 여러 요소들보다도 특히 여성들에게는 유머를 모르는 사람하고는 절대 결혼하지 말라고 충고하고 싶다. 그렇다면 왜 다른 중요한 요소들보다 유머 센스를 먼저 고려해야 하는가? 그 이유를 생각해 보자.

유머를 잘 구사하는 사람을 택해야 하는 이유 네 가지!

우선 유머를 구사하는 사람은 머리가 좋다.

일반적으로 머리 나쁜 사람은 유머감각이 부족하다. 왜냐하면 유머는 직접적인 표현보다는 간접적인 표현이나 묘사가 훨씬 중요하다. 또한 듣는 이들의 상상력을 자극해야 한다. 또한 유머가 웃음을 유발하려면 아주 적절한 타이밍에 구사해야 한다. 그 타이밍을 놓치면 같은 말이라도 썰렁해질 수 있다. 절묘한 타이밍에 적절하고 함축적인 언어의 구사로 사람들의 주의를 집중시키고 웃음을 유발하는 능력은 고도의 지능에서 나온다. 많은 사람들이 유머에 관한 책을 읽고 그 내용을 외우려고 한다. 그러나 실제로 좌중에서 써먹으려 하면 잘 안 된다고 푸념하는 사람들을 가끔 보게 된다. 그 이유는 유머의 구사가 '순간의 미학'을 필요로 하기 때문이다.

두 번째로 유머를 구사하는 사람은 마음의 여유가 있는 사람이다.

여유가 없으면 유머가 잘 나오지 않는다. 그리고 더 중요한 사실은 유머가 필요할 때는 모두 즐겁고 유쾌한 때라기보다는 분위기가 처지거나 가라앉았을 때라는 점이다. 이때야말로 한마디의 적절한 유머가 분위기를 일신시키고 많은 이들에게 웃음과 에너지를 준다. 이것이 유머의 힘이다. 우리나라의 오성과 한음의 이야기가 오랫동안 인구에 회자하는 이유는 바로 이러한 점이 잘 드러나 있기 때문이다. 누구나 짜증나고 힘들 때는 불평하고 남을 비난하기 쉽다. 대부분의 보통 사람들이 다 그렇다. 그럴 때 남을 비난하기보다는 그 허물을 감싸주는 한 마디의 유머는 가뭄 속에 내리는 단비와 같은 것이다.

어떤 코미디언의 부인이 남편이 애지중지하는 그리스에서 산 골동품 도자기를 깨뜨렸다고 한다. 그 순간 이 코미디언은 화를 내기는커녕 이렇게 말했다고 한다. "아, 이제 우리가 그리스 한 번 더 가 볼 일이 생겼네." 이것

처칠 부인 침실

이 유머를 구사하는 사람의 순발력이고 여유다.

세 번째 이유, 유머를 구사하는 사람은 자신감 self-confidence이 있다.

우리는 보통 감추고 싶은 약점을 다른 사람이 놀릴 때 화를 낸다. 이것이 보통 사람들의 감정 표출이다. 작은 키가 콤플렉스인 사람에게 키 작다고 놀리면 대부분 화를 내기 마련이다. 자존심 강한 사람일수록 그러한 약점에 대한 공격을 못 참기 때문에 화를 낸다고 해석하기도 한다. 그러나 이것은 잘못된 해석이다. 왜냐하면 자신감이 강한 사람이란 자신의 약점에 대해서도 자신감을 가지고 있는 사람이기 때문이다. 자신감은 자신에 대한 믿음과 신뢰에서 나온다. 그렇기 때문에 자신의 약점을 있는 그대로 받아들인다. 그러므로 다른 사람이 그 약점을 놀릴 때에도 그것을 웃으며 받아넘길 줄 안다. 인간은 누구나 장점과 단점이 있기 마련이다. 자신에게 약점이 있다면 분명 다른 사람이 갖지 못한 장점 또한 가지고 있다는 믿음이 유머를 구사하게 만드는 힘이다.

네 번째는 예리한 관찰력이다.

다른 사람이나 사물에 대한 자신만의 독특한 관찰력을 가진 사람은 유머의 소재도 잘 찾아낸다. 그런 사람은 다른 사람의 특징을 잘 잡아내며 흉내도 잘 낸다. 자신만의 특별한 관찰력은 날카로우면서도 위트가 넘치는 촌철살인의 조크를 던질 수 있는 토양이 된다.

자, 그러면 이와 같은 품성을 가진 사람이야말로 가장 좋은 배필감이 아니겠는가. 처칠이야말로 이 네 가지 덕목을 잘 갖추고 있는 인물이라고 생각된다.

시가 스모커가 된 장녀(?)에게
어필할 수 있는 세 가지 이유

시가 애연가는 여자들에게 어느 정도 매력적으로 보일 만한 몇 가지 이유가 있다고 생각된다. 그 첫 번째는 우선 돈에 연관된다. 생각해 보라. 웬만큼 좋은 시가 한 대는 25,000원 이상이다. 시가 한 대를 태우면 담배 한 보루(?) 값이 날아간다. 즉, 경제적 여유가 없는 사람은 절대로 시가를 피우기 어렵다. 둘째로 돈이 많아도 시간이 없는 사람들은 시가 애호가가 되기 어렵다. 왜냐하면 시가는 시간 집약적 time intensive 소비재이기 때문이다. 보통 시가 한 개를 피우는 데 보통 1시간 이상 걸린다고 봐야 하는데 바쁜 사람들은 엄두를 내기 어렵다. 경제적 여유뿐만 아니라 시간적 여유도 필요하다는 얘기다. 세 번째로는 취미나 기호에 대한 안목이 있어야 한다는 점이다. 시가 애호가들은 보통 와인이나 커피와 같은 기호품에 대해서도 나름대로 격조 있는 취향을 보이는 사람들이 많다.

이런 세 가지의 이유만으로도 젊은 여자들에게 특히 된장녀들에게는 어필할 구석이 상당히 있지 않은가 말이다. 다만 시가 애호가 중에 페미니스트는 찾기 어려울 것이다. 오히려 '마초' 타입이 많을 것이다. 여자들은 이

점을 잘 고려해야 한다. 또 한 가지 진정한 시가 애호가는 담배를 거의 피우지 않는다. (나의 오랜 기간 관찰로 미루어 볼 때) 또한 시가를 피울 때 연기를 들이마시지 않기 때문에 시가 끽연가들은 보통의 흡연가들에 비해서는 폐암으로 죽을 확률이 좀 적을 것이다. 배우자가 뭔가(?)를 많이 남기고 좀 일찍 떠나주기를 바라는 된장녀들이 있다면 이 점이 좀 아쉬울 수도 있다. 골초 윈스턴 처칠은 90세 이상 장수했으니 말이다.

◀ 상황실의 타자기와 샴페인

프롬나드 15

영국 정치사의 기린아, 윌리엄 피트의 집

　국립 초상화 미술관에 있는 윌리엄 피트William Pitt의 대리석상을 보면 한눈에 그의 총명함과 명석함을 느낄 수 있다.(프롬나드 14 참조) 그에 관해서는 막연히 영국의 수상을 지냈던 사람으로만 알고 있었는데 대리석상을 보고 나니 관심이 부쩍 생겼다.

　마침 그가 런던에서 살았던 집을 베이커 가에 있는 셜록 홈즈 뮤지엄에 갔다가 우연히 찾게 되었다. 홈즈 뮤지엄에서 오른쪽으로 나와 큰길을 건너서 남쪽으로 한 100m쯤 오면 왼편으로 베이커 가 120번지에 빅토리아풍 건물이 있는데 그 2층에 파란 명패가 보인다. 바로 그 집이다.

　사실 홈즈 뮤지엄이 있는 베이커 스트릿의 북쪽 편은 한적한 길이지만 내려오다가 메릴본Marilybon 스트릿을 지나게 되면 갑자기 거리가 번화해진다. 윌리엄 피트가 살았던 집 근처에는 맥도날드와 커피 전문점 코스타 등이 있으며 지나다니는 사람도 부쩍 많아진다. 이 120번지 건물의 1층에는 체인 레스토랑인 프레아망제Pre A Manger가 자리 잡고 있다.

　건물 명패에 쓰인 피트라는 이름이 눈에 띄자 처음에는 머릿속에 영화배우 브래드 피트의 이름이 먼저 떠올랐다. 하긴 보통 사람이 피트라는 이름에 윌리엄 피트를 먼저 떠올리는 사람은 거의 없을 것이다. 얼

▲ 피트가 살던 집의 푸른 명패

마 전에 유행하던 세대 차이를 풍자하는 유머가 하나 있지 않은가 말이다. 레오나르도하면 떠오르는 이름이 다빈치라고 하는 사람은 구세대이고 디카프리오라고 하는 사람은 신세대라고 하지 않던가? 하긴 요새는 〈다빈치 코드〉가 소설뿐만 아니라 영화로도 나와서 레오나르도에 다빈치라는 이름을 붙여도 이전보다는 구세대 취급을 받지는 않을 것 같다.

그의 아버지 역시 각료를 지냈던 명문가의 집안에서 영재 교육을 받으며 성장했다. 그의 집에 붙은 명패는 그가 1803~04년에 걸쳐 살았다는 사실을 보여준다. 그는 1759년에 태어나서 1823년까지 살았는데, 1783년부터 1801년까지 무려 18년 동안 수상을 지냈으며 그는 또 다시 1804년부터 약 2년간 수상을 재임했으니 정치적 수완이나 역량 탁월했으리라 미루어 짐작할 수 있다.

그런데 한 가지 재미있는 것은 그가 재임 시절에 '임시방편 temporary measures'으로 소득세 income tax를 도입했다는 사실이다. 미봉책으로 도입되었던 소득세는 그 후 지금까지 계속되어 모든 나라에서 국민으로부터 걷어 들이는 가장 중요한 세원이 되었다니 참으로 아이러니컬하다.

이곳은 수상직에서 물러나와 있을 때 잠시

▲ 윌리엄 피트 흉상

살았던 곳으로 다시 수상으로 재임되면서 이곳을 떠났을 것이다. 더욱이 그가 처음 수상에 취임했을 때 나이가 약관 24세였으니 그의 탁월한 능력을 가늠해보기조차 어렵다. 그의 이런 진기록은 영국 정치사에서도 전무후무한 것으로 앞으로도 절대로 깨지기 어려운 기록으로 남을 것이다.

16 | 블룸스베리에는 블룸스데이가 없다

블룸스베리^{Bloomsbury} 지역은 우리나라로 치면 강남 개발되기 이전의 혜화동쯤—예전 서울대 문리과대학이 있던 대학로 근처—이라고 상상하면 적절하다. 블룸스베리는 러셀 스퀘어에 인접한 지역으로서 지적인 냄새가 물씬 풍기며 고서점들이 가끔씩 눈에 띄는 동네다. 즉, 블룸스베리 지역은 런던의 대학촌이다. 그렇다고 학구적이거나 젊음의 거리답게 술집도 많고 뭐 그럴 것이라고 상상하면서 이 지역에 오면 실망하기 십상이다. 기대와는 달리 우중충하고 을씨년스럽고 약간은 황량하기조차 하다. 그런 점에서 파리의 대학가인 까르띠에 라땡^{Cartier Latin} 지구와는 아주 대조적이다.

여기에 있는 '유니버시티 칼리지' 캠퍼스조차도 파리의 소르본 근처의 왁자지껄한 분위기와는 전혀 다르다. 그렇다고 미국의 아이비리그 대학 캠퍼스에서 볼 수 있는 활기도 찾아보기 힘들다. 굳이 말하자면, 블룸스베리 지역은 런던의 '조용한 라땡' 지역이라고 할 수 있다. 학생들이 갈 만한 식당이나 바 같은 곳도 여기서는 보기 드물다.

블룸스베리 지역을 걷다 보면 흥미로운 사실 하나를 발견하게 된다. 이 지역에 맥도날드나 KFC 같은 패스트푸드 체인점이 없다는 것이다. 게다가 세계 어느 곳이나 젊은이들이 있는 곳이라면 어디든 존재하는 스타벅스도 거의 눈에 띄지 않는다. 여기서 조금 떨어진 브리티시 뮤지엄 근처에나 가야 겨우 그 낯익은 초록색의 스타벅스 간판을 만날 수 있다. 그 이유는 무엇일까?

이 지역에서는 미국의 다국적기업인 패스트푸드점이나 커피 체인점이 허가되지 않는 것일까? 아니면 스타벅스 본사에서 이 지역에서는 이익을 낼 수 없다고 판단한 것인가? 그 점은 잘 알 수 없지만, 이 지역이 런던의 대표적인 지성의 거리인 만큼 아마도 패스트푸드 체인점들이 들어오면 거리가 복잡해지고 지저분해질 가능성은 충분히 있을 것이다. 블룸스베리도 런던대학 캠퍼스들이 들어서 있는 대학의 거리인 만큼 이러한 요소들이 고려된 것인지도 모르겠다.

(예전에 미국의 프린스턴 대학은 대학 앞에 기차역이 생기지 않도록 하기 위해서 철도가 대학 근처를 지나지 않고 우회하도록 만들었다고 한다. 그래서 프린스턴 대학에 가려면 프린스턴 정션^{Junction}에서 내려 다시 차를 타고 들어가야만 한다. 그러면 대학 근처가 역 앞의 지저분한 환경에 노출되지 않으므로 대학은 수도원 같은 분위기를 유지할 수 있다.)

이 지역에 있는 베드포드^{Bedford} 스퀘어에는 영국의 유명인물들이 살았음을 표시하는 푸른색 명패를 단 집들이 제법 많다. 그런데 자세히 살펴보면 파리에서의 경험과는 달리 여기서는 우리가 아는 이름이 거의 없다는 것이 유감이다. 그만큼 파리에 세계적인 예술가나 문인들이 많이 살았다는 증거가 아니겠는가. 이 지역에 살았던 유명한 문인이 "런던에 싫증이 나면 인생에 실증이 난 것이다"라는 말을 남겼다는데, 이것이야말로 가장 영국적인 오만함을 드러내놓고 표현한 것이 아닌가 하는 생각이 든다. 적어도 이방인에게는······.

셰익스피어 대 제임스 조이스

영미문학에서 셰익스피어와 제임스 조이스와의 관계는 성경에 비유해볼 수 있다. 즉 셰익스피어가 구약이라면, 신약은 마땅히 제임스 조이스일 것이다. 음악으로 비유하지면 셰익스피어가 바흐라면, 조이스는 베토벤일 것이다.

그런데 이상하게도 런던에서는 소위 현대 영미문학의 절정이자 최고봉이라고 일컬어지는 제임스 조이스의 흔적을 전혀 찾아볼 수 없다. 왜 그런가? 베토벤의 음악을 그의 고국 독일이 아닌 오스트리아의 비엔나에서는 들을 수 없다면 얼마나 이상한 일인가. 조이스가 영국에서 태어나지 않고 아일랜드 출생이라서 푸대접하는 것인가? 영어로 쓰인 최고의 소설,《율리시즈》를 쓴 작가가 런던에서 잊힌 사람쯤으로 여겨지는 것을 선뜻 납득할 수 없다.

조이스의《율리시즈》는 주인공 블룸이 더블린에서 하루 동안에 일어난 일들을 소재로 하여 의식의 흐름이라는 기법으로 풀어낸 것이다. 그날이 6월 16일인데, 조이스의 신봉자들은 이 날을 블룸스데이 Bloomsday 로 정하여 기념하고 있다.

그러나 런던 어디에도 제임스 조이스를 기념하는 그 흔한 동상 하나 없다. 지성의 대명사인 불룸스베리 거리에서조차도 제임스 조이스의 흔적을 찾을 수가 없었다. 불룸스데이에 특별한 행사를 한다는 말도 들어본 적이 없다. 블룸스데이가 블룸스베리에 없다니. No Bloomsday in Bloomsbury! 좀 이상하지 않은가?

반면 아일랜드의 더블린은 진정 제임스 조이스의 도시다. 모차르트의 고향 잘츠부르크만큼은 안 될지라도……. 곳곳에서 우리는 조이스의 흔적을 만난다. 블룸스데이에는 수많은 조이스 팬들이 더블린에 몰려들어 곳곳에서 기념 퍼레이드를 벌인다. 특히 소설 속에 묘사된 더블린의 여러 장소를 돌아다니며 기념행사를 갖는다.(아마 잘츠부르크에서 모차르트의 생일인 1월 26일이나 그가 사망한 12월 6일에 벌이는 추모행사와 비슷할 것이다.)

▲ 블룸스베리의 책방

《율리시즈》는 영어로 쓰였지만 정작 영국에서는 물론 미국에서도 출판이 금지되었다. 1922년 파리에서 처음 출판된 이후에도 영국에서는 오랫동안 출간이 금지되었다. 《율리시즈》는 관습의 벽과 사고의 유연성에 있어서 파리와 런던 간에 이토록 큰 간격이 있다는 것을 보여주는 사례가 아닐까?

1934년 미국에서는 《율리시즈》 판금이 해제되었다. 그 후 나온 고급판에는 아주 귀중한 삽화가 들어있다. 그것은 야수파의 대가 마티스 Henri Matisse가 그린 6개 에피소드에 관한 삽화 illustrations들이다. 그런데 재미있는 사실은 마티스는 호머의 《일리아드》에서 영감을 얻어서 그 삽화를 그렸다고 하는데 정작 《율리시즈》는 읽어보지 않았다고…….

한편 파리는 조이스가 《율리시즈》를 출간할 수 있는 풍토를 조성해 주었

▲ 《율리시즈》를 처음 출간한 실비아 비치 서점이 있던 자리(파리 오데옹 가)

다. 그래서 그런지 파리에는 그의 흔적이 남아 있다. 당시 실비아 비치^{Sylvia Beach}가 운영했던 '셰익스피어 컴퍼니'는 《율리시즈》를 세상에 내놓았고, 오데옹 가^{rue de L'Odeon} 12번지에 자그맣게 붙어 있는 기념 팻말에서 그 흔적을 찾아볼 수 있다. (파리 편 참조)

조이스에게 파리는 '인간이 만든 마지막 도시^{the last of human cities}'였다. 그만큼 그는 파리를 사랑했다. 그가 런던에서 대접을 못 받은 이유는 아마도 그가 파리를 너무 사랑한 탓이 아닌가 하는 생각조차 든다. 1940년 독일군이 파리에 진주하자 그는 스위스로 망명하면서 파리를 떠났다.

더블린의 제임스 조이스

제임스 조이스를 더 잘 이해하기 위해서는 그의 고향인 더블린을 찾아가 보지 않을 수 없었다. 오스카 와일드, 버나드 쇼의 생가도 방문해 볼 겸……. 더블린에 도착하여 우선 시내에 있는 '제임스 조이스 센터'를 찾아갔다. 여기에는 1922년에 출간된《율리시즈》초판본이 전시되어 있다. 겉표지에는 아무런 장식이나 그림 없이 초록색 바탕에 제목과 저자 그리고 발행처 주소와 발행 연도만이 있을 뿐이다.

조이스 기념관 2층에는 고장난 시계가 하나 있다. 재미있게도 그 시계는 4시 30분에 정지된 채로 있다. 이것은《율리시즈》의 한 구절을 재현해 놓은 것이다.《율리시즈》13장에는 이런 구절이 나온다.

Funny my watch stopped at half past four. 이상하네, 내 시계가 4시 반에 멈춰있다니.

더블린에서《율리시즈》의 무대가 되었던 장소들에는 기념 동판이 붙여진 것을 볼 수 있다. 그중 눈에 띄는 것은 시내 중심부 번화한 거리인 그라프턴 Grafton 스트릿 입구 바닥에 있는 동판이다. 더블린을 가로지르는 리피 강의 남북을 연결하는 다리 중에 가장 중심가에 있는 것이 오코넬 O'Cornell 브리지다. 이 다리 북쪽으로 오코넬 대로가 뻗어 있고 이 거리를 따라 계속 가면 작가 뮤지엄 Writers Museum 이 나온다. 이 다리 남쪽으로 뻗어있는 번화가가 그라프턴 거리다. 이 거리를 따라 남쪽으로 내려오면 유서 깊은 트리니티 대학과 오스카 와일드 기념관이 나온다.

《율리시즈》8장에는 주인공 블룸이 오코넬 다리를 건너 웨스트모어랜드 Westmoreland 가를 지나 그라프턴 거

▲ 율리시즈 초판본

리를 따라 남쪽으로 박물관까지 걸어가는 장면이 나온다. 이 그라프턴 거리 입구 길바닥에는 이를 기념하는 동판이 있는데 —《율리시즈》에 나오는 그라프턴 스트릿 2번지에 있었던 'Yeats & Son'을 기념하는 것이다— 수많은 사람들이 밟고 다니는 바람에 반짝반짝 빛난다.

작가 뮤지엄

더블린 중심에 있는 오코넬 다리를 건너 북쪽으로 올라가다 파넬^{Parnell} 스퀘어에 이르면 왼쪽 편으로 작가 뮤지엄^{Writer's Museum}이 보인다. 여기에 들어가면 아일랜드가 얼마나 다양한 작가들을 풍성하게 배출해냈는지 알게 된다. 제임스 조이스를 비롯해서, 오스카 와일드, 사무엘 베케트, 조지 버나드 쇼, 윌리엄 예이츠,《걸리버 여행기》를 쓴 조너선 스위프트 등…… 기라

▼ 더블린의 율리시즈 기념 거리 동판

성 같은 작가들이 줄을 잇고 있다.

작가 뮤지엄에는 블랙쇼^{Basil Blackshaw}가 1962년에 그린 조이스 초상이 있는데, 조이스의 특징을 잘 묘사하고 있는 것 같다. 하지만 그의 초상화 중 1996년 브리스나크^{Brian Breathnach}가 그린 〈제임스 조이스 : 회고^{James Joyce : Retrospect}〉가 가장 유명할 것이다.

이 작가 뮤지엄에서 반드시 들러보아야 할 곳은 전시실보다도 오히려 그 안에 있는 카페다. 카페 벽면 전체를 메뉴판으로 이용하고 있는 것이 무척 재미있다. 메뉴판이 한 '챕터'로 장식되어 있고 메뉴판 글자도 무지 크다. 작가 뮤지엄 안에 있는 카페답다고나 할까……. 카페 이름도 "Chapter House Cafe"이고, 밖에 있는 레스토랑의 이름은 "Chapter One"이다. 그리고 카페 옆에 있는 책방의 이름은 "Volumes"이다.

이곳 서점에서 몇 가지 기념품을 사가지고 나오는데 점원이 잘 가라고 인사를 하는데 처음에는 아이리쉬 엑센트 때문에 금방 못 알아들었는데 한 발짝 걸음을 옮기다가 그 인사말의 의미를 알아챘다. 그 말은 "All the Best!"였다. 참으로 듣기 좋은 인사말이다. 게다가 작가 뮤지엄에서 받는 인사로도 참 괜찮은 말이다. 얼마나 문학적인가…….

◀ 조이스 기념관에 전시된 '4시 반에 멈춘 시계'

더블린에서 발견하는 재미있는 사실

여기서 Men's Room이라고 쓰여 있는 곳에 이방인이 볼일(?)을 보러 들어갔다간 낭패를 보기 십상이다. 왜냐하면 이 말은 화장실이 아니라 이발소를 가리키기 때문이다. 또 한 가지 사실은 길거리 표지판이나 안내판에 대개 아일랜드 방언과 영어로 공동 표기해 놓았는데, 거리를 다니면서 자세히 관찰한 바에 의하면 오직 아일랜드어로만 표기하는 것이 있었다. 그것은 경찰을 뜻하는 'GARDA'라는 말이다. 처음에는 이 말이 무슨 뜻인지도 몰랐지만, 이 말은 'police'와는 절대로 함께 쓰이지 않고 있었다. 이상한 일이다.

또 제임스 조이스 센터가 있는 언덕에서 내려오면 중국식당들이 쭉 일렬로 자리 잡고 있다. 그 앞쪽 왼편으로는 한식당도 두 곳이나 있었다. 그중 한 곳 '아리랑' 식당은 놀랍게도 중국인이 경영하고 있었다. 그리고 또 다른 식당 '한양'에는 벽에 훈민정음을 크게 확대해서 장식해 놓았다.

더블린의 날씨는 런던보다도 훨씬 더 나쁘다. 하루에도 몇 차례씩이나 비가 온다. 작가 박물관에서 나오다 비를 만난 나는 오코넬 다리를 건너 왼편에 있는 바로 몸을 옮겼다. 창밖으로 우산을 쓰거나 비를 맞으며 걷는 더블린 사람들을 물끄러미 바라보았다. 조이스가 묘사하려 했던 "더블린 사람들 Dubliners"이 바로 이 사람들인가 하는 생각에 잠겼다.

프롬나드 *16*

버나드 쇼 기념관의 명패와
그의 보헤미안 아나키스트 어머니

조지 버나드 쇼^{George Bernard Shaw}는 자주 대영박물관에 있는 도서관을 방문했다고 한다. 그가 마르크스의 《자본론》과 바그너의 악보 〈트리스탄과 이졸데〉를 읽는 모습이 눈에 띄었다고 하는데 직접 보지 않아서 알 수는 없지만 말이다. 그래서 그런지 그의 흉상은 대영박물관 안의 1층 도서관 입구에서 찾아 볼 수 있다.

하여튼 그의 예술비평에 관한 글은 촌철살인의 정곡을 찌르는 묘미를 보여준다. 특히 그의 묘비명은 지금도 자주 회자되고 있는 명문이다.

우물쭈물 하다가 내 이렇게 될 줄 알았지. I knew if I stayed around long enough, something like this would happen.

얼마나 멋진 말인가!

조지 버나드 쇼는 아일랜드의 더블린에서 태어났다. 그의 흔적을 돌아보기 위해서라도 더블린 방문은 내게 중요했다. 그뿐만 아니라 더블린에는 오스카 와일드, 제임스 조이스 등의 발자취도 남아 있으며 〈메시아〉의 초연 장소를 찾아보기 위해서라도 꼭 가야만 했다. 그의 생가는 더블린 시내에서 남쪽으로 좀 떨어져 있다. 정확한 위치는 싱^{Synge} 스트릿 33번지다. 이곳은 쇼가 태어나서 자란 집으로 어린 시절의 흔적이 고스란히 남아 있다. 지금은 그의 기념관이 되었는데 정문 옆에는 기념패가 붙어 있다.

◀ 버나드 쇼 생가의 기념 명패

재미있는 사실은 그가 자신이 죽은 후 자기 집에 붙일 명패를 죽기 전에 직접 도안했다는 것이다. 죽기 1년 전 1949년 3월 26일에 그는 자신의 기념판을 직접 디자인하고 또한 절대로 금속을 쓰지 말고 대신 마블이나 플라스틱으로 만들 것을 당부했다고 한다.

입구로 들어가면 입장료를 내야 한다. 왼쪽 벽면에는 가족의 사진들이 붙어 있다. 또한 자신이 직접 쓴 가족에 대한 소개말도 쓰여 있다. 그는 자신의 어머니에 대해서 아주 풍자적으로 묘사하고 있는데, 그녀는 집안일에 그다지 신경을 쓴 것 같지는 않다. 그의 말을 직접 인용해 보자.

... neither mother nor a wife as bohemian anarchist with ladylike habits. 어머니는 숙녀다운 자태를 뽐내는 보헤미안적인 무정부주의자같이 행동하는 여성으로, 그야말로 어머니로서 또 아내로서는 꽝이었다.

어머니에 대한 유머러스하고 날카로운 묘사지만, 그것이 결코 어머니에 대한 애정과 거리가 먼 비난의 목소리로 들리지 않는 따뜻한 어법으로 묘사되어 있는 것이 재미있다. 집안일은 아마도 가정부가 주로 했던 것 같은데 당시 가정부의 임금이 연간 8파운드였다고 적어놓았다. 또한 이미니는 메조소프라노의 목소리를 가지고 있었으며 음악을

▲ 버나드 쇼 생가 거실

좋아했던 모양이다. 그는 이렇게 쓰고 있다.

Mother's salvation came through music. 어머니의 구원은 음악을 통해서 이루어졌다.

그에게는 두 여자 형제가 있었는데 큰 딸 루시 Lucy는 어머니의 소질을 물려받아 음악에 천부적인 재능을 보였고 특히 성악에 소질이 있었다고 한다. 후에 결혼해서 루시 카 Lucy Carr라는 이름으로 당시 런던에서 큰 인기를 얻고 있던 악극단 '길버트 앤 설리번 Gilbert & Sullivan'—뉴욕에서 5, 60년대 유행하던 '로저스 앤 해머스타인'의 뮤지컬과 비슷하다—의 작품에도 출연했다고 한다. 그가 "Yuppy"라는 애칭으로 불렀던 여동생

아그네스^Agnes는 21살 되던 해에 그만 일찍 세상을 떠났다.

여기서 이 기념관의 관리인 소개를 빼놓을 수 없다. 그녀의 이름은 그레이슨^(Ms. Angela Grayson) 부인이었는데 정말 대단히 친절한 여자였다. 내가 구석구석을—그가 쓰던 침실, 하녀의 방, 집 밖에 있는 화장실에 이르기 까지—살펴볼 수 있도록 친절하게 안내해 주었을 뿐만 아니라 마음대로 사진을 찍도록 해주었다. 그리고 버나드 쇼가 어렸을 적에 공부하던 책상 앞에서 내가 포즈를 취한 사진을 남길 수 있었던 것도 그녀가 직접 찍어준 덕분이었다.

17 | "이상한 한 쌍"
– 제임스 조이스와 올리버 고가티

20세기에 가장 유쾌한 희곡작가를 꼽는다면 나는 뉴욕 브룩클린 출생의 유태인 극작가 닐 사이먼 Neil Simon을 꼽고 싶다. 그의 수많은 작품 가운데에서도 변치 않는 사랑을 받는 작품은 단연 〈이상한 한 쌍 The Odd Couple〉일 것이다.

제임스 조이스는 닐 사이먼의 이 희곡처럼 자신과는 전혀 어울리지 않은 친구와 한동안 동거를 했다. 그는 어느 여름에 더블린 교외 샌디코브 Sandycove 해변가에 있는 '라운드 룸 The Round Rooms'이라고 불리는 타워를 빌려서 친구인 올리버 고가티 Oliver St. John Gogarty와 지냈다. 제임스 조이스와 올리버 고가티는 여러 모로 전혀 어울리지 않는 이상한 룸메이트였다. 조이스는 조금은 소심하고 사려 깊은 성격의 소유자였는데 반해서 고가트는 대범하고 다방면에 재주가 많은 호걸형의 남아였다.

마치 희곡 〈이상한 한 쌍〉에서 괄괄하고 대범한 오스카 Oscar와 소심하고 여성적인 펠릭스 Felix가 전혀 어울리지 않는 한 쌍으로 같이 살았듯이, 조이스와 고가트 두 사람 역시 서로 어울리지 않는 한 쌍이었으니 사건이 터지는 것은 시간문제였을 것이다. 조이스가 이처럼 어울리지 않는 동거를 하게 된 이유는 명시적으로 알려진 바는 없다. 아마도 그가 고가티 같은 천재적

▲ 라운드 타워 전경

이며 완벽한 인간형을 동경했을 것이다. 그런 연유인지 《율리시즈》 첫 장에는 올리버 고가티의 시를 인용하기도 했다. 그런 조이스를 고가티는 수시로 술을 먹여서 취하게 만들곤 했다.

 결국은 그 무렵에 제임스 조이스의 생애에서 빼놓기 어려운 해프닝이 하나 생겼는데, 그것은 1904년 9월 14일 일어난 사건이다. 이 타워에 이튼과 옥스퍼드를 나온 트렌치Trench라는 친구가 방문함으로써 셋이서—미국의 80년대에 유명했던 시트콤 제목처럼, "Three's Company"로—지내게 되었다. 트렌치는 출신학교에 걸맞은 언행을 구사하여 조이스에게는 대접을 받았지만, 자유분방하고 호걸형인 고가티와는 여러 면에서 맞지 않았다. 9월 14일 밤 트렌치가 악몽을 꾸고 소동을 일으키자 고가티는 조이스가 자고 있는 침대 위에다 총을 발사했다. 자다가 놀란 조이스는 새벽에 황망히 그 집에서 뛰쳐 나왔다. 고가티는 잘 맞지 않는 두 사람에게 겁을 주려고 총을 쏘았던 것이다. 조이스는 나중에 《율리시즈》에 이 에피소드를 담았는데 그 탈출 사건을 보다 점잖고 당당하게 나온 것으로 묘사했다. 결국 그 사건으로 두 사람의 이상한 동거는 끝나고 말았다.

샌디코브의 제임스 조이스 타워

조이스와 고가티가 한때 같이 살았던 '라운드 타워'는 지금은 제임스 조이스 기념관으로 꾸며놓았다. 이곳은 더블린에서 남쪽으로 기차로 30분쯤 가면 나오는 샌디코브 해변에 자리 잡고 있는 돌로 지은 둥근 타워다. 여기가 바로《율리시즈》첫 장의 무대가 되는 해변의 탑 마텔로Martello다. 여기에 등장하는 인물, 멀리건Buck Mulligan의 성격은 바로 고가티를 모델로 한 것이라고 생각된다.

1922년《율리시즈》를 처음 출간한 셰익스피어 컴퍼니의 실비아 비치는 1962년 6월 16일 블룸스데이(《율리시즈》는 주인공 멀리건이 6월 16일 하루 동안에 생긴 일들을 무의식의 흐름으로 기록한 소설인데, 조이스 추종자들은 6월 16일을 블룸스데이로 기념하고 있다.)를 맞아 개관한 더블린 교외에 있는 '제임스 조이스 타워' 개관식에 조이스의 자매들과 함께 참석했다. 이 기념관에 걸려 있는 사진은—파리 오데옹 가에 있던 셰익스피어 컴퍼니에서 1920년에 실비아 비치와 제임스 조이스가 함께 찍은—당시 조이스의 풍모를 잘 보여준다. 실비아 비치를 조이스에게 소개한 사람은 당시 문화계의 마당발(?)이었던 아드리안 모니에Adrienne Monnier였다고 한다. 그녀의 도움으로 결국《율리시즈》를 셰익스피어 컴퍼니에서 출간할 수 있게 된 것이다. 아드리엔 모니에는 당시 문화계 인물들의 만남의 장소였던 '라메종 데자미La Maison des Amis'의 주인이었다. (파리 편 참조)

이 기념관에 소장된 브라이언 버크Brian Burke가 그린 4부작 그림은 아주 인상적이다. 여기서 조이스가 기타를 매우 좋아했다는 새로운 사실을 알게 되었다. 그는 젊은 시절에 기타를 자주 연주했던 모양이다. 그가 기타를 들고 있는 사진은 신선하게 다가왔다.

아일랜드의 체 게바라—올리버 고가티

올리버 고가티, 그의 인물됨을 잠시 소개하기로 하자. 고가티는 우리에게는 잘 알려지지 않았지만 아일랜드에서는 조이스나 에이츠^{Yeats}보다도 더 많은 팬을 가지고 있는 '전설적인 인물'이다. 그에 대한 내 느낌을 한 마디로 요약하자면 "아일랜드의 체 게바라"라고 부르는 것이 가장 적절하다.

고가티는 다방면에서 탁월한 재주와 능력을 보여준 인물이다. 그는 천재에다가 괴짜였으며 한편으로

▲ 조이스의 기타

는 우국지사였다. 그가 얼마나 괴짜였는지를 보여주는 한 사건이 있다. 그는 술을 매우 좋아했는데 한번은 함께 술을 마시다가 취한 친구를 해부용 실습교재로 팔아먹었을 정도였다. 이쯤 되면 제임스 조이스가 그와는 정반대 타입인 고가티에 매료되어서 어울리지 않는 동거생활을 감수한 것도 이해가 된다. 한밤중의 총격사건으로 이상한 동거는 막을 내렸지만.

고가티는 글만 쓰는 서생이 아니라 행동하는 지식인이었다. 1916년 아일랜드 봉기와 독립전쟁에 참여한 자유의 투사로서 아일랜드 민주정부 수립에 기여했다. 그는 1922년 반대파 공화주의자들에 의해서 리피^{Liffey} 강둑에 있는 감옥에 투옥되었다. 그는 자신의 처형이 임박했음을 눈치채고는 화장실 창밖으로 뛰어내려 얼음처럼 차가운 리피 강을 헤엄쳐서 탈출한다. 강물 위로는 총알이 빗발처럼 쏟아지는 가운데……. 이러한 용기와 투지는 그의 체력적인 강인함에서 비롯되었다. 그는 탁월한 수영선수였고 실제로 리피 강에서 익사 직전의 사람들을 여럿 구하기도 했다. 뿐만 아니라 그는 아일랜드 최고기록을 가지고 있던 사이클링 선수이기도 했다.

그는 또한 의사였다. 그는 존경받던 의사인 부친을 따라서 이비인후과 외과 전문의가 되었다. 그는 대단히 솜씨 좋은 외과 의사였는데 수술과정에서도 갖가지 방식으로 사람들을 놀라게 하고 웃겼다고 한다. 그리고 영화로도 만들어져서 유명해진 아일랜드 영웅인 독립투사 마이클 콜린스$^{Michael\ Collins}$가 쫓기고 있을 때 그를 보호해준 인물이기도 하다. 실제로 콜린스가 잡혔을 때 그의 주머니에서 고가티의 집 열쇠가 발견되었다고 한다. (1996년에 제작된 동명^{同名}의 영화 〈마이클 콜린스〉에서는 리암 니슨이 주인공을 맡아서 열연한 바 있다.)

자, 이쯤 되면 아일랜드의 체 게바라라는 별명조차 부족하지 않을까?

더블린의 고가티 바

더블린에서 런던의 소호 같은 지역을 찾는다면 템플 바$^{Temple\ Bar}$로 가보아야 한다. 이 지역은 더블린 중심부 오코넬 다리에서 왼편으로 리피 강변을 따라 형성된 지역이다. 여름철에는 갖가지 축제가 열리기도 하는데 이 템플 바 중심에 고가티의 이름을 딴 술집이 있다. 옥호^{屋號}가 바로 'Oliver St. John Gogarty'이다. 이 술집은 꽤 유명하여 이른 저녁부터 사람들로 북적댄다. 특히 2004년부터 아일랜드에서는 모든 식당과 주점에서 흡연이 금지되었다. 우리나라 사람 이상으로 담배를 많이 피우는 더블리너^{dubliner}들이 술집 앞에 잔뜩 몰려 있다. 처음엔 술집에 무슨 일이 있나, 뭐 좋은 행사라든가 아니면 술집에서 싸움이 일어났나 생각했는데 알고 보니 이유는 단순했다. 끽연! 담배를 피우기 위해서다.

이 술집에서 가장 인상적인, 고가티가 가장 마음에 들었을 법한 장식을 발견했다. 그것은 술집 천장 한켠에 붙어 있는 다음과 같은 글귀였다. 이것은 분명 성경 구절을 패러디한 것으로……

Good luck, The Road may rise with you

▲ 고가티 바

라고 쓰여 있었다. (여기서 Road는 Lord와 바뀐 것이리라.)

고가티를 생각하며 이 술집을 찾는 이들은 반드시 천장에서 이 글귀를 찾아보라고 권하고 싶다. 예전 유학 시절에 한 친구가 술을 퍼마시고는 술집을 나와서 갑자기 엉금엉금 기었다. 나중에 왜 그랬냐고 물으니, 그 친구 왈, "갑자기 땅이 솟구칠 것 같아서 그랬다구." 고가티도 여기서 술을 마시고는 길바닥이 치솟아 기었던 적이 있었을까? 갑자기 궁금해진다.

고가티의 풍자 시

당시에는 영국에 대한 아일랜드의 독립운동이 거셀 때였다. 영국은 당시 식민지 등의 전쟁에 아일랜드 젊은이들을 징병하려고 했다. 고가티는 당연히 이러한 움직임에 반대했다. 그런데 징병되어 나갔던 군인들이 승리하고 돌아왔을 때 그는 신문에 시를 한 편 실었다. 그 시로 인해 신문은 날개 돋친 듯이 팔렸다고 한다. 그는 기발한 방법으로 그들의 개선을 풍자적으로 찬양하는 시를 썼다. 교묘하게 비꼬는 방식에는 기가 막힐 지경이다. 동시에 명료한 시어의 선택 그리고 잘 맞아 떨어지는 운율의 묘미 등을 금방 느낄 수 있다.

그의 시에서 촌철살인의 풍자를 음미해 보자. 그 시의 텍스트는 상당히 긴데 이렇게 시작된다.

> The Gallant Irish yeomen
> Home from the war has come
> Each victory gained o'er foeman,
> Why should our bards be dumb?
> How shall we sing their praises
> Or glory in their deed,
> Renowned their worth amazes,
> Empire their prowess needs.
> So to old Ireland's hearts and homes
> We welcome now our own brave boys
> In cot and hall; neath lordly domes
> Love's heroes share once more our joys.
> Love is the Lord of all just now,
> Be he the husband, lover, son,

Each dauntless soul recalls the vow
By which not fame, but love was won,
United now in fond embrace
Salute with joy each well-loved face.
Yeomen, in women's hearts you hold the place.

  놀랍도록 유려한 시다. 이 시를 읽고 고가트가 시니컬하게 비꼰 의미를 간파한다면, 즉, 그가 풍자적으로 상징하는 바를 알아챘다면 그의 천재성을 단박에 알아보는 눈을 가진 것이라고 해도 좋을 것이다. 독자들 스스로 한 번 알아맞혀 보는 것도 재미있는 지적 놀이가 될 것이다.

  그 답은 이렇다. 이 시의 첫 글자만을 따서 다시 써보는 것이다. 그러면…… "THE WHORES WILL BE BUSY"가 된다. 즉 '매춘부들은 바빠질 것이다'라는 뜻이 된다. 이는 당시 사회현실에 대한 올리버 고가티의 날카롭고 명쾌한 통찰력을 보여주며 동시에 그의 뛰어난 문학성을 보여주고 있다고 하겠다.

프롬나드 17

런던의 기괴한 집 세버스 하우스

런던의 동쪽, 커다란 철제 조형물이 상징인 리버풀Liverpool 역 근처에는 재미있지만 좀 황당한 집이 하나 있다. 리버풀 역에서 내려 북쪽으로 좀 가다 보면 작은 길인 플릿게이트Fleetgate 거리가 나온다. 플릿게이트 거리는 런더너에게도 그리 익숙한 이름은 아니지만 최근 뮤지컬계의 전설인 스티븐 손드하임Stephen Sondheim이 음악을 맡은 뮤지컬 〈스위니 토드Sweeney Todd〉의 무대가 되는 거리다. 이 뮤지컬은 판사의 음모로 아내와 딸을 빼앗긴 한 이발사의 잔혹한 복수를 담고 있다. 마치 몽테크리스토 백작의 이야기와 흡사하다. 이 작품은 영화 〈가위손〉 같은 독특한 영상미를 보여주는 팀 버튼 감독에 의해 영화화되기도 했다. 그와 환상의 짝궁인 조니 뎁이 주인공을 맡았다.

이 플릿게이트 18번지에는 참으로 묘한 집이 있다. 겉으로 보기에는 평범하지만 이 집의 내부는 기괴한 장식으로 되어 있어서 시간과 공간을 잊어버리게 만드는 장소다. 이곳은 원래 당대의 아티스트였던 세버가 그의 예술적 취향을 구현해놓은 집이다. 그래서 이 집은 예술가 세버의 집Artist Sever's House으로 불린다.

이 집은 낮에도 대문 옆에 횃불을 양쪽에 밝혀놓아서 입구부터 뭔가 심상치 않은 분위기를 느끼게 한다. 그는 예술적 상상력을 동원해서 집을 몽환적이고 기괴하게 꾸며놓고는 친구들을 불러서 파티를 하곤 했다. 지금은 이 집을 방문하는 사람들에게 그 예술적 환상세계를 체험할 수 있도록 만들어 놓았다. 사전 예약으로 비용을 지불하면 이곳

▲ 기괴한 집 세버스 하우스

　에서 파티도 열 수 있다고 한다. 이곳에 일단 들어가면 타임캡슐 속으로 들어간 것 같은 느낌을 갖게 되고 모두 시간과 공간, 사회적 관계에서 차단되며 그가 꾸며놓은 그림들의 프레임 속으로 들어가 버리게 된다. 즉, 그가 꿈꾸어왔던 그림 속의 상황으로 몰입하게 되는 경험을 맛볼 수 있다.

　그리고 한 가지! 이 집을 방문하기 위해서는 반드시 사전 예약을 해야 한다. 언젠가 동호인들을 모아서 이 집에서 파티를 해볼 기회가 생긴다면 얼마나 좋겠는가?!

18 | 런던에서 안 들르면 후회할
트루바더 커피하우스

런던에는 파리만큼 가볼 만한 카페나 바가 별로 없는 것이 사실이다. 그러나 런던에 잠깐 들르게 되거나 짧은 일정의 관광을 왔는데 영국적인 분위기가 물씬 나면서도 좀 낭만적이고 젊은 체취가 느껴지는 카페나 바를 꼭 한군데만 둘러보고 싶다면 서슴지 않고 꼭 추천하고픈 곳이 있다.

트루바더 커피하우스

이 커피하우스는 얼스코트Earls' Court와 웨스트 보밍턴West Bomington 중간쯤에 있다. 따라서 시내 중심부와는 상당히 떨어져 있기는 하다. 그래도 한 번쯤 둘러본다면 어렵게 시간을 쪼개서 온 것을 결코 후회하지는 않을 것이라고 단언한다.

트루바더 커피하우스Troubadour Coffee House를 찾는 일은 그리 어렵지 않다. 런던 서쪽 편에 가로로 길게 펼쳐진 길이 올드 보밍턴Old Bomington 거리다. 이 길을 따라 한참 가다 보면 왼편에 이 커피하우스가 있다. 윈도우에는 각종 차 끓이는 티팟이 전시되어 있으며 안에는 옛날 고가구, 고악기, 특히 현악기, 만돌린 등이 걸려있을 뿐만 아니라 옛날 농기구들이 벽과 천장에 주렁주렁 걸려 있다. 그리고 벽에는 과거 이 커피하우스의 역사와 전통을 말

▲ 트루바더 안 뜰

해주는 듯한 포스터와 그림들이 걸려 있고 그 안쪽으로 더 들어가면 뜻밖에 작고 아담한 정원이 나온다. 놀랍게도 실내의 우중충하고 약간은 퇴락한 분위기와는 전혀 달리 아주 환하고 쾌적한 뜰이다.

지하에 있는 화장실 문 옆에도 아주 재미있는 그림과 포스터들이 빼곡히 걸려 있다. 또한 2층에는 라이브 공연을 할 수 있는 무대도 있다. 실제로 밤늦은 시간에는 밴드의 공연을 볼 수 있다. 이 집에 대한 소개서를 보니 밥 딜런Bob Dylan이 런던에 왔을 때 이곳에서도 라이브 공연을 했다고 한다. 그 사실이 궁금해서 친절하고 상냥한 웨이트리스에게 물으니 자기는 일한 지 얼마 안 되어 과거의 역사는 잘 모르겠다고 하면서 쾌활하게 웃는다. 그녀의 환한 웃음에 갑자기 시원한 맥주가 마시고 싶어져서 그녀의 추천으로 체코 맥주인 부드바Budvar를 시켰다. (이것이 지금은 미국에서 가장 많이 팔리는

▲ 트루바더 내부의 포스터

맥주인 버드와이저Budweiser의 원조격이다.) 역시 뱃속이 시원해지도록 맥주 맛은 좋았다. 나오면서 팁으로 2파운드를 탁자 위에 놓았다. 그녀는 팁에 상응할 만큼 충분한 친절을 내게 베풀어 주었으므로.

런던의 먹자골목—워두어 거리

런던을 여행한 사람들은 누구나 알다시피 먹을 만한 음식이 별로 없고 갈 만한 식당 찾기도 어려운데다가 값은 화날 정도로 비싸다는 사실을 체험으로 알고 있을 것이다. 런던에서 비교적 다양한 음식점들이 있고 값이 상대적으로 괜찮은 동네를 꼽자면 워두어Wardour 스트릿이 있다. 말하자면 런던의 새로운 먹자골목이라고 할 수 있겠다.

소호 지역의 서쪽 편 거리는 새롭게 변모되는 지역이다. 이 지역의 중심이 워두어 스트릿으로 거리 왼편으로는 주로 사무실, 로프트 등이 많고 오른편으로는 식당, 바 등이 밀집해 있어 런던의 새로운 풍모를 볼 수 있다. 이곳 바들은 다른 전통 펍이나 테번과는 달리 새벽 2~3시까지 문 여는 곳이 많다. 새로 생긴 카페도 많고 퓨전식당도 꽤 있다. 일본식이나 타이식 퓨전식당인 '부사바Busaba'나 '이타이Eathai'에는 젊은이들이 입추에 여지없이 몰려들어 너도 나도 젓가락질을 하고 있어서 한 번쯤 가볼 만하다. 특히 주말에는 발 디딜 틈이 없다. 그런데 안타깝게도 그 앞에 있는 한국식당은 대조적으로 파리를 날리고 있었다.

이 거리와 소호구역을 연결하는 올드 콤턴Old Compton 스트릿은 런던에서 가장 파리의 카페 분위기가 나는 거리다. 런던의 다른 술집들과는 달리 대부

▲ 제목이 재미있는 식당 EAT.
▼ 마릴린 먼로가 보이는 화려한 카페테리아

분의 카페들이 밖으로 테이블을 내놓아서 많은 이들이 밖에 앉아 있다. 파리와 다른 점이 있다면—인도나 동남아시아에서 많이 볼 수 있는—릭샤라 불리는 인력자전거가 여기저기서 손님을 끌고 있다는 점이다. 그러나 이 주변만 벗어나면 여전히 전통 펍이 많고 런던 술집이 대개 그러하듯 옥외 테이블이 없는 관계로 사람들이 밖에서 서서 마시는 풍경이 지배적이다.

그런데 조용하고 좀 품격 있는 식사를 하고 싶다면 소호 남쪽에 있는 약간 한적한 길로 가서 오스카 와일드의 취향을 느껴볼 수 있는 케트너스 Kettner's 식당에 가보자. 코벤트가든 쪽에서 케임브리지 서커스를 지나 소호의 남쪽으로 난 길인 그릭Greek 스트릿에 접어들게 되면 와일드가 즐겨 갔다는 이 식당을 만나게 된다. 값이 아주 비싼 편은 아니나, 그래도 와일드가 즐겼다는 샴페인을 마시려면 적어도 35파운드 정도는 내야 한다.

런던 북부의 암흑식당: "어둠 속에서"

내가 런던을 떠난 후 최근 런던 시내 클러켄웰Clerkenwell—런던 시내 북쪽에 있으며 근처에 칼 마르크스 기념관이 있는 지역이다—에 '당 르 누아르Dans Le Noir'라는 식당이 문을 열었다고 한다. 이름 그대로 칠흑 같은 어둠 속에서 식사를 하는 곳이다. 이런 암흑 식당은 최근 서구 대도시에서 새로운 트렌드로 자리 잡고 있는데 도쿄와 파리에도 이런 식당이 문을 열었다. (최근 서울에도 암흑 식당이 생겼다고 한다.)

이 암흑 식당은 미각을 해방시켜 음식에 대한 색다른 체험을 하게 해준다. 고객은 자신이 무엇을 먹고 있는지, 어디에 앉아 있는지, 식당이 어떻게 생겼는지 모른다. 재미있는 사실은 시각장애인 웨이터가 손님을 테이블로 안내하고 음식을 서빙하며 화장실에도 데려다준다.

손님은 처음에 밝은 휴게실에서 기다린다. 손님들은 곧 6~8명씩 한 조가 되어 앞 사람 어깨에 손을 올려놓은 채 웨이터의 안내로 두터운 커튼을 젖히고 암흑 속으로 들어간다. 웨이터는 손님들을 각자의 의자로 데려다 앉힌다. 손님은 손짓으로 웨이터를 부를 수는 없지만, 이름을 불러 옆에 두고 물어볼 수 있다. 휴대폰 사용이나 흡연은 식당 내부의 암흑을 파괴할 수 있기 때문에 금지다.

"이곳에서의 만찬은 '감각의 향연'이며, 어둠이 당신의 다른 감각을 일깨운다는 사실을 알게 된다"고 선전하고 있다는데 언젠가 맛을 볼 기회가 있으리라.

프롬나드 18

런던에서 가장 유서 깊은 식당 '룰스'

런던에는 오래된 식당이나 펍이 많은데 그중에서도 가장 유서 깊은 곳을 꼽으라면 메이든 레인 Maiden Lane에 있는 '룰스 Rules'다. 메이든 레인은 중심가 코벤트가든에서 베드포드 가를 따라 스트랜드 큰길 쪽으로 10분 정도 가다 보면 만나가 되는 좁은 골목길이다.

메이든 레인은 아주 흥미로운 거리다. 이곳에는 현대적인 스타일과 고풍스런 전통이 공존한다. 거리 중간쯤에는 내부를 모던하게 완전히 개조한 젊은 취향의 펍이 최근 문을 열었다. 이름하여 F&S이다. 즉, Fire & Stone이라는 모던 바다. 이 거리 10번지에는 오래된 극장인 보드빌 씨어터 Vaudeville Theatre가 자리 잡고 있는데, 지금은 1층에 헝가리 문화원이 들어서 있다. 이 집은 특히 볼테르 Voltaire가 1727~1728년 런던에 체류할 때 묵었던 곳이기도 하다.

그런데 이 거리의 자랑거리는 뭐니뭐니해도 런던에서 가장 오래된 레스토랑 '룰스'다. 이 집은 나폴레옹이 이집트 원정을 나섰을 때인 1798년에 문을 열었을 만큼 역사와 전통을 자랑한다. 1998년에는 200주년 행사를 크게 열었다고 한다. 이 식당 정문 옆 창가에는 웨일즈 공 Prince of Wales이 즐겨 앉았다는 자리가 1층에 있다는 안내판이 붙어 있는데, 여기서 당대의 영화배우 릴리 로그트리 Lillie Laugtry와 함께 식사와 와인을 즐겼다고 소개하고 있다. 또한 공상과학소설의 대부인 웰스 H. G. Wells와 찰스 디킨스 같은 유명 예술인들도 이곳을 자주 애용했다.

▲ 런던에서 가장 오래된 식당 룰스 외관
▼ 룰스 맞은 편 볼테르가 체류했던 곳

이 식당은 파리로 치면 가장 오래된 카페인 프로코프Procope와 비견될 수 있을 것이다. 당시 프로코프에는 볼테르와 같은 저명 문인들이 커피를 마시곤 했다고 하는데, 볼테르가 런던에 왔을 때 묵었던 곳이 우연히도 이 룰스 바로 앞이었으니 이것 역시 인연이 아닌가 싶다.

19 | 애거서 크리스티의 집 찾아가기

대학 시절 여름방학 때 장맛비가 추적추적 내리는 날에 집에서 음악을 들으며 애거서 크리스티의 추리소설을 읽는 것만큼 느긋하고 기분 좋은 일은 없었다. 런던에서 베이커 스트릿이나 챠링 크로스 역^{홈즈가 전보를 자주 쳤던 중앙 역}에 가면 셜록 홈즈가 자연히 떠오른다. 또 런던 북쪽 킹스 크로스^{Kings Cross} 역에 가면 해리포터가 생각난다. 포터가 마법학교로 떠나던 플랫폼이 있기 때문이다. 사실 소설에 등장하는 9 3/4 플랫폼은 없지만 워낙 해리포터가 유명해서 한 구석에 이 플랫폼을 꾸며놓았을 정도다. (23장 참조) 애거서 크리스티^{Agatha Christie}의 경우는 딱히 생각나는 장소가 떠오르지 않는다. 단지 셰익스피어의 고향 스트랫포드^{Stratford}로 가기 위해서 패딩턴^{Paddington} 역에 갔을 때 크리스티의 소설 《패딩턴 발 4시 50분》이 생각났을 뿐이다.

런던에 머물면서 자연히 애거서 크리스티는 도대체 어디서 그 많은 소설을 썼을까 하는 궁금증을 떨칠 수가 없었다. 하여 그녀가 거처했던 집을 수소문하기 시작했다. 처음 그녀의 집을 찾아 나섰을 때만 해도 좀 막막했다. 집주소도 모른 채 막연히 런던 남쪽 사우스 켄싱턴^{South Kensington} 지역 어디쯤에 그녀가 살았다는 대략적 위치 정보만 가지고 나선 길이었다. 막상 사우스 켄싱턴 지역에 도착하니 갑자기 탁 막히는 느낌이 들었다.

217

크레스웰 플레이스 22번지

나는 애거서 크리스티가 창조해낸 탐정인 엘퀼 푸아로^{Hercule Poirot}처럼 사고해 보기로 했다. 푸아로의 뇌처럼 회색 세포가 잘 회전하도록 심호흡을 하면서 일단 이 지역에서 푸아로적인 추리에 기초하여 가장 조용하고 정원이 있음직한 동네를 찾아 나섰다. 정적이고도 지적인 고상함을 지녔던 그녀는 주변 환경이 정갈하고 꽃들도 피어 있는 아담한 동네를 선호했을 것이라는 추론에 이르렀기 때문이다.

이 지역에서 비교적 큰길인 올드 프레이튼 로드^{Old Prayton Road}를 따라 가다가 마주치는 길들 중에 유난히 정원^{Gardens}으로 끝나는 이름의 길들이 눈에 띄었다. 이런 길을 따라 몇 번의 시행착오 끝에 반원형의 길을 돌아 크레스웰 플레이스^{Cresswell Place}에 접어들었다. 아주 조용하고 고즈넉한 길이었는데 들어서는 순간 '그래 바로 이곳이다'라는 느낌이 확 들었다. 집집마다 창틀에 예쁜 꽃들이 장식되어 있었다. 애거서 크리스티의 집이 있어야 할 곳에 당연히 있다는 듯이 바로 이 길에 있었다. 그녀의 집은 크레스웰 플레이스 22번지였다! 생각보다 쉽게 찾아낸 것이다. 그녀의 집은 그렇게 조용하고 아늑한 곳에 자리 잡고 있었다.

세계 최장기 공연 연극 〈쥐덫〉

크리스티의 수많은 작품들 가운데 가장 유명한 걸작을 꼽으라면 아마도 기라성 같은 배우들이 출연한 영화로 만들어져 익히 잘 알려진 《오리엔트 특급 살인》이나 《나일 강에서의 죽음》일 것이다. 그러나 그녀의 작품 중 가장 오랫동안 공연되어 기네스북에 오른 작품은 바로 〈쥐덫^{Mousetrap}〉이다.

〈쥐덫〉은 1952년에 초연되어 현재까지 50년 이상 무대에 올려졌으며,

▲ 애거서 크리스티 집
▼ 〈쥐덫〉을 장기 공연하는 세인트마틴스 극장

2008년 기준으로 총 23,000회 이상 공연되었다. 이 공연이 언제까지 계속 될지는 아무도 모른다. 게다가 최장기 공연 이외에도 여러 기록을 보유하고 있다. 가령, 배우 데이비드 레이븐 David Raven 은 멧카프 소령 역으로 무려 4575회 공연하여 '최장수 배우 Most Durable Actor'의 칭호를 얻었다. 또한 2002년 11월 25일 50주년 기념으로 열린 갈라 공연은 엘리자베스 여왕이 직접 관람했다.

〈쥐덫〉이 공연되고 있는 런던의 '세인트 마틴 극장'은 트라팔가 광장과 소호 중간쯤에 있다. 트라팔가 광장에서 가려면 광장 오른편 뒷길인 세인트 마틴 레인을 따라서 가면 된다. 이 길을 가다가 보면 오른편에 콜리세움 Colyceum 이 나오는데, 이곳은 영국국립오페라 English National Opera 의 정기 공연 이 열리는 극장이다. 특히 매년 말에 왕실을 위한 버라이어티 쇼를 공연하 기로 유명하다. 이것은 그 해에 공연되어 히트를 친 뮤지컬이나 연극에서 중요 대목만을 뽑아서 공연하는 갈라 콘서트의 성격을 지닌다. (특히 2006년 갈라 쇼에는 무술을 소재로 만든 한국의 비언어 퍼포먼스도 한 대목 포함되었다.)

세인트 마틴 레인을 계속 따라 올라가다가 비교적 큰 사거리를 만나서 왼편으로 꼬부라지면 소호 지역으로 가는 길이 나온다. 이 길 바로 오른편 에 이 극장이 자리 잡고 있다. 이 극장에는 푸른 명패가 붙어 있는데, 바로 세계에서 가장 오래 공연하고 있는 작품을 무대에 올리는 극장임을 알리고 있다.

연극의 내용은 우리가 익히 알고 있는 것이기는 하다. 나는 번역판으로도 여러 번 읽었다. 70년대부터 우리나라에서도 심심찮게 공연되어 왔다. 그래 도 역시 본토에서 영어대사로 들으니 감회가 새로웠다.

극장 출입문과 가격차별

세인트 마틴 극장에 〈쥐덫〉을 보러 갔을 때 경험한 사실은 비싼 표를 산 사람들은 입구 정문에 있는 출입문으로 들어가는데 반해서 싼 표를 산 사람들은 정문 밖에 있는 외부 출입문으로 입장을 해야 한다는 것이었다. 이런 차별은 영국에서 겉으로는 잘 드러나지는 않지만 경제력에 의한 사회계층의 차이를 확연하게 보여주는 사례다. 나는 당연히(?) 바깥에 있는 옆문으로 들어갔다.

극장이 수입을 극대화하기 위해서 좌석에 따른 차등 가격을 매기는 것은 세계 어디서나 볼 수 있는 관행이다. 다른 사람들이 낸 가격보다 더 높은 가격을 '기꺼이 지불하게' 만드는 가격 차별 정책은 이처럼 좌석에 따라서 출입구를 차별화하는 방법이다.

세인트 마틴 극장은 바로 이런 전략을 확실하게 보여주고 있다. 비싼 좌석을 사면 입장이 더 편리한 입구로 들어가는 것이다. 마치 유람선에서 1등 선실과 3등 선실의 출입구가 다르듯이. (영화 〈Titanic〉에서도 그와 같은 차별을 볼 수 있다.) 이러한 출입구의 차별은 사회계층과 신분의 차이를 반영하는 것이기도 하다. 그렇다면 자신의 신분을 과시하고픈 사람들이 선택할 수 있는 좌석은 이미 결정되어 있다고 봐도 과언은 아니다.

세인트마틴 극장 옆 존 웨슬리 회당

극장에서 나와서 바로 오른편으로 꼬부라지는 작은 길을 따라 걷다 보면 오른편에 허름한 건물이 나오는데 푸른 명패가 하나 붙어 있다. 거기는 감리교^{Methodist}를 창시한 존 웨슬리^{John Wesley}가 설교를 했던 유서 깊은 곳이다. 웨슬리는 여기서 열렸던 집회에서 깊은 감화를 통하여 회심^{回心}하게 된다. 그리고 그는 감리교 종파를 창시했다.

웨스트엔드와 극장산업

웨스트엔드^{West End} 극장 산업에 대한 정보를 얻으려면 코벤트가든 뒤편에 있는 극장 뮤지엄^{Museum of Theatre}에 가보는 것이 가장 좋을 것이다. 이곳에 가면 런던의 공연예술에 관한 각종 정보와 자료, 사진 등을 한눈에 볼 수 있는데, 거기서 얻은 몇 가지 유용한 정보를 소개해 보겠다.

웨스트엔드는 영국 문화생활의 중심부이자 영국 경제에 지대한 공헌을 하고 있는 지역이다. 이 지역에는 전통 있는 극장들이 즐비하다. 지금은 없어진 세인트 제임스 St. James 극장이 있던 자리에는 오스카 와일드를 비롯한 많은 유명 문예 인사들의 조형물을 보존하고 있다. 이 극장에서는 와일드의 〈진짜 어니스트 되기 Importance of Being Earnest〉가 초연되기도 했다. 지금은 거의 모든 뮤지컬 작품들이 이곳 웨스트엔드에서 제작되어 뉴욕 브로드웨이를 필두로 하여 전 세계로 진출하고 있다. 그러나 사실 2차 대전 전만 하더라도 웨스트엔드 뮤지컬계가 뉴욕 브로드웨이보다 활기를 띠지 못했다.

그런데 1차 대전을 겪으면서 200만 명에 달하는 미군들이 유럽에 진출하면서 미국의 재즈가 밀려오기 시작했다. 1928년 조지 거쉰 George Gershwin 의 〈Lady, Be Good!〉은 미국 뮤지컬이 영국을 점령하는 데 있어서 첨병 역할을 했다. 또한 헐리우드 영화의 수입으로 웨스트엔드에도 아메리카화의 바람이 불어 닥쳤다. 1930년대 초반 런던에는 260여 개의 극장이 있었으며, 런던 인구의 1/3 정도가 매주 극장을 찾았다. 이렇게 많은 극장과 관객 수는 전후의 웨스트엔드 문화예술산업 발전의 토양이 되었다.

2007년 웨스트엔드 퀸스 극장 안에는 미국 브로드웨이 뮤지컬의 대부인 스티븐 손드하임 Steven Sondheim 의 이름을 딴 '손드하임' 극장이 개관되기도 했다. 웨스트엔드에서 지금까지 가장 상업적으로 성공한 뮤지컬은 〈오페라의 유령〉이다. 1986년 허 마제스티스 Her'Majestys 극장에서 초연한 이래 지금껏 전 세계적으로 공연되고 있다.

그러나 극장 뮤지엄 자료에 의하면 웨스트엔드에서 제작된 뮤지컬의 평균적 성공비율을 보면 30% 미만이다. 즉, 10개 뮤지컬 중에서 7개 정도는 손실을 보았으며 그중 2개 정도가 겨우 제작비를 건진 경우이며 성공한 작품은 10개 중 한 편 정도밖에 안 된다는 것이다. 사실 일반 관객은 뮤지컬

▲ 런던의 공연티켓 파는 곳
▼ 웨스트엔드의 역사를 말해주는 공연포스터

의 메카인 웨스트엔드에서 제작하면 대개 성공을 거두는 것으로 생각하기 쉽다. 그러나 이러한 통계는 일반인의 생각이 얼마나 잘못된 환상인가 그리고 뮤지컬계의 현실이 얼마나 냉혹한지를 보여준다. 수익을 내는 성공률은 10% 정도밖에 안 되는 것이다. (우리나라의 경우, 영화나 뮤지컬의 제작으로 이익을 내는 비율이 아마 이 정도보다도 더 낮을 것이다.)

2002년도에 웨스트엔드를 찾은 입장객의 수는 영국의 3대 관광지^{런던 아이,} ^{런던타워 그리고 에딘버러 축제}에 온 총 관객보다도 많았다. 총 1,200만 명이 입장했으며 티켓 판매액은 3억 파운드로 1998년보다 20% 이상 증가했다. 2007년도 자료에 의하면 판매액이 4억 7천만 파운드로 늘었고, 문화예술 연관 산업을 포함한 부가가치가 20억 파운드를 넘는 것으로 추산되고 있다.

웨스트엔드 극장산업에 종사하는 인원수는 약 5만 명 정도로 추산되는데 출연 배우들의 평균 수입은 다른 나라들의 경우와 마찬가지로 별로 높지 않다. 영국에서 극장 배우연합단체^{Actors' Association}가 창립된 것은 1891년이지만, 배우 노동조합^{Equity Actors' Union}은 1929년에야 비로소 설립되었다. 배우 노조의 활동은 최저생계비 이하로 생활하는 배우들의 복지에 도움이 되고 있다.

예전에 문화산업을 지원하기 위한 국가기관으로 음악 및 예술 진흥위원회^{Council for Encouragement of Music and Arts; CEME}가 있었는데, 1946년에 예술위원회^{Arts Council}로 개편되면서 문화산업을 적극 지원하는 체제로 바뀌었다. 놀랍게도 초대 회장은 경제학자 케인스^{John Keynes}였다. 이 위원회는 로얄 오페라하우스, 국립극장, 바비칸 센터에 있는 런던 심포니 오케스트라, 그리고 로얄 셰익스피어 컴퍼니 등을 중점 지원한다. 1995년부터는 복권 사업으로 재정을 충당하고 있으며 2003년까지 130억 파운드를 조달했다.

(참고로, 1995~2003년까지 소요된 총 프로젝트 비용의 추계를 보면, 로얄 오페라하우스^{2억 4,000만 파운드}, 잉글리쉬 국립 오페라^{4,100만}, 로얄 국립극장^{4,280만}, 로얄 앨버트 홀^{7,050만}, 셰익스피어 글로브^{1,830만} 등 총합계는 6억 4,800만 파운드에 달했다.)

웨 스 트 엔 드 와   브 로 드 웨 이

최근에 런던 시는 웨스트엔드 재개발 프로젝트[West End Redevelopment Project]라는 야심찬 계획을 발표했다. 2003년 "즉시 실행! 웨스트엔드 현대화[Action Now! : Modernizing the West End]"라는 슬로건 하에 이루어진 씨어터 트러스트 서베이에 따르면, 이 지역 극장가를 상업적으로 경쟁력 있는 산업으로 유지하기 위해서는 적어도 연간 2억 5천만 파운드의 투자가 향후 10~15년 동안 필요하다는 추계를 내놓았다.

이것은 뉴욕 브로드웨이를 반면교사로 하여 추진된 것이다. 뉴욕의 경우 브로드웨이가 위치한 타임스퀘어 부근을 완전히 재개발하여 새롭게 탈바꿈시킨 바 있다. 루돌프 쥴리아니 시장이 취임한 이후 범죄와 매춘 그리고 마약의 소굴처럼 여겨졌던 타임스퀘어 일대가 활력이 넘치는 극장가로 환골탈태한 것이다. 이처럼 런던의 웨스트엔드를 재개발하기 위해서는 뉴욕의 쥴리아니와 같은 '웨스트엔드 짜르[Czar]'가 필요하고, 그래야만 뉴욕의 '소탕작전[clean up]' 같은 강력한 드라이브정책을 추진할 수 있다는 것이다.

프롬나드 *19*

런던을 사랑한 미국작가
에즈라 파운드와 헨리 제임스의 집

　에즈라 파운드Ezra Pound와 헨리 제임스Henry James는 미국 작가들 중에서 아마도 가장 지성적인 문인에 속할 것이다. 에즈라 파운드는 신문학 운동의 중심이 되어 엘리엇과 제임스 조이스를 문단에 소개했으며, 헨리 제임스는 하버드 법학부에 다니다가 유럽을 동경하여 결국 런던에 정착했고 죽기 전에는 영국에 귀화했다.

　에즈라 파운드가 살던 집을 찾기 위해서는 런던 중심에서 북서쪽 베이스워터Bayswater 지역에 있는 아주 높은 고딕식 첨탑이 자랑거리인 세인트 메리 애봇 처치St. Mary Abbot Church를 먼저 찾아가야 한다. 높은 첨탑이 고색창연한 교회를 돌아서 왼편으로 올라가다 보면 홀랜드Holland 스트릿을 만난다. 이 길 왼쪽에 올드 처치 워크Old Church Walk라는 길이 나온다.

　이 홀랜드 스트릿 오른편에는 작지만 아주 영국적인 분위기가 물씬 풍기는 찻집이 하나 있다. 약간 쉴 생각이 있다면 꼭 이 찻집에 들러보길 바란다. 캔디 티룸Kandy Tea Room이라는 이름 그대로 찻집이다. 아담하고 여성 취향이 물씬 풍기는 집인데 그래서 그런지 손님들도 맵시 있게 차려입은 여성들이 많다.

◀ 캔디 찻집

▲ 에즈라 파운드의 집

특히 올드 처치 워크는 아주 좁은 길로 액세서리를 파는 조그만 가게들과 격조 있어 보이는 미용실들이 다닥다닥 붙어있어서 젊은 여성들이 좋아할 만하다. 이 길 끝에 아주 조용하고 아늑한 모퉁이 뜰이 나오는데, 올드 처치 워크 10번지다. 바로 에즈라 파운드가 시작詩作을 하던 집이다. 집안 서재에 앉아서 창밖으로 잘 가꾸어진 작은 뜰을 바라보고 있노라니 시상이 저절로 떠오를 것만 같았다.

헨리 제임스와
로버트 브라우닝의 집

에즈라 파운드가 살던 집에서 그리 멀지 않은 곳에 켄싱턴 가든 Kensington Garden이 있고 그 앞쪽으로 드비어 가든 de vere Garden이라는 큰 길이 있다. 이 길을 따라서 내려가다 보면 중간쯤에 34번지가 있는데, 바로 블룸스베리 서클의 일원이었던 헨리 제임스가 16년 동안이나 살았던 곳이다.

또 한 가지, 바로 그 맞은편 29번지에 주옥같이 아름다운 시를 많이 남긴 영국 작가 로버트 브라우닝 Robert Browning이 죽기 직전 2년간 살았던 집이 있다. 그 집 문에 붙어 있는 브라우닝을 기념하는 석판에는 그가 여기서 죽은 후 시신은 곧장 웨스트민스터 교회로 운구 되었다고 적혀 있다.

▲ 브라우닝 기념 명패

20 | 베이커 스트릿 221번지

221B Baker Street……. 런던의 이 지번^{地番}은 나에게는 지극히 각별하다. 아마도 셜록 홈즈의 팬들인 셜록키언^{Sherlockean}들에게 이 주소만큼 낯익고 반가운 주소는 없으리라. 어느 셜록키언이든지 런던을 방문할 기회가 된다면 제일 먼저 찾아가보고 싶은 곳이 바로 이곳일 테니 말이다. 나 역시 처음 런던을 방문했을 때 도착한 다음 날 아침 가장 먼저 한 일이 베이커 스트릿의 이 주소를 찾아간 일이다. 너무 일찍 찾아가서 1시간 가량을 그 앞에서 기다려야만 했다. 때마침 내리는 가랑비를 맞으며…….

이곳은 현재 셜록 홈즈 뮤지엄으로 사용되고 있다. 셜록 홈즈는 코난 도일이 1887년에 쓴 첫 작품으로 잡지 《스트랜드^{Strand}》에 연재되었던 《주홍색 연구》에 처음 등장한다. 이 작품에서 1881년 아프가니스탄에서 돌아온 왓슨 박사는 우연히 셜록 홈즈가 구해놓은 집에 룸메이트로 들어가게 되는데, 그 집 주소가 바로 베이커 스트리트 221B 번지다. 이 집 2층에 두 사람은 같이 살게 된다.

지금도 여전히 집 앞에는 당시의 제복을 입은 경찰이 근무를 하고 있다. 내가 다가가서 홈즈에게 사건을 의뢰하러 왔다고 하자, 지금 다른 사건을 조사하고 있어서 출타 중(?)이리고 친절하게 대답한다.

베이커 스트릿 역에 내리면 전철역 안 벽면이 파이프를 문 홈즈의 얼굴로 온통 도배된 것을 볼 수 있다. 또한 메릴본Marylbonne 거리 쪽 출입구로 나오면 실물보다 더 큰 홈즈의 동상이 서 있다. 조각가 도블데이John Dobleday가 만든 동상 앞에는 '명탐정The Great Detective'이라고 쓰여 있는데, 1999년 홈즈 탄생 150주년을 맞아 런던의 셜록 홈즈 협회Sherlock Holmes Society에서 제막했다. 그만큼 이 지역에서 홈즈의 위상은 절대적이다.

베이커 스트릿과 메릴본 스트릿이 만나는 교차로 남쪽 거리인 베이커 스트릿 사우스는 홈즈 박물관이 있는 베이커 스트릿 노스보다 훨씬 번화하다. 식당이나 커피 전문점들도 많다. 조금 걸어 내려오면 깨끗하게 꾸며진 셜록 홈즈 호텔이 있다. 이 거리에는 존 레논도 살았고 영국에서 최연소 수상을 지낸 윌리엄 피트William Pitt도 살았다. (프롬나드 15, 22 참조)

홈즈 뮤지엄에 2004년 여름에 왔을 때만 해도 없었던, 런던 명소를 표시하는 푸른 동판이 2005년에 와보니 걸려 있다. 거기에는 'Consulting Detective 1881~1904'라고 새겨져 있다. 재미있는 것은 셜록 홈즈가 소설로 탄생한 해를 출생년도로 표시한 점이다. 홈즈는 23년간 활동한 셈이다. (최근에 런던의 명소를 기념하는 푸른 동판이 부쩍 늘어난 것 같다. 런던 동북부에 있는 에즈라 파운드가 살았던 집에도 최근에야 동판을 붙여놓았다.)

221—B 지번은 있는가?

홈즈의 주소인 221B라는 번지수는 실제로는 존재하지 않는다. 221번지쯤 되는 지점에서는 그 일대를 다 허물어 큰 건물을 새로 짓고 있다. 이 홈즈 박물관의 실제 주소는 베이커 가 238~240번지쯤 된다. 왜냐하면 홈즈 박물관 오른쪽 집은 베이커 가 241번지로 오클리라는 부동산 중개업소가 있으며, 그 왼쪽 집의 지번은 237번지이기 때문이다.

홈즈 박물관 근처에는 홈즈를 기념하는 카페, 식당, 그리고 서점, 기념품

▲ 셜록 홈즈 뮤지엄
▼ 베이커 역 안의 바스커빌의 개 표지판

점이 있다. 그런데 흥미롭게도도 이 박물관 바로 왼편 233번지에는 엘비스 숍이 있다. 여기서는 엘비스 프레슬리에 관한 음반, 기타, 셔츠, 카드 등을 팔고 있다. 또 바로 옆집 231번지에는 '런던 비틀즈 스토어'가 자리 잡고 있다. 한편 홈즈 뮤지엄 건너편에는 크로크 무슈Croque Monsieur라는 프랑스풍의 작은 카페가 있다. 카페 안에는 홈즈의 모험을 소재로 한 그림들이 잔뜩 붙어 있다.

그런데 홈즈 박물관 옆에 이들 팝스타들의 기념품 판매점이 있는 것을 보면 홈즈에 대한 선호도가 높은 사람들이 엘비스나 비틀즈를 역시 선호하는 모양이다. 홈즈 팬들이 엘비스나 비틀즈를 좋아하는 사람들과 같은 집단일 가능성이 크다는 반증인가? 이러한 기호에 관한 상관관계는 한번쯤 조사해볼 만한 흥미로운 소재가 아닌가 생각된다.

홈 즈   대   뤼 팡

런던에 홈즈가 있다면 파리엔 뤼팡이 있다. 이 두 인물을 창조해낸 코난 도일Sir Arthur Conan Doyle과 모리스 르블랑Maurice Leblanc 두 사람은 각각 영국과 프랑스를 대표하는 추리작가다. 또한 그들 모두 조국에 대한 애국심을 가지고 있다는 점에서 닮은꼴이다. 그런데 이들이 창조해낸 멋진 두 인물은 서로 완전히 정반대이면서 동시에 같은 면을 가지고 있다.

우선 두 주인공은 탐정과 괴도라는 정반대의 직업을 가진 숙명적 인물들이다. 반면 둘은 모두 천재다. 탁월한 두뇌로 작은 것 하나도 놓치지 않고 인내와 열정으로 끝내 목적을 달성한다. 그들은 섬세한 관찰력과 치밀한 추리, 지적인 분석, 일에 대한 열정, 초인적인 힘을 갖고 있다. 또 그들은 기막힌 변장술에 능하다. 홈즈 주변에 레스트레이드 경감과 범죄자 두목인 모리어티가 있다면, 뤼팡에겐 늘 혈안이 되어 뤼팡을 잡으려는 가니말 형사와 뛰어난 실력으로 그의 목을 옥죄는 이지도르 보트렐르, 그리고 가장 강력한 라이벌인 홈즈가 있다. 그런데 셜록 홈즈가 자신의 일을 가급적 남에게 알리는 것을 꺼리는 반면 아르센 뤼팡은 자신의 행적을 신문사에 자랑스럽게 알린다.

훤칠한 키에 날카로운 눈매를 지닌 명탐정 홈즈는 수많은 독자들을 매료시켰다. 코난 도일이 《셜록홈즈의 모험》의 마지막 편인 〈마지막 문제〉에서 알프스의 폭포에서 홈즈가 모리아티와 함께 추락하여 죽는 것으로 끝을 내자, 독자들은 열렬히 '홈즈 살리기' 운동에 나섰고 결국 코난 도일은 홈즈를 살려낼 수밖에 없었다. 그래서 나온 시리즈가 바로 《셜록 홈즈의 귀환》이다.

홈즈는 방문객의 신발에 묻은 흙만 보아도 어느 길을 지나왔는지를 꿰뚫어보는 날카로운 추리력을 지녔다. 홈즈는 닥터 왓슨을 처음 소개받았을 때 즉시 '1초도 안되어' 그가 아프가니스탄에서 왔다는 사실을 알아내어 왓슨을 깜짝 놀라게 한다. 추리에 있어서 중요한 점은 바로 사소한 것도 놓치지 않는 관찰력이다. 그 관찰을 통해 얻어낸 사실과 알고 있는 지식을 조합하고 논리적인 판단을 이끌어 내는 기술, 이 모두가 오랜 기간의 연구와 단련으로 만들어진 것으로, 이것이 추리의 기본이다.

코난 도일은 자신이 다녔던 에딘버러 의과대학의 조셉 벨 교수를 모델로 하여 홈즈를 창조해냈다. 벨 교수는 특별한 재주를 가진 사람이었는데 "진단에는 눈과 귀와 손과 머리를 써야한다"고 학생들을 가르쳤다고 한다. 그는 진찰실에 들어 온 환자가 말도 하기 전에 무슨 병이라는 것을 알았을 뿐만 아니라 환자의 생활습관까지 맞추곤 했다고 한다. 코난 도일은 의과대학에서 얻은 지식과 영감을 추리작가로서 십분 발휘했던 것이다.

홈즈는 화학과 생물학 등의 특정 분야에서는 전문가 이상이었지만, 문학·철학·정치에 관해서는 문외한이었다. 특히 천문학 분야에 관해서는 상상 외로 무지하여 태양계의 구조에 대한 지식이 전혀 없었으며, 심지어 코페르니쿠스나 카알라일이 누군지도 모른다고 기술하고 있다. 그는 바이올린에 관한 것 이외는 모두 범죄수사에 도움이 되는 것들에만 정통했다. 가령 담뱃재의 모양만 보고도 수십 가지의 담배를 구별해내는 감별능력을 갖고 있었다.

경제학적으로 말하자면, '일반 general' 인간자본 human capital 보다는 '특수 specific' 인간자본에 대한 투자에 집중한 것이라고 할 수 있다. 이러한 특수 인간자본의 사용으로부터 얻은 수익률 —사건의 해결— 은 실로 엄청났다. (그는 무보수로도 일했지만 때론 엄청난 금액을 청구할 수 있는 백지수표를 받기도 했다.)

그는 실험이 있거나 사건이 나면 지칠 줄 모르는 정력가이지만, 일이 없으면 안락의자에 축 늘어져 말도 안 한다. 때로 우울증에 걸려 코카인을 복용한다. 아무리 힘든 사건이라도 절대 단념하지 않고 끈질기게 달려들며, 최후에 난제를 해결할 단계에 이르면 연극조의 방법을 쓰기도 한다. 가령 그는 〈해군조약사건〉에서 도난당한 문서를 찾아내고서는, 분실의 책임을 지고 머리를 싸매고 누워 있는 외교관을 아침식사에 초대해서 뚜껑을 덮은 요리접시에 그 문서를 숨겨놓아 그를 놀래게 한다.

반면 모리스 르블랑이 아르센 뤼팡이라는 인물을 창조하게 된 배경에는 영국의 셜록 홈즈를 겨냥한 출판업자 피에르 라피트의 계획된 의도가 깔려 있었다. 1905년 창간된 《쥬 세 투 Je sais tout》의 편집장이었던 라피트는 르블랑에게 영국에서 돌풍을 일으키고 있는 셜록 홈즈 시리즈풍의 소설을 써보지 않겠느냐고 제의한다. 그에 따라 《아르센 뤼팡 체포되다》가 1905년 7월에 처음 연재된다. 그 직후 《감옥에 갇힌 아르센 뤼팡》 등이 연이어 발표되면서 폭발적인 인기를 얻는다.

거부할 수 없는 카리스마를 지닌 미남 신사이자, 부자의 재물을 털어 가난한 사람을 돕는 의적義賊 뤼팡은 당시 프랑스 사람들의 관심과 사랑을 받을 만한 인물이었다. 그러나 당시까지만 해도 추리소설이라는 대중장르보다는 정통 심리주의 작가로서 성공하길 원했던 르블랑은 첫 작품의 폭발적인 성공에도 불구하고 그 후속작에는 별다른 의욕을 보이지 않았다고 한다.

이에 대해 피에르 라피트는 르블랑을 '프랑스의 코난 도일 le Conan Doyle français'이라고 상업적으로 선전하면서, 르블랑을 찾아와 '뤼팡을 탈출시키라'며 들볶았다. 이에 르블랑은 속편으로《아르센 뤼팽 탈출하다》를 연재하게 된 것이다. 결국 아르센 뤼팽 시리즈는 계속되었고, 심지어 〈셜록 홈즈, 한 발 늦다〉라는 단편을 통해, 코난 도일의 영웅을 직접 등장시켜 대결을 벌이기에 이른다. 당대의 두 영웅이 격돌하게 된 배경에는 모리스 르블랑의 개인적인 의도보다는, 흥행을 염두에 둔 한 출판인의 집요한 설득과 프랑스 대중의 욕구가 절묘하게 결합되어 작용한 때문이다.

다음과 같은 구절을 읽으면서 코난 도일이나 영국의 홈즈 팬들은 기가 막혔을 것이다.

> 그렇다, 셜록 홈즈가 바로 눈앞에 있는 것이다! 경이로운 직관력과 관찰력, 명징함과 기발한 발상이 한데 어우러진 하나의 기적 같은 현상이 지금 바로 코앞에 구체화되어 앉아 있는 것이다……. 그를 세계적인 유명

▼ 홈즈 뮤지엄의 홈즈의 방

인사 반열에 올려놓은 숱한 무용담들을 검토해 보노라면, 이 셜록 홈즈라는 인물이 실존인물이기보다는, 혹시 어느 대단한 소설가, 이를테면 코넌 도일처럼 탁월한 작가의 손에서 빚어진 허구의 인물, 즉 전설로만 떠도는 영웅이 아닐까하는 생각까지 갖게 되는 것이었다.

이 대목에서, 르블랑은 시침 뚝 뗀 채, '코넌 도일처럼 탁월한 작가의 손에서 빚어진 허구의 인물'에다 셜록 홈즈를 빗댐으로써, 오히려 강력한 현실성을 지닌 인물로 살려놓은 것이다.

1906년 코넌 도일로부터 셜록 홈즈를 멋대로 소설에 차용한 것에 대한 비난의 편지를 받자 르블랑은 셜록 홈즈를 '헐록 숌즈 Herlock Sholmes'로 앞뒤 철자만 살짝 바꿨다.《아르센 뤼팡 대 헐록 숌즈의 대결》은 연극으로 각색되어 1910년 샤틀레 Chatelet 극장에서 초연되었다.

뤼팡과 홈즈의 여성관

뤼팡은 여자에 대한 열정이 있으며 한 여인을 사랑할 줄 아는 낭만적인 괴도 신사다. 아르센 뤼팡에게서 여성이란 사나이로서 뛰어드는 모험과 불가분의 관계를 맺는다. 모험의 도정 자체가 곧 여성을 쫓아다니려는 충동에서 출발할 정도다. 반면에 홈즈는 여자를 가까이하지 않으며, 지적인 면에서 여자가 남자보다 우월하다고 여기지도 않는다. 냉정하고 예리하며 균형 잡힌 그의 정신세계에서는 온갖 감정, 특히 사랑은 번거로운 것이었다.

왓슨이 볼 때 홈즈는 '일찍이 세상에서 볼 수 없었던 완전한 관찰력과 추리력을 가진 기계 같은 존재'다. 따라서 홈즈가 사랑을 한다는 것은, 전혀 어울리지 않는 엉뚱한 일이다. 홈즈는 "연애는 감정적인 것이다. 감정적인 모든 것은 내가 존중하는 냉정한 이미지에 부합할 수 없다. 판단을 그르치면 곤란하니까 나만은 평생 결혼하지 않겠다"고 말한다. 그런 홈즈가 아름다움과 지혜에 반해서 '그 여성 the Woman'이라고 부른 유일한 여성이 등장하

▲ 스트랜드 가에 있는 홈즈 바 내부의 포스터

는 작품이 〈보헤미아 왕국 스캔들Bohemia Scandal〉이다. 이 단편의 처음과 마지막 대목은 홈즈의 여성관을 엿볼 수 있는 장면으로 그대로 인용해 보자.

> 셜록 홈즈에게 그녀는 언제나 '그 여성'이다. 그가 그녀를 다른 호칭으로 부르는 것을 나는 들은 적이 없다. 홈즈의 눈으로 보면, 그녀는 다른 모든 여성 위에 우뚝 선 존재였다. 그렇다고 해서 아이레나 애들러Irene Adler에게 연애에 가까운 마음을 품고 있었던 것은 아니다.

그 마지막 구절은 이렇게 끝난다.

> 홈즈는 여자들이란 지혜가 얕다고 입버릇처럼 말해왔지만, 그 사건 이후로는 그런 말을 입 밖에도 내지 않았다. 그리고 이따금 아이레나 애들러에 관해 이야기가 나오거나 또는 그녀의 사진에 관해 언급할 때는 그는 항상 '그 여성'이라는 존경이 담긴 호칭을 붙인다.

홈즈의 인명 색인에는 그녀를 '세계적으로 유명한 가수 아이린 애들러. 1858년 미국 뉴저지 주 태생으로 알토 가수, 라 스킬라 오페라난에 출연,

바르샤바 왕실 오페라의 전속 프리마돈나, 후에 가극단 은퇴, 현재 런던 거주'라고 기록하고 있다. (BBC TV 시리즈를 보면 여주인공 'Irene' Adler를 미국식 발음으로 '아이린'으로 발음하지 않고 '이레나'로 발음한다.) 때때로 음악회에서 노래할 뿐 조용히 살고 있는 그녀는 보헤미아 국왕이 '얼굴 생김이 여자로서도 드물게 아름답고, 더욱이 마음은 어떤 꿋꿋한 기상을 가진 사나이에게도 지지 않는 억센 힘을 가지고 있다'고 말할 정도로 아름다움과 지혜로움을 겸비하고 있다.

이 보헤미아 사건은 홈즈가 사건을 완벽하게 해결하지 못한 희귀한 케이스로 기록된다. 그것도 여자에게 홈즈가 한방 먹은 것이다.

프롬나드 20
챠링 크로스의 서점가에서 가장 큰 서점 포일스

런던의 책방 거리로 챠링 크로스 Charing Cross 로드를 떠올린다면, 아마도 관광지만을 다닌 여행객은 아니고 런던을 조금은 알고 있는 사람일 것이다. 또한 챠링 크로스 역은 셜록 홈즈가 전보를 치고 황급히 기차를 타던 역이다.

이 챠링 크로스 가를 따라가다 보면 영국에서 가장 크고 유명한 포일스 Foyles 서점을 만난다. 또한 뉴욕의 반스 앤 노블 Barnes & Noble 과 비슷한 보더스 Borders 나 화이트스톤스 Whitestone's 같은 영국의 대형 서점 체인도 곳곳에 있으며, 영국에서 가장 큰 학술서적 출판사인 블랙웰 Blackwell 매장도 있다.

포일스는 런던의 중심가 차링 크로스 로드 113번가에 위치한 유서 깊은 대형 서점이다. 포일스가 처음 문을 연 것은 1903년이다. 낡고 먼지 쌓인 서고와 비효율적인 동선動線을 오히려 전통으로 여기던 이 책방이 최근 대규모 리노베이션으로 새롭게 단장했다.

과거 포일스는 전제주의적이던 여사장 크리스티나 포일의 보수적인 경영전략으로 유명했다. 그녀가 1999년 타계할 때까지 포일스는 보수와 전통을 덕목으로 삼아 '먼지 덮인 우중충한 서고' 스타일을 지켜왔다. 덕분에 "포일스에는 경고문을 붙여야 한다"는 우스갯소리가 유행했던 적도 있었다. 책방에 한두 시간만 있으면 어두운 조명과 책 냄새로 현기증을 느낄 수 있다는 것이 그 이유다.

포일스는 역사와 전통은 유지하되 새로운 대형 서점으로의 이미지

변신을 시도하는 경영전략을 표방하고 나섰다. 포일스의 변신은 바로 건너편에 있는 미국식 서점 체인 보더스나 영국 내 경쟁업체인 블랙웰 혹은 화이트스톤스 같은 대형 기업형 서점 때문에라도 필연적인 결과였다. 단일서점으로는 여전히 높은 매출을 기록하고 있지만(2002년 1,150만 파운드) 1960년대 전성기의 명성과 물가 상승률을 감안한다면 분명 과거에 크게 못 미치는 수준이다. 그러나 매장 디자인의 변경 이후에는 연간 매출 규모가 거의 2배에 이를 정도로 신장되었다고 한다.

▼ 포일 서점

포일스의 개혁은 새로운 경영자로 등장한 크리스티나의 조카 크리스토퍼 포일에 의해 추진되었다. 그는 사람들로 하여금 '책을 사려면 포일스로 가야 한다'는 마인드를 심어주기 위하여 리노베이션을 시행했다. 아동서적 섹션을 강화하고 완구점을 입주시키는 등 보다 포근하고 편한 도시 속 여가 공간으로 탈바꿈시켰다. 관광객들은 포일스 서점만의 독특한 옛날 모습을 그리워하기도 하지만, 책읽기 좋아하는 런던 사람들에게 포일스는 여유로운 만남의 장소로 새롭게 인식되었다. 이는 책방에 가서 커피도 마실 수 있고 CD나 DVD도 살 수 있는 미국식 서점 전략에 대응하기 위한 것이다. (이러한 시도는 영화 〈You've Got Mail〉에서 탐 행크스의 대형서점 Fox Books가 맥 라이언의 작은 책방을 도서시장에서 몰아내기 위해서 시도했던 전략과 비슷한 것이다.)

21 | DNA로 만나는 영국문화 – 로잘린드 플랭클린

나는 애거서 크리스티가 살았던 집을 찾으러 나섰다가 운좋게도 로잘린드 프랭클린^{Rosalind Franklin}이 살았던 집을 발견했다. '다크 레이디^{Dark Lady}'로 불리던 그녀는 DNA 구조를 밝히는 데 결정적으로 공헌했지만 요절하는 바람에 인정을 못 받았다. 런던의 서남쪽, 사우스 켄싱턴 부근에 있는 올드 브롬턴^{Old Brompton} 로드에서 북쪽으로 좀 올라가면 보포르트^{Beaufort} 스트릿을 만난다. 이 길을 따라 올라가다 보면 풀햄^{Fullham} 스트릿을 만나게 되는데 이 네거리 위쪽 오른편 코너에는 한 작은 식당이 있다.

담뽀뽀와 도노반 코트

이 식당의 이름은 'Tampopo'다. 이곳에서는 '신선한 동양요리'라는 옥호^{屋號}의 설명처럼 우동, 스시, 덴푸라 등의 꽤 정갈한 일본 식사를 제공하고 있다. 이 집은 일본 영화에 익숙한 사람에게는 반가운 이름이다. 그러나 일본의 감독 '이타미 주조'가 80년대에 만든 영화 〈담뽀뽀〉를 기억하는 사람은 그리 많지는 않을 것이다. 이 영화는 어떻게 보면 평범한 일본인의 일상의 모습, 즉 라멘 요리의 비법을 전수하려는 장인정신을 보여 주고 있다. 그런 점에서 정말 일본적인 영화다.

▲ 식당 담뽀뽀

담뽀뽀 바로 위쪽 길은 드레이턴 가든 Drayton Garden 로드다. 담뽀뽀와 같은 쪽에는 도노반 코트 Donovan court 라는 건물이 있다. 여기 정문 위쪽으로 푸른 명패가 뚜렷이 보이는데, 이는 DNA 발견의 숨은 공로자인 로잘린드 프랭클린이 런던 킹스 칼리지 연구원이었던 시절에 살았던 자취를 기념하는 것이다. 그녀는 여기서 1951년부터 58년까지 살았다.

그녀의 이름은 우리에게 생소한 편이다. 그녀를 알기 위해서는 브렌다 매덕스 Brenda Maddox 가 쓴 로잘린드 프랭클린의 전기 《The Dark Lady of DNA》를 읽어보면 좋다. 이 책은 그녀가 살았던 런던과 파리에 관한 느낌, 그리고 DNA의 구조를 밝히는 과정에서 일어난 왓슨과 크릭, 그리고 윌킨슨과의 경쟁과 갈등 등을 사실적으로 그리고 있다.

로잘린드의 가문

그녀는 영국의 유태인들 가운데에서도 명망가로 손꼽히는 가문에서 태어났다. 그녀의 증조부는 19세기 중반 웨스트 런던의 베이스워터에 부유한 유태인 마을을 만들 만큼 재력가였으며 유능한 인물이었다. 그녀의 외증조부는 변호사, 런던대학 수학교수, 영국유대인회 초대회장을 역임한 저명인사였으며, 외증조모는 유태인으로 최초 런던시장이었던 살로몬스 경의 조카였다.

로잘린드 가족은 당시 베이스워터 서쪽 끝에 있는 대형 4층 집에 살았다. 프랭클린 가족은 부유했으나 검소했다. 아버지는 운전사도 두지 않고 노팅힐 게이트에서 직장이 있는 뱅크 역까지 지하철을 타고 다녔다.

17~8세기에 유태인이 살아남는 방법은 영국인보다 더 영국적이 되는 것이었다. 셰익스피어의 《베니스의 상인》도 유태인들이 영국에서 추방당했던 300년 동안에 쓰인 것이고 주인공은 '나쁜 유태인'의 특징을 모두 가지고 있다. 유명한 소설을 영화화한, 로버트 테일러 주연의 〈아이반호Ivanhoe〉를 보아도 유태인 아이반호는 마지막에 까만 머리의 유태인 레베카 대신에 금발 머리 색슨족 로웨나를 선택한다. 이것이 유태인으로서 영국에서 살아남는 길이었다.

영국 빅토리아 시대의 유명한 수상이었던 벤저민 디스레일리Benjamin Disraeli도 유태인이지만 세례를 받은 영국 국교도였다. 그는 자신의 이름에서 어퍼스트로피를 빼버렸다. 즉, d'Israeli 에서 Disraeli 로!

파리의 로잘린드

로잘린드는 세인트 폴 여학교를 최우등으로 졸업한 후 케임브리지로 진학한다. 케임브리지 대학은 1869년부터 여성의 입학을 허용했고 1871년부터 유태인의 입학을 허용했다. 로잘린드는 1871년에 설립된 뉴넘 칼리지에 입학했다.

그녀는 졸업 후 런던의 킹스 칼리지에서 물질 결정학 연구에 전념했다. 그 후 그녀는 파리의 국립 결정학연구소로 옮겼다. 이 연구소는 센 강의 앙리 4세 부두^{quai} 근처에 위치하고 있었는데, 그녀와 동료들은 연구실험실을 '라보^{labo}'—Laboratory를 줄여서—라고 불렀다.

1947년 2월 파리에 도착한 그녀는 빠른 속도로 '비영국화'되었다. 상 쉴피스$^{Saint\ Sulpice}$ 성당 모퉁이에 있는 커다란 아파트의 꼭대기 층에 방을 얻었다. 센 강 좌안 중심부에 있어서 전망이 아주 좋았고 몇 블록만 지나가면 생 제르맹 데프레 거리가 있었다. 그녀는 그곳에 있는 '카페 드 플로르'와 '레드마고'에서—뉴욕타임즈가 프랑스의 첫 번째, 두 번째 실존주의 작가라고 부르는— 시몬느 보부아르와 장 폴 사르트르를 볼 수 있을까 하는 기대감을 가지고 갔다. (파리 편 참조)

그녀는 이곳에서 파리체류 4년 중 3년을 보냈다. 연구소까지는 버스로 15분이면 갈 수 있었고 약간 우회해서 강변으로 걸어간다고 해도 30분이면 족했다. 그녀는 센 강을 자욱하게 덮고 있는 안개에 대해서 이렇게 편지에 썼다. "저는 영국에서보다는 프랑스에서 더 즐거웠던 것 같습니다. 런던의 안개는 누렇지만 파리의 안개는 파랗답니다."

로잘린드는 자전거를 유난히 즐겼다. 케임브리지에서 학기가 끝나고는 런던의 집까지 자전거를 타고 와서 부모를 놀라게 할 정도였다. 파리에서도 로잘린드에게 자전거는 중요한 물건이었다. 지하철을 싫어했기 때문이다. 그녀는 신선한 파리공기를 마시고 싶어 했다.

연구소 사람들과 매일 센 강변의 식당에 점심을 먹으러 갔고 식사 후에는 소위 '물리화학 카페'라 부르던 행사를 열기도 했다. 그것은 실험용 플라스크에 원두커피를 내려 증발접시에 담아 마시며 열띤 대화와 토론을 벌이는 일이었다. 가끔은 수

▲ 도노빈 코트의 푸른 명패

▲ 로잘린드가 살던 도노반 코트

영장에도 갔고 밤에는 춤추러 가기도 했다. 비영국화된 그녀는 생애 최고의 날들을 보냈다.

    1950년 그녀는 비로소 파리생활을 접고 런던 킹스 칼리지의 새로 설립된 생물물리학부 연구직으로 복귀했다. 그녀는 다시 런던으로 돌아와서는 사우스 켄싱턴에 있는 아파트로 이사했다. 이 집이 바로 도노반 코트에 있던 집이다.

로잘린드의 독특한 요리법
― 카망베르 치즈의 숙성도는 어떻게 알 수 있나?

    영국으로 돌아간 그녀는 대단한 사명감으로 영국인들에게 프랑스 요리를 선보였다. 올리브유, 마늘, 파르메산 치즈가 들어간 지중해 요리가 얼마나 좋은 것인지를 열성적으로 소개했다. 그녀가 친구들에게 가르쳐준 프랑스 요리법은 여러 가지였다. 감자는 물 없이 요리해야 한다는 것, 요리에 마늘을 넣으면 너무 좋다는 것 등……. 그녀의 아버지는 마늘을 몹시 싫어했지만 그가 가장 좋아하는 로스트비프에 딸이 마늘을 넣은 것을 알아채지는 못했다.

가장 재미있는 요리비법은 치즈에 관한 것이었다. 그녀에 의하면 카망베르 치즈가 숙성되었는지 알 수 있는 비법은 한 손가락을 치즈 위에 얹고 다른 손가락은 눈꺼풀 위에 얹은 다음에 부드러운 정도가 비슷하면 그 치즈는 먹어도 좋다는 것이다.

로잘린드가 사랑에 빠진 두 남자

그녀를 X선 결정학으로 입문시키고 가르친 전문가는 매력 넘치는 유대계 프랑스 남자 메링이었다. 그는 "연구실의 여자들은 모두 다 메링과 사랑에 빠져있다"는 소문이 날 정도로 바람둥이였다. 그가 이미 전쟁 전에 결혼했다는 풍문이 있었지만 부인이 있다는 증거는 없었다. 그녀에게는 '잔인한 딜레마'였다. 그는 자신이 가르친 학생 중에 로잘린드가 최고라고 생각했다.

매력이 넘치고 지적인 영감을 솟아나게 하는 남자, 하지만 이혼할 필요를 못 느끼는 남자가 그녀의 사랑을 구하고 있었던 것이다. 그러던 중 연구실에 또 다른 젊고 예쁜 여성이 들어오자 로잘린드는 질투의 화신이 되었다.

이후 그녀는 런던의 킹스 칼리지를 떠나서 버베크 칼리지에 정착한다. 그녀는 여기서 동료인 클루크에게 또 한 번 매료되었다. 같은 유태인이었던 그는 상상력이 풍부하고 장난기가 있었으며 예술적인 동시에 뛰어난 과학자였다. 그는 또한 서부영화 전문가였다. 그에게 푹 빠진 또 한 가지 이유가 있다. 그는 리전트 파크 북쪽에 있는 초라한 빅토리아식 5층집 꼭대기에서 살았는데, 그의 자유분방한 보헤미안적인 생활방식이 그녀를 사로잡았기 때문이다.

DNA 구조를 둘러싼 경쟁

DNA 구조를 발견한 공로로 노벨상을 수상한 사람은 세 사람이었다. 왓슨, 크릭 그리고 윌킨슨이었다. 그러나 로잘린드 프랭클린은 이 수상식에서 잊힌 '어둠 속의 여인Dark Lady'이었다. 왓슨과 크릭은 둘 다 재담가였고 두뇌가 빨랐으며 서로를 보완해주는 전문분야를 가지고 있었다. 왓슨은 생물학과 유전학에 정통했고 크릭은 X선 결정학을 배운 물리학자였다.

캐번디시Cavandish 연구소 옆의 식당 '이글Eagle's'—케임브리지 걷기 편 참조—에서 점심을 먹으며 그들은 끝도 없이 이야기를 나누었다. 두 사람은 늘 쾌활했으나 로잘린드는 쉽게 우울해지는 타입이었다. 왓슨은 케임브리지의 명물이었는데 단정치 못한 복장으로 사람들의 눈길을 끌기도 했다. 그는 테니스화 끈을 푼 채로 신거나 한겨울에 반바지를 입고 다니곤 했다. 바지 밖으로 나온 왓슨의 셔츠자락이 케임브리지에 어떤 인상을 주었든 그의 과학에는 단정치 않은 면이 없었다. 왓슨이 세련미가 부족했다면 크릭은 지나치게 매끄러웠다.

로잘린드가 프랑스에 대해 열정을 느꼈다면 왓슨은 반대로 영국에 대해 열정을 느꼈다. 그에게 케임브리지 강 뒤편으로 보이는 대학은 '세계에서 가장 아름다운 건물들'이었다.

왓슨은 크릭에게 모델을 만들자고 했다. 그저 분자가 어떻게 연결될 것인지 화학의 법칙에 따라 논리적인 추측만 하면 되고 공과 막대를 재료로 하여 머릿속의 모델을 3차원적으로 조립하자는 것이었다. 그들의 의도는 간결했지만 로잘린드의 원칙과는 정반대에 있었다. 그녀의 원칙은 실험적 사실을 모두 입수할 때까지는 가설을 만들지 말아야 한다는 것이었다.

1953년 1월 윌킨스는 왓슨에게 로잘린드가 1952년에 찍은 X선 회절 사진을 보여주었다. 그 사진이 왓슨에게 뜻하지 않은 영감을 주었다. 그는 《이중나선》에서 "그 사진을 보는 순간 나는 입이 탁 벌어졌고 맥박이 빠른 속도로 뛰기 시작했다"고 고백했다.

두 사람은 그날 밤 소호에서 함께 저녁식사를 했다. 왓슨은 케임브리지로 돌아가는 기차 안에서 가지고 있던 단 한 장의 종이인 신문의 여백에 기억을 더듬어가며 패턴을 그렸다. 기차역에서 집으로 자전거를 타고 가며 로잘린드의 사진을 떠올리던 그는 중요한 생물학적 물체는 쌍으로 존재한다는 사실에 기초해서 염기 사슬이 두 개라고 결정했다.

로잘린드는 DNA구조에 관한 눈부신 직관의 도약에 성공한 두 명의 과학자에게 자신도 모르게 필수 데이터를 제공했던 것이다.

왓슨의 회고에 의하면 '크릭이 이글식당으로 날아가서 모두에게 우리가 생명의 비밀을 발견했다는 소식을 알린 때'는 1953년 2월 28일 점심시간이었다고 한다. DNA 이중나선의 최종모델은 3월 7일 토요일에 완성되었다. 그 모델의 우아함은 자신의 정확함을 선언하고 있었다. 윌킨스는 그 모델의 아름다움과 단순성을 보자마자 데이터가 더 이상 필요 없다고 느꼈다. 염기쌍을 이해한 후부터는 복제 메커니즘이 명백해졌던 것이다.

로잘린드의 반응은 "매우 예쁘군. 하지만 어떻게 증명할 작정이지?"였다고 한다. 그녀는 직관을 믿지 않았다. 그런 신중함은 그녀가 유태인이라는 것과 관련이 있을 것이다. 그 후 로잘린드는 킹스 칼리지를 뒤로 하고 버베크 칼리지로 옮겼으나 30대의 젊은 나이에 요절했다.

후기

1992년 영국 전통유산 협회는 그녀가 살았던 사우스 켄싱턴의 도노번코트의 암적색 맨션에 청색 플랙을 달았다. 1998년 국립 초상화 갤러리는 그녀의 초상을 왓슨과 크릭, 그리고 윌킨스 옆에 걸었다.

뉴넘 대학은 그녀가 사망한 지 30여 년이 지난 1995년에 대학원생 기숙사를 그녀의 이름으로 헌정했고 그 정원에 로잘린드의 흉상을 설치했다. 2000년에 킹스 칼리지 런던은 프랭클린-윌킨스 빌딩을 헌정하여 그녀에게 명예를 바쳤다.

《네이처Nature》지에 그녀의 선배 과학자 버널은 이렇게 애도기사를 썼다고 한다.

> 과학자로서 미스 프랭클린은 모든 부분에서 고도의 명료함과 완벽성을 보였다. 그녀의 사진들은 지금까지 찍은 어떤 물질의 사진보다도 더욱 아름다운 X선 사진이었다.

프롬나드 21

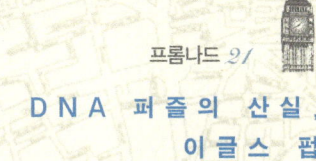

DNA 퍼즐의 산실, 이글스 펍

케임브리지에서 아카데믹한 분위기가 느껴지는 술집을 찾는다면, 뭐니뭐니해도 '이글스 펍'에 가보아야 한다. 킹스 퍼레이드 대로가 시작되는 부근에서 오른쪽 골목으로 들어가면 왼편에 푸른색 바탕에 독수리가 그려진 팻말이 있는 이글스 펍Eagle's Pub이 나온다. 이곳에서 멀리 않은 곳에 바로 유명한 캐번디시 랩Cavendish Lab이 자리 잡고 있다.

1950~1960년대에는 이곳 캐번디시 실험실은 첨단 생명과학의 메카였다. DNA 구조를 밝혀서 노벨상을 받은 왓슨과 크릭이 일한 곳도 바로 이 연구소였다. 이들은 DNA 구조를 연구하면서 일과가 끝나면 이곳 이글스 펍에 들러서 하루 일과를 풀고 또 여기서 실험에 관한 토론을 계속했다. 지금도 실험실 건물은 그대로 있지만 1980년대에 모든 실험실은 좀 멀리 떨어진 곳으로 이전되었다.

이들이 연구결과를 언론에 발표한 장소가 바로 이곳 이글스 펍이었다. 이 술집 앞에는 이것을 자랑스럽게 기리는 푸른 명패가 붙어 있다. 이곳에서 DNA 구조를 밝히는 연구가 이루어졌다고. 1990년대 말에 있었던 이 현판식에는 왓슨 박사가 참석했다고 한다.

이글스 펍 안으로 들어가면 생각보다 꽤 넓다. 여러 공간으로 나뉘어 있고 옥외에도 테이블이 있어서 야외에서 맥주를 마시는 즐거움도 누릴 수 있다. 특이하다면 실내 천장은 대단히 낮은데 자세히 올려다 보면 검게 그을린 낙서들이 가득하다. 2차 대전 때부터 공군조종사들이 이곳에 들러 라이터와 촛불 그리고 립스틱으로 낮은 천장에 낙서를 했

251

▶ 이글스 펍의 DNA명판

다고 한다. 벽에는 그때의 공군 조종사들의 사진도 보인다. 한쪽 창문 밑에 왓슨 박사가 써놓은 낙서가 보였다. 그 낙서는 왓슨이 크릭과 함께 이곳에서 '생명의 비밀'을 풀어낸 뒷얘기를 간단히 적어놓은 것이다. 하지만 이곳 어디에도 로잘린드의 흔적은 없었다.

이글스 펍 2층의 비밀의 방

이곳 이글스 펍에는 전해 내려오는 비밀 이야기가 하나 있다. 그것은 이곳 2층에 있는 비밀을 간직한 방에 관한 것이다. 집 바깥에서 보면 2층 창문이 세 개가 있는데 가장 오른 쪽 창문은 늘 열려 있다. 실제로 가보니 다른 두 방의 창문들은 닫혀 있는데 그 방 창문만은 역시 열려 있다. 창문을 늘 열어놓고 있는 이 방에는 무슨 비밀의 사연이 있는 것일까? 거기에는 섬뜩한 사연이 있다고 한다. 그 사연에 대해서 바텐더에게 물으니 잘 모르겠다고 한다. 옆에서 내 애기를 듣던 웨이트리스와 옆 테이블에 앉아있던 젊은 친구가 내 말에 불쑥 끼어들어 거든다. "귀신 얘기를 믿어요? 그렇다면 이 집에 유령이 틀림없이 있을 겁니다"라고. 그 '전설의 고향' 같은 얘기인 즉, 예전에 이 건물에 불이 났는데 2층 오른쪽 방에서 어린 소녀가 불에 타 죽었다고. 그래서 그 어린 영혼을 위해서 그 방의 창문은 항상 열어놓는 것이라고……

▲ 이글스 펍 입구
▼ 이글스 펍 2층 오른쪽 창문이 열려 있다.

22 | 셰익스피어 글로브에서 본 공연

파리의 센 강가에 셰익스피어 컴퍼니가 있다면 런던에는 템스 강변에 '셰익스피어 글로브Shakespeare Globe'가 있다. 2004년 템스 강변에 새로이 생긴 명소로서 셰익스피어 전용극장이다. 이곳은 셰익스피어 생전 당시의 극장 구조와 자재를 그대로 사용하여 지어졌다. 철근과 못을 전혀 사용하지 않았고 당시처럼 이음새로 나무못을 썼다. 극장 내부도 빅토리아 왕조 당시의 구조로 재현되었다. 가운데는 좌석 없이 사람들이 앉거나 서서 구경을 할 수 있도록 공터로 만들어졌으며 좌석은 원형 둘레를 따라 3층으로 구분되어 있다. 물론 모든 의자는 나무로 만들어졌다.

셰익스피어 극장의 원형原型 모습

이 극장의 원형은 최근에 나온 랄프 파인즈와 기네스 팰트로가 주연한 영화 〈Shakespeare in Love〉에서도 찾아볼 수 있다. 영화 후반에 빅토리아 여왕도 참석한 공연 〈로미오와 줄리엣〉의 무대는 당시 극장의 구조를 잘 보여주고 있다. (다음은 필자가 쓴 《최병서의 Cine Balade》의 '셰익스피어 인 러브'에서 한 구절 인용하기로 하자.)

셰익스피어가 태어났을 무렵에만 해도 극장이라고 하는 무대 개념이 없었다. 당시에는 궁정이나 야외 뜰, 홀과 같은 오픈 공간에서 배우들이 공연을 자유롭게 할 수 있었다. 그러나 셰익스피어가 10살이 되던 해인 1574년에 공공위원회 Common Council가 런던에서의 극장설립과 공연은 허가를 얻어야만 한다는 법안을 통과시켰다. 그 후에 여러 극장들이 생겨났는데, 대부분의 셰익스피어 작품을 초연했던 글로브 극장 Globe Theatre도 이때 만들어졌다.

엘리자베스 시대의 극장은 대개 비슷한 구조로 세워졌는데, 목조 건축물에 원형으로 좌석이 배치되며 세 개의 섹션으로 구성되었다. 객석 위와 무대의 일부에는 지붕이 씌워졌다. 그러나 무대의 대부분과 무대 앞쪽 공간에는 지붕이 없었다. 이 같은 무대 아래 앞쪽의 자리는 소위 그라운드링 Groundlings이라고 부르는 가장 싼 입석이다.

공연은 자연 채광을 이용해야 하므로 낮에 이루어졌으며 이를 위해서 극장 무대는 지붕 없는 오픈 공간일 수밖에 없었다. 따라서 극적인 긴장을 고조시키는 조명은 없었고 배경이나 소도구의 사용도 극히 제한적이었다. 관객들은 무대 환경과 날씨의 영향을 직접 받았으며 시간의 흐름이나 장소적 상황은 배우의 대사나 무대에서의 지시에 따라 짐작하는 수밖에 없었다. 놀랍게도 셰익스피어는 작품을 쓸 때 이러한 제한적 공연 상황을 충분히 인식하고 무대의 정보가 충분히 관객에게 전달되도록 대본을 썼다는 사실이다.

여기까지 왔으면 셰익스피어 연극 한 편 관람은 거의 필수코스일 것이다. 이곳에서 우리나라에서는 상연되지 않은 연극을 한 편 보았다. 제목이 〈티이레의 왕자, 페리클레스 Pericles, Price of Tyre〉였다. 셰익스피어가 말년에 쓴 작품 중의 하나로 고대 그리스의 이야기를 플롯으로 삼아 감상적이고 로맨틱한 정서를 담고 있는데 극적인 짜임새는 좀 느슨한 것 같다. 티이레의 왕

자인 페리클레스가 안티오크 왕의 미움을 받아 해외로 피신을 하다가 풍랑을 만나고 어렵게 구사일생한 후에 극적으로 가족과도 재회하고 해피엔딩으로 막을 내린다는 스토리다. (2010년 12월 화동연우회에서 우리나라 최초로 이 작품을 무대에 올렸다!)

셰익스피어 특유의 유려한 대사는 여전히 알아듣기 어려웠다. 게다가 나레이터로 나오는 아프리카 흑인의 목소리는 셰익스피어 연극의 전형적인 억양이 아니었다. 그럼에도 부조화의 조화(?)를 느끼게 하는 그의 아프리카식 나레이션은 들을수록 묘한 매력이 있었다. 각설이타령같이 읊조리는 대사는 전혀 정통 셰익스피어 극과는 상치되는 듯 했지만 나름대로 파격적인 하모니를 연출해내고 있었다. 그는 의복 역시 고대 그리스의 정통 복장이 아닌 뉴욕 할렘에서나 볼 수 있는 유치찬란한(?) 옷을 입고 있었다.

특히 바다에서 배가 난파되는 대목에서는 무대 공간을 충분히 효율적으로 사용하며 거의 에어로빅이나 서커스 수준의 다이내믹한 장면을 보여주었다. 관객들이 실감할 수 있게끔 난파 장면을 재현해 내는 뛰어난 무대연출은 영국 셰익스피어 극단의 수준을 보여주기에 충분했다.

글로브 주변과 재개발된 바비칸 센터

셰익스피어 글로브는 400년 전에 있던 옛 극장터 부근에 다시 건립되어 1997년에 재개관한 극장이다. 이제는 극장 주변에 좋은 카페와 레스토랑이 템스 강변을 따라 줄지어 있어서 경관을 즐기면서 식사도 하고 관람도 할 수 있다. 최상의 입지조건을 가지고 있는 극장이라고 할 수 있다. 특히 템스강 바로 건너편에 있는 세인트 폴 St. Paul 대성당이 보이는데, 특히 야간 강변의 운치는 감탄을 자아낸다. 이곳을 돌아보면 셰익스피어와 현대적 분위기가 얼마나 잘 어울릴 수 있는지를 알 수 있다. 마치 바흐의 음악과 재즈가 잘 어울리듯이…….

▲ 셰익스피어 글로브 입구
▼ 셰익스피어 글로브 안의 그라운드(입석)

▲ 스트랫포드의 셰익스피어 묘

런던에서 비교적 최근에 재개발되어 예술의 메카가 된 곳이 바로 바비칸 센터Babican Center다. 원래 슬럼가였던 지역을 전면적으로 탈바꿈시킨 야심 찬 도시계획의 성공사례로 꼽히고 있다. 지금은 런던심포니의 정기 연주가 열리는 음악의 전당이자 전시 및 공연의 메카로 자리 잡았다. 런던음악학교도 이곳으로 이전했다. 이제 주변은 거대한 주거공간과 오피스 건물들로 빼곡이 들어차 있다. 그래서인지 쾌적한 삶의 공간이 아니라 마치 콘크리트와 철근의 구조물 속에 갇힌 듯한 느낌이 든다.

셰익스피어와 반 고흐

영국과 프랑스 두 나라의 예술계에 결정적인 영향을 끼친 대표적인 인물을 꼽으라면 아마도 영국에서는 셰익스피어가 프랑스에서는 아마도 반 고

▲ 로얄 셰익스피어 극장

호가 아닐까 한다. 물론 고흐는 프랑스 사람은 아니지만 말이다. 셰익스피어의 흔적을 찾으려면 그의 생가가 있는 스트랫포드 어폰 에이븐 Strattford upon Avon에 가보아야 한다. 그리고 반 고흐의 흔적을 찾으려면 아무래도 프랑스 남부 아를 지역에 가거나 파리에서는 몽마르트르 그리고 파리 교외에 있는 오베르 쉬르 와즈 Auver sur Oise에 가보아야 한다. 특히 오베르는 그가 마지막 생을 마감한 곳이다. (파리 편 참조)

스트랫포드 어폰 에이븐이나 오베르 쉬르 와즈나 모두 공통적으로 강가라는 지명을 포함하고 있다. 즉 에이븐 강가의 스트랫포드 그리고 와즈 강변의 오베르 지역을 말하고 있으니까. 실제로 가보면 에이번 강가의 스트랫포드는 무척 아름답다. 푸른 잔디밭과 어울리는 멋진 붉은 벽돌의 건물, 로얄 셰익스피어 극장 Royal Shakespeare Company Theatre, 그리고 한기로이 헤임져

다니는 수많은 백조들……. 아름답고 평화로운 광경이다. 보트라도 타고 있으면 오후 한때가 고즈넉하고 여유롭기 짝이 없다.

그러나 고흐가 마지막에 살았던 오베르 고장은 고흐가 까마귀 나는 벌판을 그렸듯이 황량한 벌판이 있는가 하면, 그가 그렸던 교회당 역시 폐허처럼 그때 그 모습 그대로 서 있다. 와즈 강변은 조용하고 한적하기는 하나 에이번 강변처럼 아름답거나 평화로운 느낌은 주지 않는다. 다시 말해서 오베르 쉬르 와즈 지역은 관광객을 끌 만한 요소를 별로 갖고 있지 못하다. 만약 고흐가 네덜란드가 아닌 프랑스 출신의 화가였다면 아마도 이 고장도 지금보다는 훨씬 더 잘 가꾸어졌을지도 모른다는 생각이 드는 것은 나만의 생각일까?

프롬나드 22

런던의 비틀즈 흔적, 애비 로드 스튜디오

이상하게도 런던에서는 비틀즈의 흔적이나 기념물을 찾기 어렵다. 런던의 어느 공원이나 광장에도 비틀즈의 발자취를 기억하게 해주는 것은 아무 것도 없다. 적어도 나는 비틀즈를 위한 동상이나 기념관이 있다는 말을 들어본 적이 없다. 왜일까? 왜 20세기 대중음악의 전설이 되어버린 이들의 자취를 런던에서 찾을 수 없는 것일까? 아마도 한국 같으면 〈Yesterday〉 같은 곡의 가사를 새겨놓은 노래비 정도는 당연히 건립했을 것 같은데 말이다. 그 이유를 좀처럼 생각해내기 어려웠다.

그러나 그들의 고향 리버풀에서 그들의 흔적을 찾아보기는 그리 어렵지 않다. 그들이 공연했던 캐번 클럽^{Cavern Club}에서는 지금도 그들의 후예들이 여전히 공연을 계속하고 있으며 비틀즈 마니아들이 여전히 이 클럽을 찾아오고 있으니까.

런던에서 비틀즈의 족적을 볼 수 있는 곳은 그나마 그들이 첫 번째 레코드를 녹음했던 스튜디오가 아닌가 한다. 그 스튜디오는 런던 중심에서 좀 떨어진 한적한 곳, 애비 로드^{Abbey Road}에 있다. (서울 거리에도 애비로드 지하철 역 표지판을 가진 술집이 있다.)

애비 로드는 비틀즈가 마지막 녹음을 한 곳으로 앨범 재킷 역시 애비 로드다. 이 음반에는 명곡 중 하나인 〈Here comes the Sun〉이 수록되

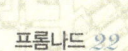

▶ 브리티시 라이브러리에 소장된 〈Yesterday〉 가사 원본

261

▲ 베이커 가 근처 존 레논의 거처

어 있다. 재킷 사진은 녹음을 마친 비틀즈 멤버들이 스튜디오 앞 건널목을 건너는 모습을 찍은 것이다. 최근 이 앨범 발매 40주년을 맞아 비틀즈 광팬들이 비틀즈처럼 애비로드 건널목을 건너는 행사를 갖기도 했다.

이 애비로드 스튜디오는 EMI 소유였는데 최근 경영상 어려움으로 매물로 나왔다고 한다. 도대체 애비 로드 스튜디오의 문화예술적 가치는 과연 얼마나 될까?

애비로드는 런던 북쪽의 주로 중산층이 거주하는 조용한 주택가에 있다. 애비 로드 스튜디오를 찾아가다가 20세기 영국 최고의 명지휘자였던 토머스 비첨 Thomas Beecham 경이 살았던 집을 우연히 발견했다. 영국식 정원의 아름다움이 느껴지는 한적하고 아담한 집이다.

▲ 애비 로드 스튜디오의 엘가 기념 동판
▼ 존 레논 거처의 기념 동판

이 길을 따라서 한참을 걸어가다 보면 왼편에 작은 정원이 딸린 하얀 집이 나오는데 이곳이 바로 비틀즈가 첫 녹음을 했던 레코드 스튜디오다. 비틀즈 이외에도 영국의 대표적인 작곡가 엘가Edward Elgar가 이곳에서 녹음을 하기도 했다. 그런데 이 스튜디오에도 비틀즈를 기리는 동판은 없다. 오히려 엘가가 이곳에서 녹음을 했다는 푸른 명패만 붙어 있다.

다만 집 밖의 담벼락에서 수많은 낙서를 볼 수 있는데 이곳을 다녀간 많은 비틀즈 팬들이 야트막한 담장에 추모의 말들을 써놓은 것이다. 그것을 훑어보아야 비로소 비틀즈와 관련이 있는 곳이라는 것을 겨우 알 수 있을 정도다. 비틀즈 팬들이 이곳 스튜디오 벽에 흔적을 남긴 것으로 그들은 아직도 기억되고 있는 것이다.

비틀즈 멤버인 존 레논의 흔적은 런던 시내에서도 찾아볼 수 있다. 존 레논이 잠시 런던에서 살았던 집은 베이커 스트릿 사우스Baker street South에서 패딩턴 스트릿Paddington Street과 만나는 모퉁이 집 2층에 있다. (영국 수상을 지냈던 윌리엄 피트가 살았던 집의 맞은편 거리에 있다.)

존 레논은 1940년에 태어나서 1980년에 돌연 비명횡사할 때까지 40년의 짧은 인생을 살았다. 그는 뉴욕 맨해턴 센트럴 파크 웨스트 70가에 있는 그의 맨션 앞에서 피살되었다. 2005년 12월 8일에는 런던과 뉴욕에서 뜻 깊은 행사가 있었다. 물론 존 레논의 고향인 리버풀에서의 큰 행사는 말할 것도 없고……. 25년 전 바로 그날은 존 레논이 자신의 저택 앞에서 저격범의 총탄에 쓰러진 날이다. (레논의 기일이 되면 그 맨션 앞에 아직도 꽃을 가져다 놓는 팬들이 있다.) 애비로드 스튜디오에서는 여러 팝스타들의 추모공연이 있었고 런던의 대형음반매장인 버진 메가스토어에서는 추모 묵념 행사를 갖기도 했다.

1960년대 비틀즈가 미국에 상륙하여 열광적인 선풍을 불러일으키자 언론들은 영국의 침공British Invasion이라고 표현했는데, 그 후 40여 년이 지나도 그 위력은 여전히 남아 있다.

23 | 브리티시 라이브러리와 에두아르도 파올로찌

영국 국립도서관 British Library이 최근에 새로이 개관했다. 국립도서관은 새로 지은 건물로 외관은 대단히 현대식이며 구조는 기능적으로 효율성을 높일 수 있도록 설계되었다. 그 앞에는 유명한 파올로찌 Sir Eduardo Paolozzi의 조각상인 아주 뚱뚱한—그의 특징적인 인물묘사이기도 하지만—아이작 뉴턴이 컴퍼스를 가지고 작도하는 모습을 형상화한 커다란 청동상이 설치되어 있다.

▲ 브리티시 라이브러리의 뉴턴상

킹스 크로스와 세인트 판크라스 역

이 도서관은 런던 북부의 교통의 요지인 킹스크로스 King's Cross 역에서 불과 5분 거리에 있다. 킹스크로스 역은 아주 복잡한 환승역인데 북쪽 지방 또는 스코틀랜드로 가는 기차를 타는 곳이다. 케임브리지를 갈 때도 이 역에서 탄다. 킹스크로스 역과 국립도서관 옆 사이에는 세인트 판크라스 St. Pancras 역이 오랜 개조를 거쳐서 새로운 역으로 최근 다시 태어났다. 이전에 유로스타 런던발 기차는 영화〈애수 Waterloo Bridge〉로도 유명한 위털루 역에

265

▲ 해리 포터의 플랫폼 9 3/4

서 출발했다. 이제는 모든 유로스타 기차가 새로 단장한 세인트 판크라스 역에서 출발한다.

    킹스크로스 역은 해리포터에도 등장해서 더 유명해졌다. 아이들이 여기서 마법학교로 떠나게 되는데 그 플랫폼이 9 3/4 이다. 물론 실제로 이런 플랫폼은 없다. 그런데 이 플랫폼이 너무 유명해져서 하도 찾는 이들이 많아지자 킹스크로스 역은 역 구내 왼편 끝에 플랫폼 9 3/4를 만들어 놓았다. 이제 이곳은 수많은 어린이들이나 대학생들이 사진을 꼭 찍는 명소가 되었다. (나 역시 초등학생이었던 아들녀석을 데리고 이곳을 방문했었다.)

브리티시 라이브러리 안에서 찾은 진귀한 문서

    국립도서관 안을 천천히 돌아보면 아주 진귀한 자료나 문서를 심심치 않게 찾아볼 수 있다. 그중 몇 가지를 예로 들어보면, 우선 1742년 헨델의 〈메시아〉 초연 때 사용한 리브레토^{대본}의 원본을 볼 수 있다. 〈메시아〉 대본은 1742년 더블린에서 출판되었다. 그리고 그 일 년 전 1741년에 작곡한 〈할렐루야〉의 자필 악보도 볼 수 있다. 우리의 상식으로는 〈메시아〉가 런던에서 초연했을 거라고 흔히들 생각하는데 실상은 더블린에서 초연되었다. 이 사실은 런던에 있는 헨델 기념관^{Handel House}에서도 확인할 수 있었다. 나는 더블린에 가서 이 초연한 장소를 직접 찾아가 보았다. 그곳은 이제 공연장이 아니고 호텔로 바뀌었다. (프롬나드 10 참조)

그리고 요한 세바스찬 바흐의 〈피아노 평균율곡집 Das Wohltemperiete Clavier〉 악보와 모짜르트가 작곡한 현악4중주 〈불협화음 K.465〉의 친필 악보도 찾아볼 수 있다. 뿐만 아니라 필하모닉 소사이어티에 의해서 발주된 베토벤의 〈제9 교향곡〉의 악보를 만나는 즐거움도 누릴 수 있다. 또한 괴테가 1830년 경에 썼다고 생각되는 《파우스트》 2부도 소장하고 있으며, 1888년 쓰인 톨스토이의 〈크로이체르 소나타〉의 원고도 볼 수 있다. 이 원본에는 모딜리아니의 여인처럼 목이 긴 젊은 여자의 그림이 곁들여져 있어서 더욱 흥미를 끈다.

영국이 자랑하는 명예혁명의 근거가 된 〈대헌장 Magna Carta〉의 원본도 볼 수 있다. 그런데 이 대헌장이 오직 10주 정도만 효력을 발휘했다는 사실을 여기서 알게 되었다. 연유인 즉, 1215년 킹 존에 의해서 이 대헌장이 서명된 사실을 안 교황 이노센트 3세가 곧바로 그 대헌장을 무효화시키는 칙령을 내렸던 것이다. 교황은 대헌장을 "불법적이고 부당한" 것으로 선언했다. 이 칙령은 1215년 8월 24일에 내려져서 9월 말에 런던에 도착했다. 그래서 마그나 카르타는 법적으로 오직 10주 정도만 효력을 발휘했던 것이다.

안데르센 특별전과 청소년 인기 도서

국립도서관에 갔을 때 마침 안데르센 특별전을 하고 있었다. 이런 시절

안데르센의 동화를 안 읽은 어린이가 있을까. 그런데 그의 동화는 왜 항상 슬픈 결말로 끝나야만 했던가? 그동안 궁금했던 차에 그의 일대기는 당연 나의 흥미를 끌 수밖에 없었다.

안데르센은 작가의 꿈을 이루기 위해서 14살 때 고향을 떠나 코펜하겐으로 떠난다. 그리고 1년 후 어머니가 사망하여 다시는 어머니를 못 보게 된다. 그 후 스웨덴의 소프라노 제니 린드 Jenny Lind를 만남으로써 인생의 새로운 전기를 맞는다. 그가 38세일 때 코펜하겐을 방문한 그녀를 알게 되었는데, 이후 런던으로 간 그는 1847년 런던의 오페라 무대에 성공적으로 데뷔한 그녀와 다시 만나게 된다.

그녀는 1847년 시즌에 허 마제스티스 극장 Her Majesty's Theatre—최근에도 〈오페라의 유령〉을 공연하고 있는—에서 벨리니의 〈몽유병 여인 La Sonnambula〉의 주인공 역으로 발탁된다. 안데르센의 그녀에 대한 감정은 그의 동화 〈나이팅게일 The Nightingale〉에 잘 나타나 있다. 그러나 9년 후 그녀가 결혼함으로써 그는 실의에 빠지게 된다. 그는 괴테의 베르테르 Werther를 자신의 처지와 동일시하기도 했다. 베르테르의 슬픔은 곧 그 자신의 슬픔과 고뇌가 되었다. 그 아픔과 고통은 〈버드나무 아래서 Under the Willow tree〉에 녹아들어 있다. 어린 시절 어머니와의 이별과 성장 후의 실연이 그의 작품에 반영되었을 것이라는 생각이 든다.

그는 1847년 8월에 찰스 디킨스를 만난다. 디킨스의 소설에서 묘사되는 가난하고 힘든 생활은 그의 어린 시절을 추억하게 만들어주었고 그는 이내 디킨스에게 호감을 가지게 되었다. 안데르센은 디킨스의 집을 방문하기도 했으며 평생 디킨스를 존경하는 친구로 여겼다.

국립 도서관 전시실에서는 1880년대 후반에 10대 청소년들에게 가장 인기가 있는 작품 'Best 10'을 전시하고 있었다. 그 당시 청소년들의 관심 있는 인기도서가 무엇이었는지 궁금해진 나는 자세히 목록을 들여다보았다. 이 '청소년 문학도서'의 순위를 보면 남자와 여자 간에 약간의 차이는 있으나, 부동의 공동 1위는 찰스 디킨스였다. 그가 당시 얼마나 인기 있는 작가인지를 보여주고 있다. 그 다음으로 월터 스코트 Walter Scott가 뒤를 잇고 있으며 당시 《80일간의 세계일주》로 유명한 쥴 베른 Jule Verne도 빼놓을 수 없다. 그런데 대문호 셰익스피어는 중간 정도를 차지하고 있는데 당시에도 청소년들에게 꾸준히 읽히는 작가였던 모양이다. 그러나 안데르센은 여성 취향이 강해서인지 여자에게는 10위에 올라있으나 남자에게는 거의 20위 밖으로 밀려나 있다.

파올로찌의 아이작 뉴턴 청동상

에두아르도 파올로찌의 유명한 뉴턴 청동상의 가장 뚜렷한 특징은 단연 첫 인상이 뉴턴과 전혀 닮지 않았다는 점일 것이다. 뚱뚱한 몸매의 뉴턴이 앉아서 컴퍼스로 바닥에 무언가를 그리고 있는 모습이다. 언뜻 보면 바닥에서 장기를 두고 있거나 철공소의 노동자처럼 일하는 모습으로 보인다.

로댕의 〈생각하는 사람〉이 정적이고 사유하는 인간을 표현한 것이라면, 파올로찌의 뉴턴 상은 적극적으로 무언가를 창조해내는 동적인 인간의 모습을 보여주고 있다.

파올로찌는 스코틀랜드에서 태어났지만 부모는 이태리계였다. 그는 에딘버러와 파리에서 수학했으며 당대의 거장 쟈코메티 Giacometti와 교류했다. 그는 국립 초상화 미술관에 초상화가 걸려 있을 정도로 영국에서는 대단히 영향력 있는 작가였다. 파올로찌의 흔적은 런던 곳곳에서 찾아볼 수 있다. 이곳의 뉴턴 동상 이외에 그의 족적을 가장 잘 볼 수 있는 곳은 바로 런던 튜

▶ 템즈 강변의 파올로찌 청동 작품

브 역에서 찾아볼 수 있다. 런던 중심부의 토트넘 코트 로드 Totenham Court Road 역에는 벽면 가득히 그의 화려한 모자이크 조각이 장식되어 있다.

그의 대표작으로 토트넘 코트의 모자이크 벽화를 꼽아도 손색이 없을 것이라고 생각된다. 이 벽화의 예술적 가치는 마치 파리 메트로 입구의 조각상을 건축한 엑토 기마르 Hector Guimard 의 아르누보 Art Nouveau 작품과 비견될 수 있을 것이다. (파리 편 참조)

또한 템즈 강변에서도 그의 멋진 조각상을 만나게 된다. 템즈 강 동쪽 강변 사이드워크에 파올로찌 특유의 둥그런 철제 조각상이 있다. 이 작품은 1989년에 설치되었는데 그 해에 파울로찌가 작위를 받았다. 아마도 그것을 기념하는 조각상이 아닌가 생각된다. 이 작품 뒤에는 "인간이 만든 도구들 가운데서 아무리 천재적인 발명품이라 할지라도 그 아름다움이나 단순함에 있어서 자연의 작품과는 비교가 되지 않는다"는 레오나르도 다빈치의 글귀

▼ 파올로찌의 지하철 모자이크 조각

가 새겨져 있다.

레스토랑과 프랭크 로이드 라이트의 식도락

국립도서관 안에는 카페테리아가 있는데 영국의 물가를 반영하듯 음식값이 비쌌다. 그런데 이 카페테리아 벽에는 뉴욕의 구겐하임 Guggenheim 미술관을 설계한 프랭크 라이트 Frank Lloyd Wright 의 멋진 글귀가 적혀 있었다. 그것은 "Dining is and always was a great ARTISTIC opportunity 식사란 항상 훌륭한 '예술적 기회를 제공한다'"라는 글귀다. 역시 세계적인 건축가가 한 말이라 그런지 식도락도 예술적인 경지에 오른 것 같았다. 아마도 먹으면서 건축의 예술적인 감각이나 영감을 얻었던 것이 아닐까 하는 생각도 든다.

여기서 알게 된 흥미로운 사실은 '레스토랑 Restaurant'이란 말이 처음 사용된 곳이 프랑스가 아니라 영국이라는 것이었다. 레스토랑은 1827년 런던에서 비롯되었다고 한다.

프롬나드 23

화이트스톤에서 책읽기

　런던의 서점가에서 가장 가볼 만한 곳을 꼽으라면 나는 서슴지 않고 피카딜리 서커스에서 멀지 않은 화이트스톤 Whitestone's 을 추천한다. 이 서점은 피카딜리 서커스에서 피카딜리 스트릿으로 접어들어 고급 상점들이 줄지어 있는 거리를 조금 걸어가다 보면 왼쪽 편에 있다. 5층 짜리 건물의 서점인데 쭉 들러본 다음에 꼭대기 5층에 있는 "the Studio Lounge"를 꼭 들러보길 바란다.

　아래층부터 책 구경을 하다가 다리도 쉴 겸 이곳에 올라오면 창밖으로 런던 아이 London Eyes 와 국회의사당이 바라다 보인다. 그리고 찰스 1세 동상의 머리 부분도 볼 수 있다. 아래층에서 맘에 드는 책을 한 권 집어 들고서 커피와 함께 읽는 즐거움을 이곳에서 만끽할 수 있다. 더욱이 저렴한 가격으로 제공되는 애프터눈 티(2파운드)나 와인 한 잔(4파운드)하면서 다른 곳에서 좀처럼 보기 힘든 런던의 스카이라인을 바라보는 것은 더할 나위 없는 보너스다. 또한 음료와 함께 나오는 갈릭 브레드와 올리브는 오후 간식으로도 딱(!)이며, 배경음악으로 깔리는 상송의 선율이 귀를 즐겁게 해준다.

　특히 황혼 무렵에는 웨스트민스터의 빅벤의 첨탑이 석양빛을 받아 흰구름을 뒤로 하고 붉게 빛나는 풍경은 실로 아름답다. 가끔씩 비행기들이 회색 구름을 뚫고 떠다니는 풍경 또한 볼만하다. 어떻게 런던 한가운데로 비행기가 지나다닐 수 있는지, 나 같은 서울 사람이나 9·11사태를 겪은 미국인은 결코 이해하기 어려운 일이다. (얼마 전까지

▲ 스튜디오 라운지 풍경

는 흡연도 가능해서 애연가에게는 더없이 좋은 금상첨화의 장소였는데…….)

또 한 곳, 약간의 술이 고픈 사람을 위해서는 이 책방 거리에서 멀지 않은 곳에 있는 펍 케임브리지 Pub Cambridge를 소개한다. 책방의 거리 챠링 크로스 로드를 따라 내려가면 케임브리지 서커스가 나오는데 여기에 펍 케임브리지가 있다. 맞은편에는 앤드류 로이드 웨버의 〈The Woman in White〉 같은 유명한 뮤지컬을 공연하는 팰리스 극장 Palace Theatre이 있다. (최근 이에 맞서는 〈Woman in Black〉이 새롭게 도전장을 내기도 했다.) 뮤지컬을 보러가기 전에 간단한 요기를 하거나 끝난 후에 간단히 한 잔 하기에도 좋은 곳이다.

24 | 케임브리지 느리게 걷기

런던 북부 킹스크로스Kings Cross 역에서 1시간 남짓 달리면 케임브리지에 도착한다. 역에서 내려 북쪽으로 가면 유서 깊은 케임브리지 대학이 나온다. 조금만 올라가면 케임브리지 식물원이 눈에 들어온다. 식물에 관심이 있는 사람이라면 그냥 지나치기에는 아까운 곳이다.

조금 더 올라가면 오른쪽으로 다우닝Downing 칼리지가 보이는데, 여기서 케임브리지의 중심인 킹스 칼리지가 있는 쪽으로 방향을 잡으면 트럼핑턴Trumpington 로드에 접어들게 되고 여기서 왼쪽으로는 가장 오래된 칼리지인 피터하우스Peterhouse, 그리고 오른편으로는 펨브로크Pembroke 칼리지를 만나게 된다. 트럼핑턴 로드를 따라 올라가면 케임브리지 중심가인 킹스 퍼레이드King's Parade에 이르게 된다. 이 길가에 케임브리지에서 가장 아름다운 교회가 있는 킹스 칼리지를 만난다. 이 길을 따라 더 올라가면 왼편으로 트리니티Trinity 칼리지가 나오는데 이곳은 아이작 뉴턴을 비롯한 영국에서 유명한 인물들을 가장 많이 배출한 대학이다.

트리니티 칼리지를 지나서 더 가다 보면 오른편으로 휘어진 작은 골목길이 나오는데 이 길이 로즈 크레센트Rose Cresent다. 영국이나 스코틀랜드, 아

▶ 라운드 처치

일랜드 거리의 좁은 골목길에는 '크레센트'라는 이름이 붙여진 길들이 많다. 이 길을 따라 걸으면 중앙 마켓으로 연결된다. 그 골목 끝 벽면에는 뜻밖에도 담배를 찬양하는 시 구절이 새겨져 있다. 그것은 〈담배에 바치는 시 Ode to Tobacco〉가 적힌 동판이다. 그 길을 나오면 넓은 마켓 광장인데 그 왼편으로는 노천카페 겸 식당인 돈 파스콸레Don Pasquale가 자리 잡고 있다. 날씨 좋은 날이면 옥외 테이블에 많은 사람들이 나와서 앉아 있는데 이런 광경은 케임브리지에서 좀처럼 보기 어렵다.

트리니티 칼리지를 지나서 더 올라가면 라운드 처치Round Church라는 조그마한 둥근 교회가 하나 나온다. 이 교회는 케임브리지에서도 가장 오래된 교회라고 한다. 거기서 왼쪽으로 가면 모들린Magdalene 칼리지로 가는 길이 되는데, 이 거리를 가다 보면 오른편으로 '스페니쉬 타바스 바'라는 아

● 킹스 칼리지 전경

주 매혹적인 바가 나온다. (옥호는 푸치니 오페라의 이름과 비슷한 '라 타스카'다.) 한번 둘러보지 않고는 못 배길 만큼 보행자를 유혹하는 곳이다. 왜냐하면 이곳은 대낮에도 켜놓은 촛불들이 아주 인상적인데다가 들어가 보면 스페인풍과 더불어 아랍계 문화의 풍취까지 느껴지는 곳이기 때문이다. 한때 스페인 남부는 사라센 문화의 지배를 받지 않았던가 말이다.

킹스 칼리지 채플

케임브리지의 가장 중심 거리인 킹스 퍼레이드에 있는 킹스 칼리지는 헨리 6세에 의해서―그는 이튼 칼리지도 세운 바 있다―설립되었다. 케임브리지를 졸업한 사람 중에는 블룸스베리 그룹 일원이며 《전망 좋은 방 A Room with a View》을 쓴 포스터 E. M. Forster가 있다. 그는 명예 펠로우를 역임했다. 또한 20세기 당대의 위대한 경제학자인 존 메이나드 케인스 역시 여기서 공부했으며 나중에는 킹스 칼리지의 회계담당도 맡았다. 또 한 가지 재미있는 사실은 한 400년 동안 이 칼리지는 이튼 졸업생만 받아들였다는 것이다. 또한 이들은 시험을 치루지 않고 학위를 받는 특권을 누리기까지 했다. (우리나라 기준으로 보면 언감생심 꿈도 꿀 수 없는 일)

여기서 가장 유명한 곳은 뭐니뭐니해도 '채플'이다. 시간의 여유가 있는 방문자에게 이 채플의 내부를 꼭 둘러보라고 권하고 싶다. 채플의 제단 바로 위에는 루벤스 Rubens의 〈동방박사들의 경배 The Adoration of the Magi〉가 걸려있다. 또한 고딕 양식의 실내와 천장의 문양은 목이 아플 정도로 눈여겨 쳐다보아야할 만큼 멋지다. 게다가 운이 좋으면 석양 무렵에 이 채플에서 열리는 콰이어 예배를 공짜로 감상할 수 있다. 얼마나 울림이 좋은지는 독자들의 상상에 맡기겠다. (프롬나드 11 참조)

칼리지 순례

이제부터 케임브리지의 몇몇 칼리지들을 순례해 보기로 하자.

피터하우스

피터하우스^{Peterhouse}는 케임브리지에서 가장 오래된 칼리지로 1284년에 시작되었다. 이곳은 케임브리지 대학의 캠퍼스에서 남쪽 초입에 위치하고 있다. 피터하우스는 흥미롭게도 20세기에 들어와서 처음으로 전기가 공급된 칼리지이기도 하다. 한 가지 재미있는 사실은 발전기 근처에 세탁장이 있었는데 발전기에서 나오는 검댕이가 애써 빨래한 세탁물을 망쳐놓았기 때문에 불평이 자자했다고 한다. (이 연탄공장과 세탁소의 예는 경제학자들이 부(-)의 외부효과^{externalities}의 예를 들 때 가장 많이 드는 사례다.)

이 대학은 걸출한 과학자들을 많이 배출했는데 우선 케임브리지의 자랑인 캐번디시 연구소의 이름의 유래가 된 헨리 캐번디시$^{Henry\ Cavendish}$를 꼽을 수 있다.

펨브로크와 코퍼스 크리스티 칼리지

펨브로크^{Pembroke} 칼리지에 있는 빅토리아풍의 도서관 옆에는 윌리엄 피트$^{William\ Pitt}$의 동상이 있다. 그는 14세의 나이에 펨브로크에 왔는데 약관 24살의 나이에 영국 의회 역사상 전무후무한 기록으로 대영제국의 수상에 오른 인물이다. (프롬나드 15 참조)

펨브로크를 지나 조금 올라가면 네모반듯한 건물과 뜰을 가진 우아하고 고풍스러운 코트가 나오는데 이곳이 예수 그리스도의 몸이란 뜻을 가진

▶ 이마뉴엘 칼리지 채플에 있는 스테인드 글라스 존 하버드 상

코퍼스 크리스티 Corpus Christi 칼리지다.

하버드 대학의 뿌리, 이마뉴엘 칼리지

이마뉴엘 Emmanuel 칼리지에서 지금은 올드 코트 Old Court라 불리는 붉은 벽돌 건물은 1633년에 건립되었는데 이때 존 하버드 John Harvard가 학부 학생이었다. 그는 졸업 후 뉴잉글랜드로 건너가 1638년에 폐병으로 죽었다. 하버드는 그의 사유지의 반과 320권의 장서를 내놓아 학교를 세웠는데 그것이 미국의 최초의 대학이 되었다.

이 올드 코트의 가운데에 있는 채플에 들어가 보면 왼편 중간쯤에 존 하버드를 기념한 그의 전신상이 스테인드 글라스에 새겨져 있다. 미국 최고 고등교육의 뿌리는 바로 여기 케임브리지에서 시작되었다는 사실을 확인할 수 있다.

모들린 칼리지

졸업생 가운데 유명인사로 첫손가락을 꼽을 사람은 오스카 와일드일 것이다. 그리고 영국의 두 번째 국가國歌쯤 되는 엘가의 〈위풍당당한 행진곡〉의 가사로 쓰인 시 〈희망과 영광의 땅 Land of Hope and Glory〉을 쓴 벤슨 A.C. Benson, 1924년 에베레스트 산 정상을 눈앞에 두고 몇 피트 아래서 숨진 조지 멀로리 George L. Mallory가 이 대학 출신이다.

마리아 막달레나의 이름에서 기원한 학교인데 아이러니컬하게도 이 칼리지가 케임브리지에서 가장 마지막으로 여학생을 받아들인 남자학교였다는 것이다. 재미있는 사실은 그 첫 학기에 남학생들은 검은 완장을 차고 학교에 조기를 게양했다고 한다.

발음을 조심하자. 케임브리지의 칼리지들 중에서 외부인들이 발음할 때 신경 써야 되는 칼리지가 두 곳 있다. 하나는 Caius 칼리지이고, 다른 하나는 Magdalene 칼리지다. Caius는 두 번째 설립자인 존 키스 John Kees의 라틴식 이름 표기다. 그래서 Caius를 여기서는 '카이우스'로 발음하지 않고 그냥 '키이스'로 발음한다. Magdalene 칼리지는 옥스퍼드에도 있는데 케임브리지나 옥스퍼드는 서로를 가리킬 때 소위 "그쪽 the other place"이라는 쌍방 간에만 통용되는 호칭을 쓴다. 양쪽 모두 이 이름에서 g는 발음하지 않는다. 우리식으로는 흔히들 '막달렌'으로 발음하기 쉬운데 여기서는 '모들린'으로 발음한다.

자전거 주차장 '침니' 와 지저스 칼리지

지저스 칼리지는 중심가인 트리니티 스트릿으로부터는 상당히 떨어져 있는데 북쪽으로 올라가다가 오른쪽으로 가다 보면 지저스 레인을 만나게 된다. 한참 더 가다 보면 왼쪽으로 양쪽에 긴 담장이 있는데 그 끝이 바로 지저스 Jesus 칼리지의 게이트 하우스와 연결된다. 이 통로는 학생들 간에 보통 '굴뚝 The Chimney'이라고 불린다. 또한 이 담장 양쪽에는 자전거들이 수없이 세워져 있다. 아마 조금 과장한다면 케임브리지에 있는 자전거의 절반은 여기에 주차(?)되어 있다고 봐도 좋을 정도다.

▼ 침니 담장의 자전거 주차장

케임브리지의 중심—세인트 메리 처치

킹스 칼리지를 지나서 킹스 퍼레이드를 조금 더 올라가면 왼쪽에 케임브리지의 지리적 중심인 그레이트 세인트 메리 교회에 이르게 된다. 케임브리지의 고풍스런 외관을 조망해보기 위해서는 바로 이 교회의 탑에 올라가면 되는데, 사방이 탁 틔어서 시원하게 느껴진다. 이 탑에서 주변을 내려다보는 즐거움은 올라가보지 못한 사람들은 도저히 알지 못할 것이다.

그 이유는 두 가지를 들 수 있다. 첫째는 대도시의 유명한 전망대가 있는 곳은 대개 엄청난 기다림과 지루함의 비용을 지불해야 한다. 금전적인 비용 이외에. 노트르담이나 에펠탑, 베니스의 타워들을 생각해 보라. 그러나 이곳은 별로 기다릴 필요 없이 올라갈 수 있다.

둘째로 대개 다른 곳의 전망대는 보통 엄청나게 높아서 풍광이 시원하게 보이기는 하지만 너무 까마득하게 멀리 보이는 것도 사실이다. 그러나 세인트 메리 교회의 종탑은 그리 높지 않다. 사실 케임브리지에는 높은 건물들이 없어서 높은 전망대가 필요 없기 때문에 한 5분 정도 계단을 올라가는 수고로 역사 깊은 고딕양식의 캠퍼스들과 아름다운 코트를 한꺼번에 가까이서 조망해 볼 수 있는 좋은 위치에 이 종탑이 있는 것이다. (더구나 이 교회는 서울의 시청과도 같이 케임브리지 중심부에 위치하고 있어서 케임브리지 거리 표지판에 쓰여 있는 거리 표시는 모두 세인트 메리 교회로부터의 거리라는 점을 유념해두자.)

퀸스 칼리지와 리버 켐에서 펀팅하기

퀸스 Queens' 칼리지는 그 철자에 조심해야 한다. 즉, '아포스트로피'가 보통 그렇듯이 n 다음에 오는 것이 아니라 s 다음에 오는 것이 맞다. 그 이유는 이 칼리지의 후원자가 두 명의 퀸으로 복수이기 때문이다. 안 뜰에 들어서면 아주 아름다운 해시계를 볼 수 있다. 또한 퀸스 칼리지 뒤편 리버 켐 River Cam에는 유명한 다리가 있는데 '수학적 다리 Mathematical Bridge'라는 재미있는 이름을 갖고 있다. 흔히 이 다리는 수학적으로 완벽한 기하학적 구조로 되어 있어서 전혀 못을 쓰지 않았다는 설이 전해진다. 하지만 사실은 철로 된 볼트와 스크류를 사용했다.

케임브리지에서 가장 여유롭고 즐거운 오후 한때를 보낼 수 있는 방법은 케임브리지 뒤편의 작은 강 '리버 캠'에서 보트를 타는 일이다. 이것을 여기서는 '펀트 Punt'라고 부른다. 아름답고 조용한 작은 강에서 노 저으며—자신이 젓던가 아니면 아르바이트하는 케임브리지 학생을 고용할 수 있다—주변 경관을 감상하기에 안성맞춤이다. 기네스 펠트로우가 주연한 영화 〈Sylvia〉에서는 보스턴에서 케임브리지로 유학 온 문학도 실비아가 시인을 만나서 사랑을 꽃피우는데, 그 배경이 바로 리버 캠이다. 여기서 펀팅으로 사랑이 싹트고 결혼에 이른다. 비극으로 끝나기는 하지만……

▼ 리버 캠의 수학적 다리

트리니티 칼리지와 영화 〈불의 전차〉

세인트 메리 교회를 지나면 트리니티 스트릿으로 이어지는데 여기에는 물론 케임브리지에서 킹스 칼리지와 쌍벽을 이루는 트리니티 칼리지가 자리 잡고 있다. 그런데 트리니티 칼리지에 좀 못 미쳐 있는 칼리지가 바로 곤빌 앤 키이스 Gonville & Caius 칼리지다. 이곳이 바로 영화 〈불의 전차 Chariots of Fire〉의 첫 부분에 나오는 바로 그 칼리지다.

트리니티 칼리지는 옥스브리지 Oxbridge 칼리지 중에서 가장 규모가 큰 대학이다. 무려 30여 명의 노벨상 수상자를 배출했다. 교정 안 채플 입구에는 트리니티가 배출한 계관시인 알프레드 로드 테니슨, 로드 바이런, 그리고 철학자 프란시스 베이컨 등 걸출한 명사들의 흉상이 즐비한데, 그래도 그중에서 아이작 뉴턴이 프리즘을 손에 들고 있는 흉상이 가장 인상적이다. 이 칼리지에 있는 렌 Wren 도서관은 희귀한 장서들을 소장한 것으로 유명한데, 여기에는 밀턴의 자필 시, 뉴턴의 프린키피아 마테마티카 Principia Mathematica 등이 있다.

교정 '그레이트 코트' 가운데에는 분수가 있으며, 시계탑으로 유명한 타워가 트리니티의 상징물이다. 이 시계는 매시각 두 번 종을 치는데 한 번은 낮은 음으로 두 번째는 높은 음으로 타종을 한다. 그것은 워스워드 Wordsworth 의 〈프렐류드〉에 나오는 시 구절, '남자와 여자 목소리의 시계 clock with a male and female voice'를 표현한 것이다.

또한 전통적으로 학부 학생들은 그레이트 코트를 한 바퀴 도는 시합을 한다. 시계가 12시를 치는 동안에……. 한 바퀴의 거리는 380야드로 43초 안에 돌아와야 한다. 영화 〈불의 전차〉의 초반에 주인공 두 사람이 캠퍼스를 한 바퀴 도는 시합을 하는 교정이 바로 이곳이다. (영화 속에서 파리 올림픽 육상대표선수로 선발된 주인공 아브라함 역을 벤 크로스가 맡아서 인상 깊은 연기를 보여주었고, 케임브리지의 고색창연한 건물들이 멋진 배경이 되어주었다.)

▲ 트리니티 칼리지 코트, 영화 〈불의 전차〉의 배경

존 밀턴과 크라이스트 칼리지, 그리고 은밀히 숨겨진 수영장

지저스 칼리지에서 남쪽으로 내려오게 되면 홉슨Hobson 스트릿을 만나게 되는데 그 왼편에 있는 건물이 바로 '크라이스트 칼리지'다. 정문으로 들어가면 왼편에 채플이 자리 잡고 있는데 이 안에서 밀턴과 찰스 다윈의 초상을 만날 수 있다. 그리고 안쪽 뜰, 펠로우 가든으로 들어가면 전설적인 '뽕나무'가 있다. 알려진 바에 의하면 밀턴이 이 나무 아래서 시를 썼다고 전해진다. 그는 매우 연약하고 창백해서 동료들이 '크라이스트의 여인the lady of Christ's'이라고 놀렸다고 한다. (프롬나드 14 참조)

케임브리지에 수영장이 있었다는 사실을 아는 사람들은 거의 없을 것이다. 심지어 케임브리지 학생들조차도 잘 모른다. 왜냐하면 이 수영장은 숲속에 은밀히 감추어져 있기 때문이다. 크라이스트 칼리지 안쪽의 덤불 숲속에 있어서 얼핏 지나치면 도저히 찾을 수가 없다. 물론 지금은 사용되지는 않으며, 쇠락해 버린 지도 오래되었다. (마치 영화 〈위대한 유산〉에서 주인공이 찾아간 쇠락한 정원 '실락원 Paradiso Perdutto'을 보는 느낌이다.)

이 수영장 주변에는 케임브리지의 인물 세 사람의 흉상을 세워 놓았는데 가장 오른 편에 있는 것이 바로 존 밀턴의 흉상이다.

펨브로크 학생들은 술을 가장 잘 마신다?

'트로켈 Trockel' 식당(프롬나드 24 참조)에서 목격한 사실 한 가지를 소개한다. 이 작은 독일식 식당은 대단히 작은 가게로 넓은 테이블이 없다. 혼자 오는 사람은 대개 창가의 기다란 테이블에서 창밖을 보고 앉아서 식사를 한다. 나 역시 그렇게 자리를 잡았다. 그 맞은편 건물은 멋대가리 하나 없는 시꺼먼 건물인데 작은 문이 하나 있다. 여기가 펨브로크 칼리지의 기숙사다.

창가에 앉아 '그 유명한' 콩수프를 먹고 있는데 자동차 한 대가 와서 서

▼ 케임브리지의 숨겨진 수영장

더니 앞에서 여학생 두 사람이 내린다. 그러더니 기숙사 뒷문을 열고 들어가더니 남학생들을 불러온다. 자동차 뒷좌석에서 술과 안주, 물, 콜라 등을 계속 꺼낸다. 술도 보통 흔한 맥주나 셰리주가 아니라 보드카와 진 같은 독주들이다. 그러더니 이번에는 뒤 트렁크를 열더니만 거기서 보드카를 박스째로 몇 박스나 꺼낸다. 대강 세어보아도 독주만 70~80병이 넘는다.

내 옆에 앉아있던 중년의 신사가 나를 보더니 "파티 한번 요란하게 할 모양이네요. 안 그래요?" 하면서 씩 웃는다. 모르는 옆 사람과는 좀처럼 이야기를 하지 않는다는 것이 영국적 인간관계의 관례라고 하는데……. 이 사람이 보기에도 좀 황당했나 보다. 그 엄청난 보드카 박스에 너무 기가 찬 나머지 옆에 있는 나에게 웃으면서 동의를 구하는 것이다.

마침 이때가 10월 초여서 케임브리지의 가을 학기가 막 시작된 터라 아마도 학생들이 개강파티를 하는 것이 아닌가 여겨졌다. 누가 한국 학생들이 술을 많이 마신다고 했는가? 이 장면을 보았으면 아마도 영국 대학생에게는 못 당하겠다고 고개를 절레절레 흔들었을 것이다. 어느 나라 대학생들이 술을 많이 마시는지는 그 정확한 통계를 그 누가 알겠는가? 다만 대학생이란 모름지기 이 정도는 마셔줘야 한다는 패기는 어느 나라를 막론하고 마찬가지인 모양이다. 그래서 젊음이 좋은 것이 아닌가. 찬란한 희망과 용솟음치는 에너지를 가진 젊음이여, 영원하라!

프롬나드 24

케임브리지에서 꼭 들러봐야 할 작은 두 식당

스티븐 호킹 박사가 사랑한 '빵가게'와 펨브로크 뒷길의 '수프집'은 잘 알려지지 않은 케임브리지의 명소다. 이 두 식당은 케임브리지를 방문하는 모든 이들에게 꼭 추천하고 싶은 곳이다. (그리고 커피를 마신다면 아주 작은 커피하우스 인디고Indigo에 반드시 들러봐야 한다.)

그중 한 곳은 '블리토번즈Blitobuns'라는 식료품가게와 작은 식당을 겸하고 있는 집이다. 이곳은 킹스 퍼레이드를 따라 역 쪽으로 내려오다 보면 왼편 길가에서 만나게 된다. 이 집은 갓 구운 '번'이라는 빵으로 세계적으로도 유명한 곳이다. 심지어 아프리카에서도 주문이 들어올 정도라고. (최근 우리나라에서도 이 빵을 맛볼 수 있다.) 이 가게의 진열대를 잘 보면 오른쪽 구석에 스티븐 호킹 박사가 쓴 감사의 글귀와 함께 그의 사인이 적힌 사진을 전시해 놓고 있다. 아마도 호킹 박사 역시 이 집의 번을 무척이나 좋아했던 모양이다.

또 한 집은 독일 가정식 수프와 쿠키를 직접 만들어 파는 작은 가게로 옥호가 '트로켈 울만 운트 프로인데Trockel Ulmann und Freunde'라는 독일식 이름을 갖고 있다. 이 집은 상가나 식당이 몰려 있는 상업지구에 있는 것도 아니고 킹스 퍼레이드 같은 대로변에 있지도 않다. 오히려 아주 한적한 뒷길에 있다. 케임브리지 캠퍼스 구역으로 들어가는 큰길을 따라가다가 킹스 퍼레이드 못 미쳐 오른쪽으로 펨브로크 칼리지를 왼편으로 끼고 들어가면 펨브로크 로드가 되는데 이 길가에 있다. 즉,

▲ 트로켈 울만 식당
▼ 트로켈 울만의 아담한 내부

펨브로크 칼리지 뒤편에 자리 잡고 있다.

　사람들이 많이 다니는 길이 아니라서 한적한 편이나 점심시간만큼은 앉을 자리를 차지하기란 하늘의 별따기다. 여기서는 대부분의 사람들이 수프와 케이크를 시킨다. 특히 추천하고 싶은 메뉴는 치클로피 Chiclopea라고 하는 모로코 콩으로 만든 수프다. 북아프리카 모로코 특유의 맛과 향이 진하게 느껴지는 수프다. 케임브리지를 방문하려는 독자들에게 꼭 추천하고픈 메뉴―A Must!. 좀 과장해서 말한다면, 이곳만 들러도 케임브리지에 온 보람이 있을 것이다.

에필로그

양파껍질 같은 런더너

영국에는 생각보다 채식주의자가 많다. 웬만한 식당에 가면 메뉴에 채식주의자 식단을 따로 만들어 놓았거나 표시를 해두고 있다. 아마도 그래서 대영박물관 근처에 있는 한국 비빔밥 집이 잘 되는지 모르겠다. 그런데 영국 채식주의자들이 막상 한국에 와서는 채식으로 식사하기가 대단히 힘들다고 불평하는 것을 듣게 된다. 생각해보니 우리 음식에 고기가 안 들어가는 음식이 거의 없다는 사실이다. 탕 종류는 말할 것도 없고 비빔밥에도 들어가고, 찌개, 국 등 고기가 조금씩은 다 들어간다.

파리에서 건축 실내 디자인 일을 하는 영국 친구를 알게 된 적이 있다. 그는 샐러드를 좋아했다. 그래서 내가 물었다. 채식주의자냐고? 그랬더니 그의 말이 나의 질문에 허를 찌르는 현답이다. "나는 돈이 없을 때는 채식주의자죠." 그럼 돈이 있을 때는요? 라고 물었더니 "그때는 아니죠" 심플하게 대답한다. 그는 덧붙였다. "식탁에 고기가 있을 때는 먹고 없을 때는 안 먹죠." 그는 굳이 말하자면 자신은 생태주의자 ecologist 라고 했다.

나는 그의 말에 깊은 철학이 있음을 눈치챘다. 그는 덧붙였다. 돈이 없을 때는 집 근처에 있는 강가에 나가서 일을 합니다. 낚시를 하는 거죠. 그러면 생선을 먹게 되죠. "우리는 강을 소중히 여기죠. 그러면 강도 우리에게 소중히 보답합니다. We care river. then the river cares us" 얼마나 멋진 자연주의 철학인가! 산업혁명 이후 산업 폐기물에 의해서 심각하게 오염되었던 템즈 강에 물고기가 돌아왔다는 뉴스도 이미 오래 전의 이야기가 되었는데, 이것도 영국 사람들의 이러한 생태주의적 철학의 결과인지도 모르겠다.

흔히들 영국 사람은 전통을 중시한다고 한다. 맞는 말이다. 한편 가장 현실적인 상식에 따라 행동하는 사람들도 이들이다. 드레스코드를 가장 잘 지켜서 옷을 입기도 하지만, 시내에서 괴상한 복장을 한 펑크족이 제일 많은 도시도 단연 런던이다. 또한 시내의 건물 색깔이 가장 촌스러운 도시가 런던일지도 모른다. 그렇지만 가장 창조적인 예술적 아이디어가 나오는 곳도 런던이다.

런더너들은 전통주의자인가, 현실주의자인가, 아니면 자연주의자인가? 또한 그들은 도회적인가 아니면 목가적인가? 이들의 속내는 오래 겪어보지 않고는 도저히 알 수가 없을 것이다. 누군가 '여자란 도대체 모르겠다고 말할 때 비로소 이해하기 시작한 것이다'라고 말했다는데, 이 말은 런더너에 대해서도 똑같이 적용될 수 있을 것이다.